王国维
作品精选集

王国维 ◎ 著

回眸经典·名家必读

山西出版传媒集团　山西人民出版社

图书在版编目(CIP)数据

王国维作品精选集 / 王国维著. —太原：山西人民出版社，2020.9
（回眸经典·名家必读）
ISBN 978-7-203-11523-6

Ⅰ.①王… Ⅱ.①王… Ⅲ.①王国维（1877—1927）—文集 Ⅳ.①C53

中国版本图书馆 CIP 数据核字（2020）第 132874 号

王国维作品精选集

著　　者：王国维
责任编辑：魏美荣
复　　审：贺　权
终　　审：秦继华
装帧设计：老　刀

出 版 者：山西出版传媒集团·山西人民出版社
地　　址：太原市建设南路 21 号
邮　　编：030012
发行营销：0351—4922220　4955996　4956039　4922127（传真）
天猫官网：https://sxrmcbs.tmall.com　电　话：0351—4922159
E—mail：sxskcb@163.com　发行部
　　　　　sxskcb@126.com　总编室
网　　址：www.sxskcb.com

经 销 者：山西出版传媒集团·山西人民出版社
承 印 厂：天津画中画印刷有限公司

开　　本：650mm×960mm　1/16
印　　张：25.25
字　　数：260 千字
印　　数：1—5000 册
版　　次：2020 年 9 月　第 1 版
印　　次：2020 年 9 月　第 1 次印刷
书　　号：ISBN 978-7-203-11523-6
定　　价：59.80 元

如有印装质量问题请与本社联系调换

出版说明

王国维（1877—1927），字静安，号观堂，又号永观，浙江海宁人。先后任北京大学研究所国学门通讯导师、清华大学国学研究院导师，是20世纪杰出的国学大师之一。梁启超指出："先生之学，从弘大处立脚，而从精微处着力，具有科学的天才。"鲁迅认为只有他"才可以算一个研究国学的人物"。陈寅恪盛赞其著作"独立之精神，自由之思想，历千万祀，与天壤而同久，共三光而永光"；其研究方法"要皆足以转移一时之风气，而示来者以轨则……此先生之书所以为吾国近代学术界最重要之产物也"。

王国维学贯古今、融会中西，在文学、美学、哲学等多个学科都取得了辉煌成就，是20世纪中国现代学术最重要的开辟人和奠基者之一，其所著《〈红楼梦〉评论》《人间词话》等，文笔优美，论述精深，为著述之典范；其所创立的"意境说"是世界美学史上唯一以中为主，三美（中国、印度、西方三大哲学美学体系）结合的理论体系，具有深远的学术影响。

王国维的众多学术成果不仅是20世纪学术成果的典范，对当今学者和读者也有着巨大的指导作用。鉴于此，我们编选了本书。下面，对编选工作作简要说明：

一、收录王国维作品中最适合广大读者阅读、学习的有关文学、美学、哲学等方面的代表作品。

二、保留原作中符合当时语境的表述,只对错字、常识性错误作修正。原作中错字放在"[ ]"内,正字放在"( )"内进行标注;衍字、丢字、别字,后加"( )",予以说明、修正。

三、对当时外国人名、作品名等的翻译,修正为今天约定俗成的译法,放在"( )"内,便于读者阅读。

王国维的学术研究,对我国现代学术界产生了巨大、深远、有益的影响。他的作品既是学者治学不可或缺的重要文献,也是广大读者提高人文素养的经典读物。希望本书的出版,能为读者提供学习及研究的便利。

编 者

目录 contents

出版说明 …………………………………… 001

《红楼梦》评论 …………………………… 001
文学小言 …………………………………… 026
屈子文学之精神 …………………………… 032
论哲学家与美术家之天职 ………………… 037
古雅之在美学上之位置 …………………… 040
人间词话 …………………………………… 045
《人间词话》未刊稿 ……………………… 062
《人间词话》删稿 ………………………… 076
《人间词话》附录 ………………………… 081
哲学辨惑 …………………………………… 092
论　性 ……………………………………… 096
释　理 ……………………………………… 108
原　命 ……………………………………… 123

孔子之学说	128
孟子之学说	184
莎士比（亚）传	191
英国大诗人白衣龙（拜伦）小传	200
英国小说家斯提逢孙（斯蒂文森）传	204
德国文豪格代（歌德）希尔列尔（席勒）合传	214
格代（歌德）之家庭	217
教育家之希尔列尔（席勒）	224
戏曲大家海别尔（黑贝尔、赫勃尔）	226
脱尔斯泰（托尔斯泰）传	240
霍恩氏之美育说	272
述近世教育思想与哲学之关系	280
希腊圣人苏格拉底传	297
希腊大哲学家柏拉图传	310
希腊大哲学家雅里大德勒（亚里士多德）传	314
德国哲学大家汗德（康德）传	320
德国哲学大家叔本华传	323
德国文化大改革家尼采传	327
倍根（培根）小传	333
英国哲学大家霍布士（霍布斯）传	338
英国教育大家洛克传	342
英国哲学大家休蒙（休谟）传	345

近代英国哲学大家斯宾塞传……349

荷兰哲学大家斯披洛若（斯宾诺莎）传……352

法国教育大家卢骚传……355

论近年之学术界……358

论新学语之输入……363

最近二三十年中中国新发见之学问……367

人间嗜好之研究……373

孔子之美育主义……378

论教育之宗旨……383

文学与教育……386

教育小言十三则……388

教育小言十则……393

《红楼梦》评论

第一章 人生及美术之概观

老子曰:"人之大患,在我有身。"庄子曰:"大块载我以形,劳我以生。"忧患与劳苦之与生相对待也久矣。夫生者,人人之所欲;忧患与劳苦者,人人之所恶也。然则,诅不人人欲其所恶,而恶其所欲欤?将其所恶者,固不能不欲,而其所欲者,终非可欲之物欤?人有生矣,则思所以奉其生。饥而欲食,渴而欲饮,寒而欲衣,露处而欲宫室,此皆所以维持一人之生活者也。然一人之生,少则数十年,多则百年而止耳。而吾人欲生之心,必以是为不足。于是于数十年百年之生活外,更进而图永远之生活:时则有牝牡之欲家室之累,进而育子女矣,则有保抱扶持饮食教诲之责,婚嫁之务。百年之间,早作而夕思,穷老而不知所终,问有出于此保存自己及种姓之生活之外者乎?无有也。百年之后,观吾人之成绩,其有逾于此保存自己及种姓之生活之外者乎?无有也。又人人知侵害自己及种姓之生活者之非一端也。于是相集而成一群,相约束而立一国,择其贤且智者以为之君。为之立法律以治之,建学校以教之,为之警察以防内奸,为之陆海军以御外患,使人人各遂其生活之欲而不相侵害:凡此皆欲生之心之所为也。夫人之于生活也，欲之如此其切也，用力如此其勤也，设计如此其周且至也，固亦有其真可欲者存欤？吾人之忧患劳苦，固亦有所以偿之者欤？则吾人不得不就生活之本质，熟思而审考之也。

生活之本质何？"欲"而已矣。欲之为性无厌，而其原生于不足。不足之状态，苦痛是也。既偿一欲，则此欲以终。然欲之被偿者一，而不偿者什伯。一欲既终，他欲随之。故究竟之慰藉，终不可得也。即使吾人之欲悉偿，而更无所欲之对象，倦厌之情即起而乘之。于是吾人自己之生活，若负之而不胜其重。故人生者，如钟表之摆，实往复于痛苦与倦厌之间者也，夫倦厌固可视为苦痛之一种。有能除去此二者，吾人谓之曰快乐。然当其求快乐也，吾人于固有之苦痛外，又不得不加以努力，而努力亦苦痛之一也。且快乐之后，其感苦痛也弥深。故苦痛而无回复之快乐者有之矣，未有快乐而不先之或继之以苦痛者也。又此苦痛与世界之文化俱增，而不由之而减，何则？文化愈进，其知识弥广，其所欲弥多，又其感苦痛亦弥甚故也。然则人生之所欲，既无以逾于生活，而生活之性质，又不外乎苦痛，故欲与生活，与苦痛，三者一而已矣。

吾人生活之性质，既如斯矣，故吾人之知识，遂无往而不与生活之欲相关系，即与吾人之利害相关系。就其实而言之，则知识者，固生于此欲，而示此欲以我与外界之关系，使之趋利而避害者也。常人之知识，止知我与物之关系，易言以明之，止知物之与我相关系者，而于此物中，又不过知其与我相关系之部分而已。及人知渐进，于是始知欲知此物与我之关系，不可不研究此物与彼物之关系。知愈大者，其研究逾远焉。自是而生各种之科学：如欲知空间之一部之与我相关系者，不可不知空间全体之关系，于是几何学兴焉（按西洋几何学 Geometry 之本义系量地之意，可知古代视为应用之科学，而不视为纯粹之科学也）。欲知力之一部之与我相关系者，不可不知力之全体之关系，于是力学兴焉。吾人既知一物之全体之关系，又知此物与彼物之全体之关系，而立一法则焉，以应用之。于是物之现于吾前者，其与我之关系，及其与他物之关系，粲然陈于目前而无所遁。夫然后吾人得以利用此物，有其利而无其害，以使吾人生活之欲，增进于无穷。此科学之功效也。故科学上之成功，虽若层楼杰观，高严巨丽，然其基址则筑乎生活之欲之上，与政治上之系统，立于生活之欲之上无以异。然则吾人理论与实际之二方面，皆此生活之欲之结果也。

由是观之，吾人之知识与实践之二方面，无往而不与生活之欲相关系，即与苦痛相关系。有兹一物焉，使吾人超然于利害之外，而忘物与我之关系。此时也，吾人之心，无希望，无恐怖，非复欲之我，而但知之我也。此犹积阴弥月，而旭日杲杲也；犹覆舟大海之中，浮沉上下，而飘著于故乡之海岸也；犹阵云惨淡，而插翅之天使，赍平和之福音而来者也；犹鱼之脱于罾网，鸟之自樊笼出而游于山林江海也。然物之能使吾人超然于利害之外者，必其物之于吾人无利害之关系而后可，易言以明之，必其物非实物而后可。然则，非美术何足以当之乎？夫自然界之物，无不与吾人有利害之关系；纵非直接，亦必间接相关系者也。苟吾人而能忘物与我之关系而观物，则夫自然界之山明水媚，鸟飞花落，固无往而非华胥之国，极乐之土也。岂独自然界而已？人类之言语动作，悲欢啼笑，孰非美之对象乎？然此物既与吾人有利害之关系，而吾人欲强离其关系而观之，自非天才，岂易及此？于是天才者出，以其所观于自然人生中者复现之于美术中，而使中智以下之人，亦因其物之与己无关系，而超然于利害之外。是故观物无方，因人而变：濠上之鱼，庄、惠之所乐也，而渔父袭之以网罟；舞雩之木，孔、曾之所憩也，而樵者继之以斤斧。若物非有形，心无所住，则虽殉财之夫，贵私之子，宁有对曹霸、韩干之马，而计驰骋之乐，见毕宏、韦偃之松，而思栋梁之用；求好逑于雅典之偶，思税驾于金字之塔者哉？故美术之为物，欲者不观，观者不欲；而艺术之美所以优于自然之美者，全存于使人易忘物我之关系也。

而美之为物有二种：一曰优美，一曰壮美。苟一物焉，与吾人无利害之关系，而吾人之观之也，不观其关系，而但观其物；或吾人之心中，无丝毫生活之欲存，而其观物也，不视为与我有关系之物，而但视为外物，则今之所观者，非昔之所观者也。此时吾心宁静之状态，名之曰优美之情，而谓此物曰优美。若此物大不利于吾人，而吾人生活之意志为之破裂，因之意志遁去，而知力得为独立之作用，以深观其物，吾人谓此物曰壮美，而谓其感情曰壮美之情。普通之美，皆属前种。至于地狱变相之图，决斗垂死之像，《庐江小吏》之诗，《雁门尚书》之曲，其人固氓庶之所共怜，其遇虽戾夫为之流涕，讵有子颓乐祸之心，宁无尼父反袂之戚，而吾人观之，不厌千复。格代之诗曰：

What in life doth only grieve us.
That in art we gladly see.

（凡人生中足以使人悲者，于美术中则吾人乐而观之。）

此之谓也。此即所谓壮美之情。而其快乐存于使人忘物我之关系则固与优美无以异也。

至美术中之与二者相反者,名之曰眩惑。夫优美与壮美,皆使吾人离生活之欲,而入于纯粹之知识者。若美术中而有眩惑之原质乎,则又使吾人自纯粹之知识出,而复归于生活之欲。如粔籹蜜饵,《招魂》《七发》之所陈;玉体横陈,周昉、仇英之所绘;《西厢记》之《酬简》、《牡丹亭》之《惊梦》、伶元之传飞燕,杨慎之赝《秘辛》:徒讽一而劝百,欲止沸而益薪。所以子云有"靡靡"之诮,法秀有"绮语"之诃。虽则梦幻泡影,可作如是观,而拔舌地狱,专为斯人设者矣。故眩惑之于美,如甘之于辛,火之于水,不相并立者也。吾人欲以眩惑之快乐,医人世之苦痛,是犹欲航断港而至海,入幽谷而求明,岂徒无益,而又增。则岂不以其不能使人忘生活之欲,及此欲与物之关系,而反鼓舞之也哉!眩惑之与优美及壮美相反对,其故实存于此。

今既述人生与美术之概略如左。吾人且持此标准,以观我国之美术。而美术中以诗歌、戏曲、小说为其顶点,以其目的在描写人生故。吾人于是得一绝大著作曰《红楼梦》。

第二章 《红楼梦》之精神

裘伽尔之诗曰:

Ye wise men, highly deeply leared,

Who think it out and know,

How, when and where do all things pair?

Why do they kiss and love?

Ye men of lofty wisdom say

what happened to me then,

Search out and tell me where, how, when,

And why it happened thus.

嗟汝哲人,靡所不知,靡所不学,既深且跻。粲粲生物,罔不匹俦,各齿厥唇,而相厥攸。匪汝哲人,孰知其故?自何时始,来自何处?嗟汝哲人,渊渊其知。相彼百昌,奚而熙熙?愿言哲人,诏余其故。自何时始,来自何处?(译文)

衷伽尔之问题,人人所有之问题,而人人未解决之大问题也。人有恒言曰:"饮食男女,人之大欲存焉。"然人七日不食则死,一日不再食则饥。若男女之欲,则于一人之生活上,宁有害无利者也,而吾人之欲之也如此,何哉?吾人自少壮以后,其过半之光阴,过半之事业,所计画、所勤动者为何事?汉之成、哀,曷为而丧其生?殷辛、周幽,曷为而亡其国?励精如唐玄宗,英武如后唐庄宗,曷为而不善其终?且人生苟为数十年之生活计,则其维持此生活,亦易易耳,曷为而其忧劳之度,倍蓰而未有已?记曰:"人不婚宦,情欲失半。"人苟能解此问题,则于人生之知识,思过半矣。而蚩蚩者乃日用而不知,岂不可哀也欤!其自哲学上解此问题者,则二千年间,仅有叔本华之《男女之爱之形而上学》耳。诗歌小说之描写此事者,通古今东西,殆不能悉数,然能解决之者鲜矣。《红楼梦》一书,非徒提出此问题,又解决之者也。彼于开卷即下男女之爱之神话的解释。其叙此书之主人公贾宝玉之来历曰:

>   却说女娲氏炼石补天之时,于大荒山无稽崖,炼成高十二丈,见方二十四丈大的顽石三万六千五百零一块。那娲皇只用了三万六千五百块,单单剩下一块未用,弃在青埂峰下。谁知此石自经锻炼之后,灵性已通,自去自来,可大可小。因见众石俱得补天,独自己无才,不得入选,遂自怨自艾,日夜悲哀。(第一回)

此可知生活之欲之先人生而存在,而人生不过此欲之发现也。此可知吾人之堕落,由吾人之所欲,而意志自由之罪恶也。夫顽钝者既不幸而为此石矣,又幸而不见用,则何不游于广莫之野,无何有之乡,以自适其适,而必欲入此忧患劳苦之世界,不可谓非此石之大误也。由此一念之误,而遂造出十九年之历史,与百二十回之事实,与茫茫大士、渺渺真人何与?又于第百十七回中,述宝玉与和尚之谈论曰:

>   弟子请问师父,可是从太虚幻境而来?那和尚道:"什么幻境!不过是来处来,去处去罢了。我是送还你的玉来的。我且问你,那玉是从那里来的?"宝玉一时对答不来。那和尚笑道:"你的来路还不知,便来问我!"宝玉本来颖悟,又经点化,早把红尘看破,只是自己的底里未知;一闻那僧问起玉来,好像当头一棒,

便说:"你也不用银子了,我把那玉还你罢。"那僧笑道:"早该还我了!"

所谓"自己的底里未知"者,未知其生活乃自己之一念之误,而此念之所自造也。及一闻和尚之言,始知此不幸之生活,由自己之所欲,而其拒绝之也,亦不得由自己,是以有还玉之言。所谓玉者,不过生活之欲之代表而已矣。故携入红尘者,非彼二人之所为,顽石自己而已;引登彼岸者,亦非二人之力,顽石自己而已。此岂独宝玉一人然哉?人类之堕落与解脱,亦视其意志而已。而此生活之意志,其于永远之生活,比个人之生活为尤切;易言以明之,则男女之欲,尤强于饮食之欲。何则?前者无尽的,后者有限的也;前者形而上的,后者形而下的也。又如上章所说生活之于苦痛,二者一而非二,而苦痛之度,与主张生活之欲之度为比例。是故前者之苦痛,尤倍蓰于后者之苦痛。而《红楼梦》一书,实示此生活此苦痛之由于自造,又示其解脱之道,不可不由自己求之者也。

而解脱之道,存于出世,而不存于自杀。出世者,拒绝一切生活之欲者也。彼知生活之无所逃于苦痛,而求入于无生之域。当其终也,恒干虽存,固已形如槁木,而心如死灰矣。若生活之欲如故,但不满于现在之生活,而求主张之于异日,则死于此者,固不得不复生于彼,而苦海之流,又将与生活之欲而无穷。故金钏之堕井也,司棋之触墙也,尤三姐、潘又安之自刎也,非解脱也,求偿其欲而不得者也。彼等之所不欲者,其特别之生活,而对生活之为物,则固欲之而不疑也。故此书中真正之解脱,仅贾宝玉、惜春、紫鹃三人耳。而柳湘莲之入道,有似潘又安；芳官之出家，略同于金钏。故苟有生活之欲存乎，则虽出世而无与于解脱；苟无此欲，则自杀亦未始非解脱之一者也。如鸳鸯之死，彼固有不得已之境遇在；不然，则惜春、紫鹃之事，固亦其所优为者也。

而解脱之中，又自有二种之别：一存于观他人之苦痛，一存于觉自己之苦痛。然前者之解脱，唯非常之人为能，其高百倍于后者，而其难亦百倍。但由其成功观之，则二者一也。通常之人，其解脱由于苦痛之阅历，而不由于苦痛之知识。唯非常之人，由非常之知力，而洞观宇宙人生之本质，始知生活与苦痛之不能相离，由是求绝其生活之欲，而得解脱之道。然于解脱之途中，彼之生活之欲，犹时时起而与之相抗，而生种种之幻影。所谓恶魔者，不过此等幻影之人物化而已矣。故通常之解脱，存于自己之苦痛，彼之生活之欲，因不得其满足而愈烈，又因愈烈而愈不得其满足，如此循环，而陷于失望之境遇，遂悟宇宙人生之真相，遽而求其息肩之所。彼全变其气质，而超出乎苦乐之外，举昔之所执著者，一旦而舍之。彼以生活为炉，苦痛为炭，而铸其解脱之鼎。彼以疲于生活之欲故，故其生活之欲，不能复起而为之幻影。此通常之人解脱之状态也。前者之解脱，如惜春、紫鹃；后者之解脱，如宝玉。前者之解脱，超自然的也，神明的也；后者之解脱，自然的也，人类的也。前者之解脱，宗教的也；后者美术的也。前者平和的也；后者悲感的也，壮美的也，故文学的也，诗歌的也，小说的也。此《红楼梦》之主人公，所以非惜春、紫鹃，而为贾宝玉者也。

呜呼，宇宙一生活之欲而已！而此生活之欲之罪过，即以生活之苦痛罚之：此即宇宙之永远的正义也。自犯罪，自加罚，自忏悔，自解脱。美术之务，在描写人生之苦痛与其解脱之道，而使吾侪冯生之徒，于此桎梏之世界中，离此生活之欲之争斗，而得其暂时之平和，此一切美术之目的也。夫欧洲近世之文学中，所以推格代之《法斯德》为第一者，以其描写博士法斯德之苦痛，及其解脱之途径，最为精切故也。若《红楼梦》之写宝玉，又岂有以异于彼乎？彼于缠陷最深之中，而已伏解脱之种子。故听《寄生草》之曲，而悟立足之境，读《胠箧》之篇，而作焚花散麝之想，所以未能者，则以黛玉尚在耳。至黛玉死而其志渐决，然尚屡失于宝钗，几败于五儿，屡蹶屡振，而终获最后之胜利。读者观自九十八回以至百二十回之事实，其解脱之行程，精进之历史，明了精切何如哉！且法斯德之苦痛，天才之苦痛；宝玉之苦痛，人人所有之苦痛也。其存于人之根柢者为独深，而其希救济也为尤切。作者一一掇拾而发挥之。我辈之读此书者，宜如何表满足感谢之意哉！而吾人于作者之姓名，尚未有确实之知识，岂徒吾侪寡学之羞，亦足以见二百余年来吾人之祖先，对此宇宙之大著述，如何冷淡遇之也。谁使此大著述之作者，不敢自署其名？此可知此书之精神，大背于吾国人之性质，及吾人之沉溺于生活之欲，而乏美术之知识，有如此也。然则予之为此论，亦自知有罪也矣。

第三章 《红楼梦》之美学上之价值

如上章之说，吾国人之精神，世间的也，乐天的也，故代表其精神之戏曲小说，无往而不著此乐天之色彩。始于悲者终于欢，始于离者终于合，始于困者终于亨；非是而欲餍阅者之心，难矣！若《牡丹亭》之返魂，《长生殿》之重圆，其最著之一例也。《西厢记》之以《惊梦》终也，未成之作也，此书若成，吾乌知其不为《续西厢》之浅陋也？有《水浒传》矣，曷为而又有《荡寇志》？有《桃花扇》矣，曷为而又有《南桃花扇》？有《红楼梦》矣，彼《红楼复梦》《补红楼梦》《续红楼梦》者，曷为而作也？又曷为而有反对《红楼梦》之《儿女英雄传》？故吾国之文学中，其具厌世解脱之精神者，仅有《桃花扇》与《红楼梦》耳。而《桃花扇》之解脱，非真解脱也：沧桑之变，目击之而身历之，不能自悟，而悟于张道士之一言；且以历数千里，冒不测之险，投缧绁之中，所索之女子，才得一面，而以道士之言，一朝而舍之，自非三尺童子，其谁信之哉？故《桃花扇》之解脱，他律的也；而《红楼梦》之解脱，自律的也。且《桃花扇》之作者，但借侯、李之事，以写故国之戚，而非以描写人生为事。故《桃花扇》，政治的也，国民的也，历史的也；《红楼梦》，哲学的也，宇宙的也，文学的也。此《红楼梦》之所以大背于吾国人之精神，而其价值亦即存乎此。彼《南桃花扇》《红楼复梦》等，正代表吾国人乐天之精神者也。

《红楼梦》一书，与一切喜剧相反，彻头彻尾之悲剧也。其大宗旨如上章之所述，读者既知之矣。除主人公不计外，凡此书中之人有与生活之欲相关系者，无不与苦痛相终始，以视宝琴、岫烟、李纨、李绮等，若藐姑射神人，夐乎不可及矣。夫此数人者，曷尝无生活之欲，曷尝无苦痛？而书中既不及写其生活之欲，则其苦痛自不得而写之；足以见二者如骖之靳，而永远的正义，无往不逞其权力也。又吾国之文学，以挟乐天的精神故，往往说诗歌的正义,善人必令其终,而恶人必罹其罚:此亦吾国戏曲小说之特质也。《红楼梦》则不然:赵姨、凤姐之死,非鬼神之罚,彼良心自己之苦痛也。若李纨之受封,彼于《红楼梦》十四曲中,固已明说之曰:

〔晚韶华〕镜里恩情,更那堪梦里功名!那美韶华去之何迅。再休题绣帐鸳衾;只这戴珠冠,披凤袄,也抵不了无常性命。虽说是人生莫受老来贫,也须要阴〔隲〕(鹭)积儿孙。气昂昂头戴簪缨,光灿灿胸悬金印,威赫赫爵禄高登,昏惨惨黄泉路近。问古来将相可还存?也只是虚名儿与后人钦敬。(第五回)

此足以知其非诗歌的正义,而既有世界人生以上,无非永远的正义之所统辖也。故曰《红楼梦》一书,彻头彻尾的悲剧也。

由叔本华之说,悲剧之中,又有三种之别:第一种之悲剧,由极恶之人,极其所有之能力,以交构之者。第二种,由于盲目的运命者。第三种之悲剧,由于剧中之人物之位置及关系而不得不然者;非必有蛇蝎之性质,与意外之变故也,但由普通之人物,普通之境遇,逼之不得不如是;彼等明知其害,交施之而交受之,各加以力而各不任其咎,此种悲剧,其感人贤于前二者远甚。何则?彼示人生最大之不幸,非例外之事,而人生之所固有故也。若前二种之悲剧,吾人对蛇蝎之人物,与盲目之命运,未尝不悚然战栗;然以其罕见之故,犹幸吾生之可以免,而不必求息肩之地也。但在第三种,则见此非常之势力,足以破坏人生之福祉者,无时而不可坠于吾前;且此等惨酷之行,不但时时可受诸己而或可以加诸人；躬丁其酷，而无不平之可鸣：此可谓天下之至惨也。若《红楼梦》，则正第三种之悲剧也。兹就宝玉、黛玉之事言之：贾母爱宝钗之婉［慝］（嫕），而惩黛玉之孤僻，又信金玉之邪说，而思压宝玉之病；王夫人固亲于薛氏，凤姐以持家之故，忌黛玉之才，而虞其不便于己也；袭人惩尤二姐、香菱之事，闻黛玉"不是东风压西风，就是西风压东风"之语（第八十二回），惧祸之及，而自同于凤姐，亦自然之势也。宝玉之于黛玉，信誓旦旦，而不能言之于最爱之之祖母，则普通之道德使然；况黛玉一女子哉！由此种种原因，而金玉以之合，木石以之离，又岂有蛇蝎之人物，非常之变故，行于其间哉？不过通常之道德，通常之人情，通常之境遇为之而已。由此观之，《红楼梦》者，可谓悲剧中之悲剧也。

由此之故，此书中壮美之部分，较多于优美之部分，而眩惑之原质殆绝焉。作者于开卷即申明之曰：

> 更有一种风月笔墨，其淫秽污臭，最易坏人子弟。至于才子佳人等书，则又开口文君，满篇子建，千部一腔，千人一面，且终不能不涉淫滥。在作者不过欲写出自己两首情诗艳赋来，故假捏出男女二人名姓，又必旁添一小人拨乱其间，如戏中小丑一般。（此又上节所言之一证）

兹举其最壮美者之一例，即宝玉与黛玉最后之相见一节曰：

> 那黛玉听着傻大姐说宝玉娶宝钗的话，此时心里竟

是油儿酱儿糖儿醋儿倒在一处的一般，甜苦酸咸，竟说不上什么味儿来了。……自己转身，要回潇湘馆去，那身子竟有千百斤重的，两只脚却像踏着棉花一般，早已软了。只得一步一步慢慢的走将下来。走了半天，还没到沁芳桥畔，脚下愈加软了。走的慢，且又迷迷痴痴，信著脚从那边绕过来，更添了两箭地路。这时刚到沁芳桥畔，却又不知不觉的顺着堤往回里走起来。紫鹃取了绢子来，却不见黛玉。正在那里看时，只见黛玉颜色雪白，身子恍恍荡荡的，眼睛也直直的，在那里东转西转……只得赶过来轻轻的问道："姑娘怎么又回去？是要往那里去？"黛玉也只模糊听见，随口答道："我问问宝玉去。"……紫鹃只得搀她进去。那黛玉却又奇怪了，这时不似先前那样软了，也不用紫鹃打帘子，自己掀起帘子进来。……见宝玉在那里坐着，也不起来让坐，只瞧着嘻嘻的呆笑。黛玉自己坐下，却也瞧着宝玉笑。两个也不问好，也不说话，也无推让，只管对着脸呆笑起来。忽然听着黛玉说道："宝玉！你为什么病了？"宝玉笑道："我为林姑娘病了。"袭人、紫鹃两个，吓得面目改色，连忙用言语来岔。两个却又不答言，仍旧呆笑起来。……紫鹃搀起黛玉，那黛玉也就站起来，瞧着宝玉，只管笑，只管点头儿。紫鹃又催道："姑娘回家去歇歇罢。"黛玉道："可不是，我这就是回去的时候儿了！"说着，便回身笑着出来了。仍旧不用丫头们搀扶，自己却走得比往常飞快。（第九十六回）

如此之文，此书中随处有之，其动吾人之感情何如！凡稍有审美的嗜好者，无人不经验之也。

《红楼梦》之为悲剧也如此。昔雅里大德勒于《诗论》中，谓悲剧者，所以感发人之情绪而高上之，殊如恐惧与悲悯之二者，为悲剧中固有之物，由此感发，而人之精神于焉洗涤。故其目的，伦理学上之目的也。叔本华置诗歌于美术之顶点，又置悲剧于诗歌之顶点；而于悲剧之中，又特重第三种，以其示人生之真相，又示解脱之不可已故。故美学上最终之目的，与伦理学上最终之目的合。由是《红楼梦》之美学上之价值，亦与其伦理学上之价值相联络也。

第四章 《红楼梦》之伦理学上之价值

自上章观之，《红楼梦》者，悲剧中之悲剧也。其美学上之价值，即存乎此。然使无伦理学上之价值以继之，则其于美术上之价值，尚未可知也。今使为宝玉者，于黛玉既死之后，或感愤而自杀，或放废以终其身，则虽谓此书一无价值可也。何则？欲达解脱之域者，固不可不尝人世之忧患，然所贵乎忧患者，以其为解脱之手段故，非重忧患自身之价值也。今使人日日居忧患言忧患，而无希求解脱之勇气，则天国与地狱，彼两失之。其所领之境界，除阴云蔽天，沮洳弥望外，固无所获焉。黄仲则《绮怀》诗曰：

如此星辰非昨夜，为谁风露立中宵。

又其卒章曰：

  结束铅华归少作，屏除丝竹入中年；茫茫来日愁如海，寄语羲和快着鞭。

  其一例也。《红楼梦》则不然，其精神之存于解脱，如前二章所说，兹固不俟喋喋也。

  然则解脱者，果足为伦理学上最高之理想否乎？自通常之道德观之，夫人知其不可也。夫宝玉者，固世俗所谓绝父子、弃人伦、不忠不孝之罪人也。然自太虚中有今日之世界，自世界中有今日之人类，乃不得不有普通之道德，以为人类之法则。顺之者安，逆之者危；顺之者存，逆之者亡。于今日之人类中，吾固不能不认普通之道德之价值也。然所以有世界人生者，果有合理的根据欤？抑出于盲目的动作，而别无意义存乎其间欤？使世界人生之存在，而有合理的根据，则人生中所有普通之道德，谓之绝对的道德可也。然吾人从各方面观之，则世界人生之所以存在，实由吾人类之祖先一时之误谬。诗人之所悲歌，哲学者之所瞑想，与夫古代诸国民之传说，若出一揆。若第二章所引《红楼梦》第一回之神话的解释，亦于无意识中暗示此理，较之《创世记》所述人类犯罪之历史，尤为有味者也。夫人之有生，既为鼻祖之误谬矣，则夫吾人之同胞，凡为此鼻祖之子孙者，苟有一人焉，未入解脱之域，则鼻祖之罪，终无时而赎，而一时之误谬，反覆至数千万年而未有已也。则夫绝弃人伦如宝玉其人者，自普通之道德言之，固无所辞其不忠不孝之罪；若开天眼而观之，则彼固可谓干父之蛊者也。知祖父之误谬，而不忍反覆之以重其罪，顾得谓之不孝哉？然则宝玉"一子出家，七祖升天"之说，诚有见乎所谓孝者在此不在彼，非徒自辩护而已。

然则举世界之人类，而尽入于解脱之域，则所谓宇宙者，不诚无物也欤？然有无之说，盖难言之矣。夫以人生之无常，而知识之不可恃，安知吾人之所谓有非所谓真有者乎？则自其反而言之，又安知吾人之所谓无非所谓真无者乎？即真无矣，而使吾人自空乏与满足，希望与恐怖之中出，而获永远息肩之所，不犹愈于世之所谓有者乎！然则吾人之畏无也，与小儿之畏暗黑何以异？自己解脱者观之，安知解脱之后，山川之美，日月之华，不有过于今日之世界者乎？读《飞鸟各投林》之曲，所谓"一片白茫茫大地真干净"者，有欤无欤，吾人且勿问，但立乎今日之人生而观之，彼诚有味乎其言之也。

难者又曰：人苟无生，则宇宙间最可宝贵之美术，不亦废欤？曰：美术之价值，对现在之世界人生而起者，非有绝对的价值也。其材料取诸人生，其理想亦视人生之缺陷逼仄，而趋于其反对之方面。如此之美术，唯于如此之世界，如此之人生中，始有价值耳。今设有人焉，自无始以来，无生死，无苦乐，无人世之挂碍而唯有永远之知识，则吾人所宝为无上之美术，自彼视之，不过蛙鸣蝉噪而已。何则？美术上之理想，固彼之所自有，而其材料，又彼之所未尝经验故也。又设有人焉，备尝人世之苦痛，而已入于解脱之域，则美术之于彼也，亦无价值。何则？美术之价值，存于使人离生活之欲，而入于纯粹之知识。彼既无生活之欲矣，而复进之以美术，是犹馈壮夫以药石，多见其不知量而已矣。然而超今日之世界人生以外者，于美术之存亡，固自可不必问也。

夫然,故世界之大宗教,如印度之婆罗门教及佛教,希伯来之基督教,皆以解脱为唯一之宗旨。哲学家如古代希腊之［拍］(柏)拉图,近世德意志之叔本华,其最高之理想,亦存于解脱。殊如叔本华之说,由其深邃之知识论,伟大之形而上学出,一扫宗教之神话的面具,而易以名学之论法,其真挚之感情,与巧妙之文字,又足以济之。故其说精密确实,非如古代之宗教及哲学说,徒属想象而已。然事不厌其求详,姑以生平所疑者商榷焉。夫由叔氏之哲学说,则一切人类及万物之根本,一也。故充叔氏拒绝意志之说,非一切人类及万物,各拒绝其生活之意志,则一人之意志,亦不可得而拒绝。何则?生活之意志之存于我者,不过其一最小部分,而其大部分之存于一切人类及万物者,皆与我之意志同。而此物我之差别,仅由于吾人知力之形式,故离此知力之形式,而反其根本而观之,则一切人类及万物之意志,皆我之意志也。然则拒绝吾一人之意志,而姝姝自悦曰解脱,是何异决蹄跨之水,而注之沟壑,而曰天下皆得平土而居之哉!佛之言曰:"若不尽度众生,誓不成佛。"其言犹若有能之而不欲之意。然自吾人观之,此岂徒能之而不欲哉!将毋欲之而不能也。故如叔本华之言一人之解脱,而未言世界之解脱,实与其意志同一之说,不能两立者也。叔氏无意识中亦触此疑问,故于其《意志及观念之世界》之第四编之末,力护其说曰:

> 人之意志,于男女之欲,其发现也为最著。故完全之贞操,乃拒绝意志,即解脱之第一步也。夫自然中之法则,固自最确实者。使人人而行此格言,则人类之灭

绝，自可立而待。至人类以降之动物，其解脱与堕落，亦当视人类以为准。《吠［陁］（陀）》之经典曰："一切众生之待圣人，如饥儿之待慈父母也。"基督教中亦有此思想。珊列休斯于其《人持一切物归于上帝》之小诗中曰："嗟汝万物灵，有生皆爱汝。总总环汝旁，如儿索母乳。携之适天国，惟汝力是怙！"德意志之神秘学者马斯太哀克赫德亦云："《约翰福音》云：'余之离世界也，将引万物而与我俱。基督岂欺我哉！'夫善人，固将持万物而归之于上帝，即其所从出之本者也。今夫一切生物，皆为人而造，又各自相为用；牛羊之于水草，鱼之于水，鸟之于空气，野兽之于林莽，皆是也。一切生物皆上帝所造，以供善人之用，而善人携之以归上帝。"彼意盖谓人之所以有用动物之权利者，实以能救济之之故也。

于佛教之经典中，亦说明此真理。方佛之尚为菩提萨埵也，自王宫逸出而入深林时，彼策其马而歌曰："汝久疲于生死兮，今将息此任载。负余躬以遐举兮，继今日而无再。苟彼岸其余达兮，余将徘徊以汝待！"（《佛国记》）此之谓也。（英译《意志及观念之世界》第一册第四百九十二页）

然叔氏之说，徒引据经典，非有理论的根据也。试问释迦示寂以后，基督尸十字架以来，人类及万物之欲生奚若？其痛苦又奚若？吾知其不异于昔也。然则所谓持万物而归之上帝者，其尚有所待欤？抑徒沾沾自喜之说，而不能见诸实事者欤？果如后说，则释迦、基督自身之解脱与否，亦尚在不可知之数也。往者作一律曰：

　　生平颇忆挈虚教，东过蓬莱浴海涛。何处云中闻犬吠，至今湖畔尚乌号。人间地狱真无间，死后泥洹枉自豪。终古众生无度日，世尊祗合老尘嚣。

　　何则？小宇宙之解脱，视大宇宙之解脱以为准故也。赫尔德曼人类涅槃之说，所以起而补叔氏之缺点者以此。要之，解脱之足以为伦理学上最高之理想与否，实存于解脱之可能与否。若夫普通之论难，则固如楚楚蜉蝣，不足以撼十围之大树也。

　　今使解脱之事，终不可能，然一切伦理学上之理想，果皆可能也欤？今夫与此无生主义相反者，生生主义也。夫世界有限，而生人无穷；以无穷之人，生有限之世界，必有不得遂其生者矣。世界之内，有一人不得遂其生者，固生生主义之理想之所不许也。故由生生主义之理想，则欲使世界生活之量，达于极大限，则人人生活之度，不得不达于极小限。盖度与量二者，实为一精密之反比例，所谓最大多数之最大福祉者，亦仅归于伦理学者之梦想而已。夫以极大之生活量，而居于极小之生活度，则生活之意志之拒绝也奚若？此生生主义与无生主义相同之点也。苟无此理想，则世界之内，弱之肉，强之食，一任诸天然之法则耳，奚以伦理为哉？然世人日言生生主义，而此理想之达于何时，则尚在不可知之数。要之，理想者可近而不可即，亦终古不过一理想而已矣。人知无生主义之理想之不可能，而自忘其主义之理想之何若？此则大不可解脱者也。

夫如是，则《红楼梦》之以解脱为理想者，果可菲薄也欤？夫以人生忧患之如彼，而劳苦之如此，苟有血气者，未有不渴慕救济者也；不求之于实行，犹将求之于美术。独《红楼梦》者，同时与吾人以二者之救济。人而自绝于救济则已耳；不然，则对此宇宙之大著述，宜如何企踵而欢迎之也！

第五章　余论

自我朝考证之学盛行，而读小说者，亦以考证之眼读之。于是评《红楼梦》者，纷然索此书之主人公之为谁，此又甚不可解者也。夫美术之所写者，非个人之性质，而人类全体之性质也。惟美术之特质，贵具体而不贵抽象。于是举人类全体之性质，置诸个人之名字之下。譬诸"副墨之子""洛诵之孙"，亦随吾人之所好，名之而已。善于观物者，能就个人之事实，而发见人类全体之性质；今对人类之全体，而必规规焉求个人以实之，人之知力相越，岂不远哉！故《红楼梦》之主人公，谓之贾宝玉可，谓之"子虚""乌有"先生可，即谓之纳兰容若，谓之曹雪芹，亦无不可也。

综观评此书者之说，约有二种：一谓述他人之事，一谓作者自写其生平也。第一说中，大抵以贾宝玉为即纳兰性德。其说要非无所本。案性德《饮水诗集别意》六首之三曰：

独拥余香冷不胜，残更数尽思腾腾。今宵便有随风梦，知在红楼第几层？

又《饮水》词中《于中好》一阕云：

别绪如丝睡不成，那堪孤枕梦边城。因听紫塞三更雨，却忆红楼半夜灯。

又《减字木兰花》一阕咏新月：

莫教星替，守取团圆终必遂。此夜红楼，天上人间一样愁。

"红楼"之字凡三见，而云"梦红楼"者一。又其亡妇忌日作《金缕曲》一阕，其首三句云：

此恨何时已，滴空阶寒更雨歇，葬花天气。

"葬花"二字，始出于此。然则《饮水集》与《红楼梦》之间，稍有文字之关系，世人以宝玉为即纳兰侍卫者，殆由于此。然诗人与小说家之用语，其偶合者固不少。苟执此例以求《红楼梦》之主人公，吾恐其可以傅合者，断不止容若一人而已。若夫作者之姓名（遍考各书，未见曹雪芹何名），与作书之年月，其为读此书者所当知，似更比主人公之姓名为尤要。顾无一人为之考证者，此则大不可解者也。

至谓《红楼梦》一书，为作者自道其生平者。其说本于此书第一回"竟不如我亲见亲闻的几个女子"一语。信如此说，则唐旦之《天国喜剧》，可谓无独有偶者矣。然所谓亲见亲闻者，亦可自旁观者之口言之，未必躬为剧中之人物。如谓书中种种境界，种种人物，非局中人不能道，则是《水浒传》之作者，必为大盗，《三国演义》之作者，必为兵家，此又大不然之说也。且此问题，实为（应为"与"）美术之渊源之问题相关系。如谓美术上之事，非局中人不能道，则其渊源必全存于经验而后可。夫美术之源，出于先天，抑由于经验，此西洋美学上至大之问题也。叔本华之论此问题也，最为透辟。兹援其说，以结此论。其言（此论本为绘画及雕刻发，然可通之于诗歌小说）曰：

> 人类之美之产于自然中者，必由下文解释之：即意志于其客观化之最高级（人类）中，由自己之力与种种之情况，而打胜下级（自然力）之抵抗，以占领其物质。且意志之发现于高等之阶级也，其形式必复杂。即以一树言之，乃无数之细胞，合而成一系统者也。其阶级愈高，其结合愈复杂。人类之身体，乃最复杂之系统也：各部分各有一特别之生活，其对全体也，则为隶属；其互相对也，则为同僚；互相调和，以为其全体之说明；不能增也，不能减也。能如此者，则谓之美。此自然中不得多见者也。顾美之于自然中如此，于美术中则何如？或有以美术家为模仿自然者。然彼苟无美之预想存于经验之前，则安从取自然中完全之物而模仿之，又以之与不完全者相区别哉？且自然亦安得时时生一人焉，于其各部分皆完全无缺哉？或又谓美术家必先于人之肢体中，观美丽之各部分，而由之以构成美丽之全体。此又大愚不灵之说也。即令如此，彼又何自知美丽

之在此部分而非彼部分哉？故美之知识，断非自经验的得之，即非后天的，而常为先天的；即不然，亦必其一部分常为先天的也。吾人于观人类之美后，始认其美；但在真正之美术家，其认识之也，极其明速之度，而其表出之也，胜乎自然之为。此由吾人之自身即意志，而于此所判断及发见者，乃意志于最高级之完全之客观化也。唯如是，吾人斯得有美之预想。而在真正之天才，于美之预想外，更伴以非常之巧力。彼于特别之物中，认全体之理念，遂解自然之嗫嚅之言语而代言之；即以自然所百计而不能产出之美，现之于绘画及雕刻中，而若语自然曰："此即汝之所欲言而不得者也。"苟有判断之能力者，必将应之曰："是。"唯如是，故希腊之天才，能发见人类之美之形式，而永为万世雕刻家之模范。唯如是，故吾人对自然于特别之境遇中所偶然成功者，而得认其美。此美之预想，乃自先天中所知者，即理想的也，比其现于美术也，则为实际的。何则？此与后天中所与之自然物相合故也。如此，美术家先天中有美之预想，而批评家于后天中认识之，此由美术家及批评家，乃自然之自身之一部，而意志于此客观化者也。哀姆攀独克尔曰："同者唯同者知之。"故唯自然能知自然，唯自然能言自然，则美术家有自然之美之预想，固自不足怪也。

芝诺芬述苏格拉底之言曰："希腊人之发见人类之美之理想也，由于经验。即集合种种美丽之部分，而于此发见一膝，于彼发见一臂。"此大谬之说也。不幸而此说又蔓延于诗歌中。即以狭斯丕尔言之,谓其戏曲中所描写之种种之人物,乃其一生之经验中所观察者,而极其全力以模写之者也。然诗人由人性之预想而作戏曲小说,与美术家之由美之预想而作绘画及雕刻无以异。唯两者于其创造之途中,必须有经验以为之补助。夫然,故其先天中所已知者,得唤起而入于明晰之意识,而后表出之事,乃可得而能也。(叔氏《意志及观念之世界》第一册第二百八十五页至八十九页)

由此观之,则谓《红楼梦》中所有种种之人物,种种之境遇,必本于作者之经验,则雕刻与绘画家之写人之美也,必此取一膝,彼取一臂而后可。其是与非,不待知者而决矣。读者苟玩前数章之说,而知《红楼梦》之精神,与其美学伦理学上之价值,则此种议论,自可不生。苟知美术之大有造于人生,而《红楼梦》自足为我国美术上之唯一大著述,则其作者之姓名,与其著书之年月,固当为唯一考证之题目。而我国人之所聚讼者,乃不在此而在彼;此足以见吾国人之对此书之兴味之所在,自在彼而不在此也,故为破其惑如此。

文学小言

（一）

昔司马迁推本汉武时学术之盛，以为利禄之途使然。余谓一切学问皆能以利禄劝，独哲学与文学不然。何则？科学之事业，皆直接间接以厚生利用为旨，故未有与政治及社会上之兴味相刺谬者也。至一新世界观与新人生观出，则往往与政治及社会上之兴味不能相容。若哲学家而以政治及社会之兴味为兴味，而不顾真理之如何，则又决非真正之哲学。此欧洲中世哲学之以辨护宗教为务者，所以蒙极大之污辱，而叔本华所以痛斥德意志大学之哲学者也。文学亦然。铺缀的文学，决非真正之文学也。

（二）

文学者，游戏的事业也。人之势力用于生存竞争而有余，于是发而为游戏。婉娈之儿，有父母以衣食之，以卵翼之，无所谓争存之事也。其势力无所发泄，于是作种种之游戏。逮争存之事亟，而游戏之道息矣。唯精神上之势力独优，而又不必以生事为急者，然后终身得保其游戏之性质。而成人以后，又不能以小儿之游戏为满足，于是对其自己之感情及所观察之事物而摹写之，咏叹之，以发泄所储蓄之势力。故民族文化之发达，非达一定之程度，则不能有文学；而个人之汲汲于争存者，决无文学家之资格也。

（三）

人亦有言：名者利之宾也。故文绣的文学之不足为真文学也，与铺缀的文学同。古代文学之所以有不朽之价值者，岂不以无名之见者存乎？至文学之名起，于是有因之以为名者，而真正文学乃复托于不重于世之文体以自见。逮此体流行之后，则又为虚玄矣。故模仿之文学，是文绣的文学与铺缀的文学之记号也。

（四）

文学中有二原质焉：曰景，曰情。前者以描写自然及人生之事实为主，后者则吾人对此种事实之精神的态度也。故前者客观的，后者主观的也；前者知识的，后者感情的也。自一方面言之，则必吾人之胸中洞然无物，而后其观物也深，而其体物也切；即客观的知识，实与主观的感情为反比例。自他方面言之，则激烈之感情，亦得为直观之对象、文学之材料；而观物与其描写之也，亦有无限之快乐伴之。要之，文学者，不外知识与感情交代之结果而已。苟无锐敏之知识与深邃之感情者，不足与于文学之事。此其所以但为天才游戏之事业，而不能以他道劝者也。

（五）

古今之成大事业大学问者，不可不历三种之阶级："昨夜西风凋碧树，独上高楼，望尽天涯路。"（晏同叔《蝶恋花》）此第一阶级也。"衣带渐宽终不悔，为伊消得人憔悴。"（欧阳永叔《蝶恋花》）此第二阶级也。"众里寻他千百度，回头蓦见，那人正在灯火阑珊处。"（辛幼安《青玉案》）此第三阶级也。未有不阅第一第二阶级，而能遽跻第三阶级者。文学亦然。此有文学上之天才者，所以又需莫大之修养也。

（六）

三代以下之诗人，无过于屈子、渊明、子美、子瞻者。此四子者苟无文学之天才，其人格亦自足千古。故无高尚伟大之人格，而有高尚伟大之文学者，殆未之有也。

（七）

天才者，或数十年而一出，或数百年而一出，而又须济之以学问，帅之以德性，始能产真正之大文学。此屈子、渊明、子美、子瞻等所以旷世而不一遇也。

（八）

"燕燕于飞，差池其羽。""燕燕于飞，颉之颃之。""睍睆黄鸟，载好其音。""昔我往矣，杨柳依依。"诗人体物之妙，侔于造化，然皆出于离人孽子征夫之口，故知感情真者，其观物亦真。

（九）

"驾彼四牡，四牡项领。我瞻四方，蹙蹙靡所骋。"以《离骚》《远游》数千言言之而不足者，独以十七字尽之，岂不诡哉！然以讥屈子之文胜，则亦非知言者也。

（十）

屈子感自己之感，言自己之言者也。宋玉、景差感屈子之所感，而言其所言。然亲见屈子之境遇，与屈子之人格，故其所言，亦殆与言自己之言无异。贾谊、刘向其遇略与屈子同，而才则逊矣。王叔师以下，但袭其貌而无真情以济之。此后人之所以不复为楚人之词者也。

（十一）

屈子之后，文学上之雄者，渊明其尤也。韦、柳之视渊明，其如贾、刘之视屈子乎！彼感他人之所感，而言他人之所言，宜其不如李、杜也。

（十二）

宋以后之能感自己之感，言自己之言者，其唯东坡乎！山谷可谓能言其言矣，未可谓能感所感也。遗山以下亦然。若国朝之新城，岂徒言一人之言已哉？所谓"莺偷百鸟声"者也。

（十三）

诗至唐中叶以后，殆为羔雁之具矣。故五季、北宋之诗（除一二大家外），无可观者，而词则独为其全盛时代。其诗词兼擅如永叔、少游者，皆诗不如词远甚。以其写之于诗者，不若写之于词者之真也。至南宋以后，词亦为羔雁之具，而词亦替矣（除稼轩一人外）。观此足以知文学盛衰之故矣。

（十四）

上之所论，皆就抒情的文学言之（《离骚》、诗词皆是）。至叙事的文学（谓叙事诗、诗史、戏曲等，非谓散文也），则我国尚在幼稚之时代。元人杂剧，辞则美矣，然不知描写人格为何事。至国朝之《桃花扇》，则有人格矣，然他戏曲则殊不称是。要之，不过稍有系统之词，而并失词之性质者也。以东方古文学之国，而最高之文学无一足以与西欧匹者，此则后此文学家之责矣。

（十五）

抒情之诗，不待专门之诗人而后能之也。若夫叙事，则其所需之时日长，而其所取之材料富。非天才而又有暇日者不能。此诗家之数之所以不可更仆数，而叙事文学家殆不能及百分之一也。

（十六）

《三国演义》无纯文学之资格，然其叙关壮缪之释曹操，则非大文学家不办。《水浒传》之写鲁智深，《桃花扇》之写柳敬亭、苏昆生，彼其所为，固毫无意义。然以其不顾一己之利害，故犹使吾人生无限之兴味，发无限之尊敬，况于观壮缪之矫矫者乎？若此者，岂真如汗德所云，实践理性为宇宙人生之根本欤？抑与现在利己之世界相比较，而益使吾人兴无涯之感也？则选择戏曲小说之题目者，亦可以知所去取矣。

（十七）

吾人谓戏曲小说家为专门之诗人，非谓其以文学为职业也。以文学为职业，铺餟的文学也。职业的文学家，以文学为生活；专门之文学家，为文学而生活。今铺餟的文学之途，盖已开矣。吾宁闻征夫思妇之声，而不屑使此等文学嚣然污吾耳也。

屈子文学之精神

我国春秋以前，道德政治上之思想，可分之为二派：一帝王派，一非帝王派。前者称道尧、舜、禹、汤、文、武，后者则称其学出于上古之隐君子（如庄周所称广成子之类），或托之于上古之帝王。前者近古学派，后者远古学派也。前者贵族派，后者平民派也。前者入世派，后者遁世派（非真遁世派，知其主义之终不能行于世，而遁焉者也）也。前者热性派，后者冷性派也。前者国家派，后者个人派也。前者大成于孔子、墨子，而后者大成于老子（老子，楚人，在孔子后，与孔子问礼之老聃系二人。说见汪容甫《述学·老子考异》）。故前者北方派，后者南方派也。此二派者，其主义常相反对，而不能相调和。观孔子与接舆、长沮、桀溺、荷蓧丈人之关系，可知之矣。战国后之诸学派，无不直接出于此二派，或出于混合此二派。故虽谓吾国固有之思想，不外此二者，可也。

夫然，故吾国之文学，亦不外发表二种之思想。然南方学派则仅有散文的文学，如老子、庄、列是已。至诗歌的文学，则为北方学派之所专有。《诗》三百篇，大抵表北方学派之思想者也。虽其中如《考槃》《衡门》等篇，略近南方之思想。然北方学者所谓"用之则行，舍之则藏"，"有道则见，无道则隐"者，亦岂有异于是哉？故此等谓之南北公共之思想则可，必非南方思想之特质也。然则诗歌的文学，所以独出于北方之学派中者，又何故乎？

　　诗歌者，描写人生者也（用德国大诗人希尔列尔之定义）。此定义未免太狭，今更广之曰"描写自然及人生"，可乎？然人类之兴味，实先人生，而后自然。故纯粹之模山范水，流连光景之作，自建安以前，殆未之见。而诗歌之题目，皆以描写自己之感情为主。其写景物也，亦必以自己深邃之感情为之素地，而始得于特别之境遇中，用特别之眼观之。故古代之诗，所描写者，特人生之主观的方面；而对人生之客观的方面，及纯处于客观界之自然，断不能以全力注之也。故对古代之诗，前之定义，宁苦其广，而不苦其隘也。

　　诗之为道，既以描写人生为事，而人生者，非孤立之生活，而在家族、国家及社会中之生活也。北方派之理想，置于当日之社会中，南方派之理想，则树于当日之社会外。易言以明之，北方派之理想，在改作旧社会；南方派之理想，在创造新社会。然改作与创造，皆当日社会之所不许也。南方之人，以长于思辨，而短于实行，故知实践之不可能，而即于其理想中求其安慰之地，故有遁世无闷，嚣然自得以没齿者矣。若北方之人，则往往以坚忍之志，强毅之气，持其改作之理想，以与当日之社会争；而社会之仇视之也，亦与其仇视南方学者无异，或有甚焉。故彼之视社会也，一时以为寇，一时以为亲，如此循环，而遂生欧穆亚（Humour）之人生观。《小雅》中之杰作，皆此种竞争之产物也。且北方之人，不为离世绝俗之举，而日周旋于君臣父子夫妇之间，此等在在界以诗歌之题目，与以作诗之动机。此诗歌的文学，所以独产于北方学派中，而无与于南方学派者也。

然南方文学中，又非无诗歌的原质也。南人想象力之伟大丰富，胜于北人远甚。彼等巧于比类，而善于滑稽：故言大则有若北溟之鱼，语小则有若蜗角之国；语久则大椿冥灵，语短则蟪蛄朝菌；至于襄城之野，七圣皆迷；汾水之阳，四子独往。此种想象决不能于北方文学中发见之。故庄、列书中之某部分，即谓之散文诗，无不可也。夫儿童想象力之活泼，此人人公认之事实也。国民文化发达之初期亦然，古代印度及希腊之壮丽之神话，皆此等想象之产物。以我中国论，则南方之文化发达较后于北方，则南人之富于想象，亦自然之势也。此南方文学中之诗歌的特质之优于北方文学者也。

由此观之，北方人之感情，诗歌的也，以不得想象之助，故其所作遂止于小篇。南方人之想象，亦诗歌的也，以无深邃之感情之后援，故其想象亦散漫而无所丽，是以无纯粹之诗歌。而大诗歌之出，必须俟北方人之感情，与南方人之想象合而为一，即必通南北之驿骑而后可，斯即屈子其人也。

屈子南人而学北方之学者也。南方学派之思想，本与当时封建贵族之制度不能相容。故虽南方之贵族，亦常奉北方之思想焉。观屈子之文，可以征之。其所称之圣王，则有若高辛、尧、舜、禹、汤、少康、武丁、文、武，贤人则有若皋陶、挚说、彭、咸（谓彭祖、巫咸，商之贤臣也，与"巫咸将夕降兮"之巫咸，自是二人，《列子》所谓"郑有神巫，名季咸"者也）、比干、伯夷、吕望、宁戚、百里、介推、子胥，暴君则有若夏启、羿、浞、桀、纣，皆北方学者之所常称道，而于南方学者所称黄帝、广成等不一及焉。虽《远游》一篇，似专述南方之思想，然此实屈子愤激之词，如孔子之居夷浮海，非其志也。《离骚》之卒章，其旨亦与《远游》同。然卒曰："陟升皇之赫戏兮，忽临睨夫旧乡。仆夫悲余马怀兮，蜷局顾而不行。"《九章》中之《怀沙》，乃其绝笔，然犹称重华、汤、禹，足知屈子固彻头彻尾抱北方之思想，虽欲为南方之学者，而终有所不慊者也。

屈子之自赞曰："廉贞。"余谓屈子之性格，此二字尽之矣其廉固南方学者之所优为，其贞则其所不屑为，亦不能为者也。女媭之詈，巫咸之占，渔父之歌，皆代表南方学者之思想，然皆不足以动屈子。而知屈子者，唯詹尹一人。盖屈子之于楚，亲则肺腑，尊则大夫，又尝管内政外交上之大事矣，其于国家既同累世之休戚，其于怀王又有一日之知遇，一疏再放，而终不能易其志，于是其性格与境遇相得，而使之成一种之欧穆亚。《离骚》以下诸作，实此欧穆亚所发表者也。使南方之学者处此，则贾谊（《吊屈原文》）扬雄（《反离骚》）是，而屈子非矣。此屈子之文学，所负于北方学派者也。

然就屈子文学之形式言之，则所负于南方学派者，抑又不少。彼之丰富之想象力，实与庄、列为近。《天问》《远游》凿空之谈，求女谬悠之语，庄语之不足，而继之以谐，于是思想之游戏，更为自由矣。变《三百篇》之体，而为长句，变短什而为长篇，于是感情之发表，更为宛转矣。此皆古代北方文学之所未有，而其端自屈子开之。然所以驱使想象而成此大文学者，实由其北方之腍挚的性格。此庄周等之所以仅为哲学家，而周、秦间之大诗人，不能不独数屈子也。

要之，诗歌者，感情的产物也。虽其中之想象的原质（即知力的原质），亦须有肫挚之感情，为之素地，而后此原质乃显。故诗歌者，实北方文学之产物，而非僬薄冷淡之夫所能托也。观后世之诗人，若渊明，若子美，无非受北方学派之影响者。岂独一屈子然哉！岂独一屈子然哉！

论哲学家与美术家之天职

天下有最神圣、最尊贵而无与于当世之用者，哲学与美术是已。天下之人嚣然谓之曰无用，无损于哲学、美术之价值也。至为此学者自忘其神圣之位置，而求以合当世之用，于是二者之价值失。夫哲学与美术之所志者，真理也。真理者，天下万世之真理，而非一时之真理也。其有发明此真理（哲学家），或以记号表之（美术）者，天下万世之功绩，而非一时之功绩也。唯其为天下万世之真理，故不能尽与一时一国之利益合，且有时不能相容，此即其神圣之所存也。且夫世之所谓有用者，孰有过于政治家及实业家者乎？世人喜言功用，吾姑以其功用言之。夫人之所以异于禽兽者，岂不以其有纯粹之知识与微妙之感情哉。至于生活之欲，人与禽兽无以或异。后者政治家及实业家之所供给，前者之慰藉满足，非求诸哲学及美术不可。就其所贡献于人之事业言之，其性质之贵贱，固以殊矣。至就其功效之所及言之，则哲学家与美术家之事业，虽千载以下，四海以外，苟其所发明之真理，与其所表之之记号之尚存，则人类之知识感情由此而得其满足慰藉者，曾无以异于昔。而政治家及实业家之事业，其及于五世十世者希矣。此又久暂之别也。然则人而无所贡献于哲学、美术，斯亦已耳，苟为真正之哲学家、美术家，又何慊乎政治家哉。

披我中国之哲学史，凡哲学家无不欲兼为政治家者，斯可异已！孔子，大政治家也，墨子，大政治家也，孟、荀二子，皆抱政治上之大志者也。汉之贾、董，宋之张、程、朱、陆，明之罗、王无不然。岂独哲学家而已，诗人亦然。"自谓颇腾达，立登要路津。致君尧舜上，再使风俗淳。"非杜子美之抱负乎？"胡不上书自荐达，坐令四海如虞唐。"非韩退之之忠告乎？"寂寞已甘千古笑，驰驱犹望两河平。"非陆务观之悲愤乎？如此者，世谓之大诗人矣！至诗人之无此抱负者，与夫小说、戏曲、图画、音乐诸家，皆以侏儒倡优自处，世亦以侏儒倡优畜之。所谓"诗外尚有事在"，"一命为文人，便无足观"，我国人之金科玉律也。呜呼！美术之无独立之价值也久矣。此无怪历代诗人，多托于忠君爱国、劝善惩恶之意，以自解免，而纯粹美术上之著述，往往受世之迫害，而无人为之昭雪者也。此亦我国哲学美术不发达之一原因也。

夫然，故我国无纯粹之哲学，其最完备者，唯道德哲学，与政治哲学耳。至于周、秦、两宋间之形而上学，不过欲固道德哲学之根柢，其对形而上学非有固有之兴味也。其于形而上学且然，况乎美学、名学、知识论等冷淡不急之问题哉！更转而观诗歌之方面，则咏史、怀古、感事、赠人之题目，弥满充塞于诗界，而抒情叙事之作，什佰不能得一。其有美术上之价值者，仅其写自然之美之一方面耳。甚至戏曲、小说之纯文学，亦往往以惩劝为旨，其有纯粹美术上之目的者，世非惟不知贵，且加贬焉。于哲学则如彼，于美术则如此，岂独世人不具眼之罪哉，抑亦哲学家、美术家自忘其神圣之位置与独立之价值，而蕙然以听命于众故也。

至我国哲学家及诗人所以多政治上之抱负者，抑又有说。夫势力之欲，人之所生而即具者，圣贤豪杰之所不能免也。而知力愈优者，其势力之欲也愈盛。人之对哲学及美术而有兴味者，必其知力之优者也，故其势力之欲亦准之。今纯粹之哲学与纯粹之美术，既不能得势力于我国之思想界矣，则彼等势力之欲，不于政治，将于何求其满足之地乎？且政治上之势力，有形的也，及身的也；而哲学美术上之势力，无形的也，身后的也。故非旷世之豪杰，鲜有不为一时之势力所诱惑者矣。虽然，无亦其对哲学、美术之趣味有未深，而于其价值有未自觉者乎？今夫人积年月之研究，而一旦豁然悟宇宙人生之真理，或以胸中惝恍不可捉摸之意境一旦表诸文字、绘画、雕刻之上，此固彼天赋之能力之发展，而此时之快乐，决非南面王之所能易者也。且此宇宙人生而尚如故，则其所发明所表示之宇宙人生之真理之势力与价值，必仍如故。之二者，所以酬哲学家、美术家者，固已多矣。若夫忘哲学、美术之神圣，而以为道德、政治之手段者，正使其著作无价值者也。愿今后之哲学、美术家，毋忘其天职，而失其独立之位置，则幸矣！

古雅之在美学上之位置

"美术者,天才之制作也。"此自汗德以来百余年间学者之定论也。然天下之物,有决非真正之美术品,而又决非利用品者。又其制作之人,决非必为天才,而吾人之视之也,若与天才所制作之美术无异者。无以名之,名之曰"古雅"。

欲知古雅之性质,不可不知美之普遍之性质。美之性质,一言以蔽之曰:可爱玩而不可利用者是已。虽物之美者,有时亦足供吾人之利用,但人之视为美时,决不计及其可利用之点。其性质如是,故其价值亦存于美之自身,而不存乎其外。而美学上之区别美也,大率分为二种:曰优美,曰宏壮。自巴克及汗德之书出,学者殆视此为精密之分类矣。至古今学者对优美及宏壮之解释,各由其哲学系统之差别,而各不同。要而言之,则前者由一对象之形式,不关于吾人之利害,遂使吾人忘利害之念,而以精神之全力沉浸于此对象之形式中。自然及艺术中普通之美,皆此类也。后者则由一对象之形式,越乎吾人知力所能驭之范围,或其形式大不利于吾人,而又觉其非人力所能抗,于是吾人保存自己之本能,遂超越乎利害之观念外,而达观其对象之形式,如自然中之高山大川、烈风雷雨,艺术中伟大之宫室、悲惨之雕刻象,历史画、戏曲、小说等皆是也。此二者,其可爱玩而不可利用也同,若夫所谓古雅者则何如?

一切之美，皆形式之美也。就美之自身言之，则一切优美皆存于形式之对称变化及调和。至宏壮之对象，汗德虽谓之无形式，然以此种无形式之形式，能唤起宏壮之情，故谓之形式之一种，无不可也。就美术之种类言之，则建筑、雕刻、音乐之美之存于形式固不俟论，即图画、诗歌之美之兼存于材质之意义者，亦以此等材质适于唤起美情故，故亦得视为一种之形式焉。释迦与马利亚庄严圆满之相，吾人亦得离其材质之意义，而感无限之快乐，生无限之钦仰。戏曲小说之主人翁及其境遇，对文章之方面言之，则为材质；然对吾人之感情言之，则此等材质又为唤起美情之最适之形式。故除吾人之感情外，凡属于美之对象者，皆形式而非材质也。而一切形式之美，又不可无他形式以表之，惟经过此第二之形式，斯美者愈增其美，而吾人之所谓古雅，即此第二种之形式。即形式之无优美与宏壮之属性者，亦因此第二形式故，而得一种独立之价值，故古雅者，可谓之形式之美之形式之美也。

夫然，故古雅之致存于艺术而不存于自然。以自然但经过第一形式，而艺术则必就自然中固有之某形式，或所自创造之新形式，而以第二形式表出之。即同一形式也，其表之也各不同。同一曲也，而奏之者各异；同一雕刻、绘画也，而真本与摹本大殊，诗歌亦然。"夜阑更秉烛，相对如梦寐"（杜甫《羌村》诗），之于"今宵剩把银釭照，犹恐相逢是梦中"（晏几道《鹧鸪天》词），"愿言思伯，甘心首疾"（《诗·卫风·伯兮》），之于"衣带渐宽终不悔，为伊消得人憔悴"（欧阳修《蝶恋花》词），其第一形式同。而前者温厚，后者刻露者，其第二形式异也。一切艺术，无不皆然，于是有所谓雅俗之区别起。优美及宏壮必与古雅合，然后得显其固有之价值。不过优美及宏壮之原质愈显，则古雅之原质愈蔽。然吾人所以感如此之美且壮者，实以表出之之雅故，即以其美之第一形式，更以雅之第二形式表出之故也。

虽第一形式之本不美者，得由其第二形式之美（雅），而得一种独立之价值。茅茨土阶，与夫自然中寻常琐屑之景物，以吾人之肉眼观之，举无足与于优美若宏壮之数，然一经艺术家（若绘画，若诗歌）之手，而遂觉有不可言之趣味。此等趣味，不自第一形式得之，而自第二形式得之，无疑也。绘画中之布置，属于第一形式，而使笔使墨，则属于第二形式。凡以笔墨见赏于吾人者，实赏其第二形式也。此以低度之美术（如法书等）为尤甚。三代之钟鼎，秦汉之摹印，汉、魏、六朝、唐、宋之碑帖，宋、元之书籍等，其美之大部，实存于第二形式。吾人爱石刻不如爱真迹，又其于石刻中爱翻刻不如爱原刻，亦以此也。凡吾人所加于雕刻、书画之品评，曰"神"、曰"韵"、曰"气"、曰"味"，皆就第二形式言之者多，而就第一形式言之者少。文学亦然，古雅之价值，大抵存于第二形式。西汉之匡、刘，东京之崔、蔡，其文之优美宏壮，远在贾、马、班、张之下，而吾人之嗜之也，亦无逊于彼者，以雅故也。南丰之于文，不必工于苏、王，姜夔之于词，且远逊于欧、秦，而后人亦嗜之者，以雅故也。由是观之，则古雅之原质，为优美及宏壮中不可缺之原质，且得离优美宏壮而有独立之价值，则固一不可诬之事实也。

然古雅之性质，有与优美及宏壮异者。古雅之但存于艺术，而不存于自然，既如上文所论矣，至判断古雅之力，亦与判断优美及宏壮之力不同。后者先天的，前者后天的、经验的也。优美及宏壮之判断之为先天的判断，自汗德之《判断力批评》（今译

《判断力批判》）后，殆无反对之者。此等判断既为先天的，故亦普遍的、必然的也。易言以明之，即一艺术家所视为美者，一切艺术家亦必视为美。此汗德之所以于其美学中，预想一公共之感官者也。若古雅之判断则不然，由时之不同而人之判断之也各异。吾人所断为古雅者，实由吾人今日之位置断之。古代之遗物无不雅于近世之制作，古代之文学虽至拙劣，自吾人读之无不古雅者，若自古人之眼观之，殆不然矣。故古雅之判断，后天的也，经验的也，故亦特别的也，偶然的也。此由古代表出第一形式之道与近世大异，故吾人睹其遗迹，不觉有遗世之感随之，然在当日，则不能若优美及宏壮，则固无此时间上之限制也。

  古雅之性质既不存于自然，而其判断亦但由于经验，于是艺术中古雅之部分，不必尽俟天才，而亦得以人力致之。苟其人格诚高，学问诚博，则虽无艺术上之天才者，其制作亦不失为古雅。而其观艺术也，虽不能喻其优美及宏壮之部分，犹能喻其古雅之部分。若夫优美及宏壮，则非天才殆不能捕攫之而表出之。今古第三流以下之艺术家，大抵能雅而不能美且壮者，职是故也。以绘画论，则有若国朝之王翚，彼固无艺术上之天才，但以用力甚深之故，故摹古则优而自运则劣，则岂不以其舍其所长之古雅，而欲以优美宏壮与人争胜也哉。以文学论，则除前所述匡、刘诸人外，若宋之山谷，明之青邱、历下，国朝之新城等，其去文学上之天才盖远，徒以有文学上之修养故，其所作遂带一种典雅之性质。而后之无艺术上之天才者亦以其典雅故，遂与第一流之文学家等类而观之，然其制作之负于天分者十之二三，而负于人力者十之七八，则固不难分析而得之也。又虽真正之天才，其制作非必皆神来兴到之作也。以文学论，则虽最优美最宏壮之文学中，往往书有陪衬之篇，篇有陪衬之章，章有陪衬之句，句有陪衬之字。一切艺术，莫不如是。此等神兴枯涸之处，非以古雅弥缝之不可。而此等古雅之部分，又非藉修养之力不可。若优美与宏壮，则固非修养之所能为力也。

然则古雅之价值，遂远出优美及宏壮下乎？曰：不然。可爱玩而不可利用者，一切美术品之公性也。优美与宏壮然，古雅亦然。而以吾人之玩其物也，无关于利用故，遂使吾人超出乎利害之范围外，而惝恍于缥缈宁静之域。优美之形式，使人心和平；古雅之形式，使人心休息，故亦可谓之低度之优美。宏壮之形式，常以不可抵抗之势力唤起人钦仰之情，古雅之形式，则以不习于世俗之耳目故，而唤起一种之惊讶。惊讶者，钦仰之情之初步，故虽谓古雅为低度之宏壮，亦无不可也。故古雅之位置，可谓在优美与宏壮之间，而兼有此二者之性质也。至论其实践之方面，则以古雅之能力，能由修养得之，故可为美育普及之津梁。虽中智以下之人，不能创造优美及宏壮之物者，亦得由修养而有古雅之创造力；又虽不能喻优美及宏壮之价值者，亦得于优美宏壮中之古雅之原质，或于古雅之制作物中，得其直接之慰藉。故古雅之价值，自美学上观之，诚不能及优美及宏壮，然自其教育众庶之效言之，则虽谓其范围较大成效较著可也。因美学上尚未有专论古雅者，故略述其性质及位置如右。篇首之疑问，庶得由是而说明之欤。

人间词话

（一）

词以境界为最上。有境界，则自成高格，自有名句。五代、北宋之词所以独绝者在此。

（二）

有造境，有写境，此理想与写实二派之所由分。然二者颇难分别，因大诗人所造之境必合乎自然，所写之境亦必邻于理想故也。

（三）

有有我之境，有无我之境。"泪眼问花花不语，乱红飞过秋千去""可堪孤馆闭春寒，杜鹃声里斜阳暮"，有我之境也。"采菊东篱下，悠然见南山""寒波澹澹起，白鸟悠悠下"，无我之境也。有我之境，以我观物，故物皆著我之色彩。无我之境，以物观物，故不知何者为我，何者为物。古人为词，写有我之境者为多，然未始不能写无我之境，此在豪杰之士能自树立耳。

（四）

无我之境，人惟于静中得之；有我之境，于由动之静时得之。故一优美，一宏壮也。

（五）

自然中之物，互相关系，互相限制。然其写之于文学及美术中也，必遗其关系、限制之处。故虽写实家，亦理想家也。又虽如何虚构之境，其材料必求之于自然，而其构造亦必从自然之法律。故虽理想家，亦写实家也。

（六）

境非独谓景物也。喜怒哀乐，亦人心中之一境界。故能写真景物、真感情者，谓之有境界；否则谓之无境界。

（七）

"红杏枝头春意闹"，著一"闹"字，而境界全出。"云破月来花弄影"，著一"弄"字，而境界全出矣。

（八）

境界有大小，不以是而分优劣。"细雨鱼儿出，微风燕子斜"，何遽不若"落日照大旗，马鸣风萧萧"？"宝帘闲挂小银钩"，何遽不若"雾失楼台，月迷津渡"也？

（九）

严沧浪《诗话》谓："盛唐诸公（一作'人'），唯在兴趣，羚羊挂角，无迹可求。故其妙处，透澈（当作'彻'）玲珑，不可凑拍（当作'泊'），如空中之音，相中之色，水中之影（当作'月'），镜中之象，言有尽而意无穷。"余谓北宋以前之词，亦复如是。然沧浪所谓兴趣，阮亭所谓神韵，犹不过道其面目，不若鄙人拈出"境界"二字，为探其本也。

（一〇）

太白纯以气象胜。"西风残照，汉家陵阙"，寥寥八字，遂关千古登临之口。后世唯范文正之《渔家傲》，夏英公之《喜迁莺》，差足继武，然气象已不逮矣。

（一一）

张皋文谓：飞卿之词，"深美闳约"，余谓：此四字唯冯正中足以当之。刘融斋谓：飞卿"精艳（当作'妙'）绝人"，差近之耳。

（一二）

"画屏金鹧鸪"，飞卿语也，其词品似之。"弦上黄莺语"，端己语也，其词品亦似之。正中词品，若欲于其词句中求之，则"和泪试严妆"，殆近之欤？

（一三）

南唐中主词"菡萏香销翠叶残，西风愁起绿波间"，大有"众芳芜秽""美人迟暮"之感。乃古今独赏其"细雨梦回鸡塞远，小楼吹彻玉笙寒"，故知解人正不易得。

（一四）

温飞卿之词，句秀也。韦端己之词，骨秀也。李重光之词，神秀也。

（一五）

词至李后主而眼界始大，感慨遂深，遂变伶工之词而为士大夫之词。周介存置诸温、韦之下，可谓颠倒黑白矣。"自是人生长恨水长东"，"流水落花春去也，天上人间！"《金荃》《浣花》

能有此气象耶?

（一六）

词人者，不失其赤子之心者也。故生于深宫之中，长于妇人之手，是后主为人君所短处，亦即为词人所长处。

（一七）

客观之诗人，不可不多阅世，阅世愈深则材料愈丰富、愈变化，《水浒传》《红楼梦》之作者是也。主观之诗人，不必多阅世，阅世愈浅则性情愈真，李后主是也。

（一八）

尼采谓："一切文学，余爱以血书者。"后主之词，真所谓"以血书者"也。宋道君皇帝《燕山亭》词亦略似之。然道君不过自道身世之戚，后主则俨有释迦、基督担荷人类罪恶之意，其大小固不同矣。

（一九）

冯正中词，虽不失五代风格，而堂庑特大，开北宋一代风气。与中、后二主词皆在《花间》范围之外，宜《花间集》中不登其只字也。

（二〇）

正中词，除《鹊踏枝》《菩萨蛮》十数阕最煊赫外，如《醉花间》之"高树鹊衔巢，斜月明寒草"，余谓韦苏州之"流萤度高阁"，孟襄阳之"疏雨滴梧桐"，不能过也。

（二一）

欧九《浣溪沙》词"绿杨楼外出秋千"，晁补之谓只一"出"字，便后人所不能道。余谓：此本于正中《上行杯》词"柳外秋千出画墙"，但欧语尤工耳。

（二二）

梅圣俞《苏幕遮》词："落尽梨花春事（当作'又'）了，满地斜（当作'残'）阳，翠色和烟老。"刘融斋谓：少游一生似专学此种。余谓：冯正中《玉楼春》词："芳菲次第长相续，自是情多无处足。尊前百计得春归，莫为伤春眉黛促（当作'蹙'）。"永叔一生似专学此种。

（二三）

人知和靖《点绛唇》、圣俞《苏幕遮》、永叔《少年游》三阕为咏春草绝调，不知先有正中"细雨湿流光"五字，皆能摄春草之魂者也。

（二四）

《诗·蒹葭》一篇最得风人深致。晏同叔之"昨夜西风凋碧树，独上高楼，望尽天涯路"意颇近之。但一洒落，一悲壮耳。

（二五）

"我瞻四方，蹙蹙靡所骋"，诗人之忧生也。"昨夜西风凋碧树，独上高楼，望尽天涯路"似之。"终日驰车走，不见所问津"，诗人之忧世也。"百草千花寒食路，香车系在谁家树"似之。

（二六）

古今之成大事业、大学问者，必经过三种之境界："昨夜西风凋碧树，独上高楼，望尽天涯路"，此第一境也。"衣带渐宽终不悔，为伊消得人憔悴"，此第二境也。"众里寻他千百度，回头蓦见（当作'蓦然回首'），那人正（当作'却'）在灯火阑珊处"，此第三境也。此等语皆非大词人不能道。然遽以此意解释诸词，恐晏、欧诸公所不许也。

（二七）

永叔"人间（当作'生'）自是有情痴，此恨不关风与月"、

"直须看尽洛城花，始与（当作'共'）东（当作'春'）风容易别"，于豪放之中有沈著之致，所以尤高。

（二八）

冯梦华《宋六十一家词选·序例》谓："淮海、小山，古之伤心人也。其淡语皆有味，浅语皆有致。"余谓：此唯淮海足以当之。小山矜贵有余，但可方驾子野、方回，未足抗衡淮海也。

（二九）

少游词境，最为凄婉。至"可堪孤馆闭春寒，杜鹃声里斜阳暮"，则变而凄厉矣。东坡赏其后二语，犹为皮相。

（三〇）

"风雨如晦，鸡鸣不已""山峻高以蔽日兮，下幽晦以多雨。霰雪纷其无垠兮，云霏霏而承宇""树树皆秋色，山山尽（当作'唯'）落晖""可堪孤馆闭春寒，杜鹃声里斜阳暮"，气象皆相似。

（三一）

昭明太子称陶渊明诗"跌宕昭彰，独超众类；抑扬爽朗，莫之与京"。王无功称薛收赋"韵趣高奇，词义晦远；嵯峨萧瑟，真不可言"。词中惜少此二种气象，前者唯东坡，后者唯白石，略得一二耳。

（三二）

词之雅、郑，在神不在貌。永叔、少游虽作艳语，终有品格。方之美成，便有淑女与倡伎之别。

（三三）

美成词深远之致不及欧、秦，唯言情体物，穷极工巧，故不失为第一流之作者。但恨创调之才多，创意之才少耳。

（三四）

词最忌用替代字。美成《解语花》之"桂华流瓦"，境界极妙，惜以"桂华"二字代"月"耳。梦窗以下，则用代字更多。其所以然者，非意不足，则语不妙也。盖意足则不暇代，语妙则不必代。此少游之"小楼连苑""绣毂雕鞍"所以为东坡所讥也。

（三五）

沈伯时《乐府指迷》云："说桃不可直说破桃，须用'红雨''刘郎'等字；说柳不可直说破柳，须用'章台''灞岸'等字。"若惟恐人不用代字者。果以是为工，则古今类书具在，又安用词为耶？宜其为《提要》所讥也。

（三六）

美成《青玉案》（当作"《苏幕遮》"）词："叶上初阳干宿雨，水面轻圆，一一风荷举。"此真能得荷之神理者。觉白石《念奴娇》《惜红衣》二词，犹有隔雾看花之恨。

（三七）

东坡《水龙吟》咏杨花，和均而似元唱。章质夫词，元唱而似和均。才之不可强也如是！

（三八）

咏物之词，自以东坡《水龙吟》为最工，邦卿《双双燕》次之。白石《暗香》《疏影》，格调虽高，然无一语道着，视古人"江边一树垂垂发"等句何如耶？

（三九）

白石写景之作，如"二十四桥仍在，波心荡，冷月无声""数峰清苦，商略黄昏雨""高树（当作'柳'）晚蝉，说西风消息"，虽格韵高绝，然如雾里看花，终隔一层。梅溪、梦窗诸家写景之病，皆在一"隔"字。北宋风流，渡江遂绝，抑真有运(一作"风")会存乎其间耶?

(四〇)

问"隔"与"不隔"之别,曰:陶、谢之诗不隔,延年则稍隔矣。东坡之诗不隔,山谷则稍隔矣。"池塘生春草""空梁落燕泥"等二句,妙处唯在不隔。词亦如是。即以一人一词论,如欧阳公《少年游》(咏春草)上半阕云:"阑干十二独凭春,晴碧远连云。二月三月,千里万里(此两句倒置),行色苦愁人。"语语都在目前,便是不隔。至云"谢家池上,江淹浦畔",则隔矣。白石《翠楼吟》:"此地。宜有词仙,拥素云黄鹤,与君游戏。玉梯凝望久,叹芳草、萋萋千里",便是不隔。至"酒祓清愁,花消英气",则隔矣。然南宋词虽不隔处,比之前人,自有浅深厚薄之别。

(四一)

"生年不满百,常怀千岁忧。昼短苦夜长,何不秉烛游?""服食求神仙,多为药所误;不如饮美酒,被服纨与素。"写情如此,方为不隔。"采菊东篱下,悠然见南山。山气日夕佳,飞鸟相与还。""天似穹庐,笼盖四野。天苍苍,野茫茫,风吹草低见牛羊。"写景如此,方为不隔。

(四二)

古今词人格调之高,无如白石。惜不于意境上用力,故觉无言外之味，弦外之响，终不能与于第一流之作者也。

（四三）

南宋词人，白石有格而无情，剑南有气而乏韵，其堪与北宋人颉颃者，唯一幼安耳。近人祖南宋而祧北宋，以南宋之词可学，北宋不可学也。学南宋者，不祖白石，则祖梦窗；以白石、梦窗可学，幼安不可学也。学幼安者，率祖其粗犷、滑稽，以其粗犷、滑稽处可学，佳处不可学也。幼安之佳处，在有性情、有境界。即以气象论，亦有"横素波、干青云"之概，宁后世龌龊小生所可拟耶？

（四四）

东坡之词旷，稼轩之词豪。无二人之胸襟而学其词，犹东施之效捧心也。

（四五）

读东坡、稼轩词，须观其雅量高致，有伯夷、柳下惠之风。白石虽似蝉蜕尘埃，然终不免局促辕下。

（四六）

苏、辛词中之狂，白石犹不失为狷，若梦窗、梅溪、玉田、草窗、西麓辈，面目不同，同归于乡愿而已。

（四七）

稼轩《中秋饮酒达旦，用〈天问〉体作〈木兰花慢〉以送月》曰："可怜今夜月，向何处，去悠悠？是别有人间，那边才见，光景东头。"词人想象，直悟月轮绕地之理，与科学家密合，可谓神悟。

（四八）

周介存谓："梅溪词中喜用'偷'字，足以定其品格。"刘融斋谓："周旨荡而史意贪。"此二语令人解颐。

（四九）

介存谓梦窗词之佳者，如"水光云影，摇荡绿波，抚玩无极，追寻已远"。余览《梦窗甲乙丙丁稿》中，实无足当此者；有之，其"隔江人在雨声中，晚风菰叶生秋怨"二语乎？

（五〇）

梦窗之词，余得取其词中之一语以评之曰："映梦窗，凌（当作'零'）乱碧。"玉田之词，余得取其词中之一语以评之曰："玉老田荒。"

（五一）

"明月照积雪""大江流日夜""中天悬明月""黄河落日圆"，此种境界，可谓千古壮观。求之于词，唯纳兰容若塞上之作，如《长相思》之"夜深千帐灯"、《如梦令》之"万帐穹庐人醉，星影摇摇欲坠"，差近之。

（五二）

纳兰容若以自然之眼观物，以自然之舌言情。此由初入中原，未染汉人风气，故能真切如此。北宋以来，一人而已。

（五三）

陆放翁跋《花间集》，谓"唐季五代，诗愈卑，而倚声者辄简古可爱。能此不能彼，未可（当作'易'）以理推也"。《提要》驳之，谓"犹能举七十斤者，举百斤则蹶，举五十斤则运掉自如"。其言甚辨。然谓词必易于诗，余未敢信。善乎陈卧子之言曰："宋人不知诗而强作诗，故终宋之世无诗。然其欢愉愁苦（当作'怨'）之致，动于中而不能抑者，类发于诗余，故其所造独工。"五代词之所以独胜，亦以此也。

（五四）

四言敝而有楚辞，楚辞敝而有五言，五言敝而有七言，古诗敝而有律、绝，律、绝敝而有词。盖文体通行既久，染指遂多，自成习套。豪杰之士，亦难于其中自出新意，故遁而作他体，以自解脱。一切文体所以始盛中衰者，皆由于此。故谓文学后不如前，余未敢信；但就一体论，则此说固无以易也。

（五五）

诗之《三百篇》《十九首》，词之五代、北宋，皆无题也。非无题也，诗词中之意不能以题尽之也。自《花庵》《草堂》每调立题，并古人无题之词亦为作题。如观一幅佳山水，而即曰此某山某河，可乎？诗有题而诗亡，词有题而词亡。然中材之士，鲜能知此而自振拔者矣。

（五六）

大家之作，其言情也必沁人心脾，其写景也必豁人耳目，其辞脱口而出，无矫揉妆束之态。以其所见者真，所知者深也。诗词皆然。持此以衡古今之作者，可无大误矣。

（五七）

人能于诗词中不为美刺投赠之篇，不使隶事之句，不用粉饰之字，则于此道已过半矣。

（五八）

以《长恨歌》之壮采，而所隶之事，只"小玉、双成"四字，才有余也。梅村歌行，则非隶事不办。白、吴优劣，即于此见。不独作诗为然，填词家亦不可不知也。

（五九）

近体诗体制，以五七言绝句为最尊，律诗次之，排律最下。盖此体于寄兴言情，两无所当，殆有韵之骈体文耳。词中小令如绝句，长调似律诗，若长调之《百字令》《沁园春》等，则近于排律矣。

（六〇）

诗人对宇宙人生，须入乎其内，又须出乎其外。入乎其内，故能写之；出乎其外，故能观之。入乎其内，故有生气；出乎其外，故有高致。美成能入而不能出。白石以降，于此二事皆未梦见。

（六一）

诗人必有轻视外物之意，故能以奴仆命风月。又必有重视外物之意，故能与花鸟共忧乐。

（六二）

"昔为倡家女，今为荡子妇。荡子行不归，空床难独守。""何不策高足，先据要路津？无为久贫（当作'守穷'）贱，轗轲长苦辛。"可谓淫鄙之尤。然无视为淫词、鄙词者，以其真也。五代、北宋之大词人亦然，非无淫词，读之者但觉其亲切动人。非无鄙词，但觉其精力弥满。可知淫词与鄙词之病，非淫与鄙之病，而游词之病也。"岂不尔思，室是远而。"而子曰："未之思也，夫何远之有？"恶其游也。

（六三）

"枯藤老树昏鸦，小桥流水平沙，古道西风瘦马。夕阳西下，断肠人在天涯。"此元人马东篱《天净沙》小令也。寥寥数语，深得唐人绝句妙境。有元一代词家，皆不能办此也。

（六四）

白仁甫《秋夜梧桐雨》剧，沈雄悲壮，为元曲冠冕。然所作《天籁词》，粗浅之甚，不足为稼轩奴隶。岂创者易工，而因者难巧欤？抑人各有能有不能也？读者观欧、秦之诗远不如词，足透此中消息。

宣统庚戌九月，脱稿于京师宣武城南寓庐。国维记。

《人间词话》未刊稿

（一）

白石之词，余所最爱者亦仅二语，曰："淮南皓月冷千山，冥冥归去无人管。"

（二）

诗至唐中叶以后，殆为羔雁之具矣。故五代、北宋之诗，佳者绝少，而词则为其极盛时代。即诗词兼擅如永叔、少游者，亦词胜于诗远甚，以其写之于诗者，不若写之于词者之真也。至南宋以后，词亦为羔雁之具，而词亦替矣。此亦文学升降之一关键也。

（三）

曾纯甫中秋应制，作《壶中天慢》词。自注云："是夜西兴亦闻天乐。"谓宫中乐声闻于隔岸也。毛子晋谓："天神亦不以人废言。"近冯梦华复辨其诬。不解"天乐"二字文义，殊笑人也！

（四）

梅溪、梦窗、中仙、玉田、草窗、西麓诸家，词虽不同，然同失之肤浅。虽时代使然，亦其才分有限也。近人弃周鼎而宝康瓠，实难索解。

（五）

余填词不喜作长调，尤不喜用人韵。偶尔游戏，作《水龙吟》咏杨花，用质夫、东坡倡和韵，作《齐天乐》咏蟋蟀，用白石韵，皆有"与晋代兴"之意。余之所长殊不在是，世之君子宁以他词称我。

（六）

余友沈昕伯（纮）自巴黎寄余《蝶恋花》一阕云："帘外东风随燕到，春色东来，循我来时道。一霎围场生绿草，归迟却怨春来早。锦绣一城春水绕，庭院笙歌，行乐多年少。著意来开孤客抱，不知名字闲花鸟。"此词当在晏氏父子间，南宋人不能道也。

（七）

樊抗夫谓余词如《浣溪沙》之"天末同云"，《蝶恋花》之"昨夜梦中""百尺高楼""春到临春"等阕，凿空而道，开词家未有之境。余自谓才不若古人，但于力争第一义处，古人亦不如我用意耳。

（八）

叔本华曰："抒情诗，少年之作也；叙事诗及戏曲，壮年之作也。"余谓：抒情诗，国民幼稚时代之作也；叙事诗，国民盛壮时代之作也。故曲则古不如今。元曲诚多天籁，然其思想之陋劣，布置之粗笨，千篇一律，令人喷饭。至本朝之《桃花扇》《长生殿》诸传奇，则进矣。词则今不如古。盖一则以布局为主，一则须伫兴而成故也。

（九）

北宋名家以方回为最次。其词如历下、新城之诗，非不华瞻，惜少真味。

（一〇）

散文易学而难工，骈文难学而易工；近体诗易学而难工，古体诗难学而易工；小令易学而难工，长调难学而易工。

（一一）

古诗云："谁能思不歌？谁能饥不食？"诗词者，物之不得其平而鸣者也。故"欢愉之辞难工，愁苦之言易巧"。

（一二）

社会上之习惯，杀许多之善人。文学上之习惯，杀许多之天才。

（一三）

词之为体，"要眇宜修"，能言诗之所不能言，而不能尽言诗之所能言。诗之境阔，词之言长。

（一四）

言气质，言神韵，不如言境界。境界为本也；气质、格律、神韵，末也。有境界而三者随之矣。

（一五）

"西（当作'秋'）风吹渭水，落日（当作'叶'）满长安。"美成以之入词，白仁甫以之入曲。此借古人之境界为我之境界者也。然非自有境界，古人亦不为我用。

（一六）

词家多以景寓情。其专作情语而绝妙者，如牛峤之"甘（当作'须')作一生拼,尽君今日欢",顾夐之"换我心,为你心,始知相忆深",欧阳修之"衣带渐宽终不悔,为伊消得人憔悴",美成之"许多烦恼,只为当时,一饷留情",此等词,古今曾不多见,余《乙稿》中颇于此方面有开拓之功。

(一七)

长调自以周、柳、苏、辛为最工。美成《浪淘沙慢》二词,精壮顿挫,已开北曲之先声。若屯田之《八声甘州》,玉局之《水调歌头》(中秋寄子由),则伫兴之作,格高千古,不能以常词论也。

(一八)

稼轩《贺新郎》词(送茂嘉十二弟)章法绝妙,且语语有境界,此能品而几于神者。然非有意为之,故后人不能学也。

(一九)

稼轩《贺新郎》词:"柳暗凌波路,送春归猛风暴雨,一番新绿。"又,《定风波》词:"从此酒酣明月夜,耳热。""绿""热"二字皆作上去用,与韩玉《东浦词·贺新郎》以"玉""曲"叶"注""女",《卜算子》以"夜""谢"叶"食"(当作"节")、"月",已开北曲四声通押之祖。

（二〇）

谭复堂《箧中词选》谓："蒋鹿潭《水云楼词》与成容若、项莲生二百年间分鼎三足。"然《水云楼词》小令颇有境界，长调惟存气格。《忆云词》亦精实有余，超逸不足，皆不足与容若比，然视皋文、止庵辈，则倜乎远矣。

（二一）

贺黄公（裳）《皱水轩词筌》云："张玉田《乐府指迷》，其调叶宫商、铺张藻绘抑亦可矣，至于风流蕴藉之事，真属茫茫，如唻官厨饭者，不知牲牢之外别有甘鲜也。"此语解颐。

（二二）

周保绪（济）《词辨》云："玉田近人所最尊奉，才情诣力亦不后诸人，终觉积谷作米、把缆放船，无开阔手段。"又云："叔夏所以不及前人处，只在字句上著功夫，不肯换意。""近人喜学玉田，亦为修饰字句易，换意难。"

（二三）

词家时代之说，盛于国初。竹垞谓词至北宋而大，至南宋而深。后此词人，群奉其说，然其中亦非无具眼者。周保绪曰：

"南宋下不犯北宋拙率之病，高不到北宋浑涵之诣。"又曰："北宋词多就景叙情，故珠圆玉润，四照玲珑。至稼轩、白石，一变而为即事叙景，使深者反浅，曲者反直。"潘四农（德舆）曰："词滥觞于唐，畅于五代，而意格之闳深曲挚则莫盛于北宋。词之有北宋，犹诗之有盛唐。至南宋则稍衰矣。"刘融斋（熙载）曰："北宋词用密亦疏，用隐亦亮，用沉亦快，用细亦阔，用精亦浑。南宋只是掉转过来。"可知此事自有公论。虽止庵词颇浅薄，潘、刘尤甚。然其推尊北宋，则与明季云间诸公，同一卓识，不可废也。

（二四）

唐、五代、北宋之词，所谓"生香真色"。若云间诸公，则彩花耳。湘真且然，况其次也者乎？

（二五）

《衍波词》之佳者，颇似贺方回。虽不及容若，要在锡鬯、其年之上。

（二六）

近人词，如复堂词之深婉、彊村词之隐秀，皆在吾家半塘翁上。彊村学梦窗而情味较梦窗反胜。盖有临川、庐陵之高华，而济之以白石之疏越者。学人之词，斯为极则。然古人自然神妙处，尚未梦见。

（二七）

宋直方《蝶恋花》："新样罗衣浑弃却，犹寻旧日春衫著。"谭复堂《蝶恋花》："连理枝头侬与汝，千花百草从渠许。"可谓寄兴深微。

（二八）

《半塘丁稿》和冯正中《鹊踏枝》十阕，乃《鹜翁词》之最精者。"望远愁多休纵目"等阕，郁伊惝恍，令人不能为怀。《定稿》只存六阕，殊为未允也。

（二九）

固哉，皋文之为词也！飞卿《菩萨蛮》、永叔《蝶恋花》、子瞻《卜算子》，皆兴到之作，有何命意？皆被皋文深文罗织。阮亭《花草蒙拾》谓："坡公命宫磨蝎，生前为王珪、舒亶辈所苦，身后又硬受此差排。"由今观之，受差排者，独一坡公已耶？

（三〇）

贺黄公谓："姜论史词，不称其'软语商量'，而称（当作

'赏')其'柳昏花暝',固知不免项羽学兵法之恨。"然"柳昏花暝"自是欧、秦辈句法,似属为胜。吾从白石,不能附和黄公矣。

(三一)

"池塘春草谢家春,万古千秋五字新。传语闭门陈正字,可怜无补费精神。"此遗山《论诗绝句》也。美成、白石、梦窗、玉田辈当不乐闻此语。

(三二)

朱子《清邃阁论诗》谓:"古人有句,今人诗更无句,只是一直说将去。这般一日作百首也得。"余谓北宋之词有句,南宋以后便无句。如玉田、草窗之词,所谓"一日作百首也得"者也。

(三三)

朱子谓:"梅圣俞诗,不是平淡,乃是枯槁。"余谓草窗、玉田之词亦然。

(三四)

"自怜诗酒瘦,难应接、许多春色。""能几番游?看花又是明年。"此等语亦算警句耶？乃值如许费力。

（三五）

文文山词，风骨甚高，亦有境界。远在圣与、叔夏、公谨诸公之上。亦如明初诚意伯词，非季迪、孟载诸人所敢望也。

（三六）

宋《李希声诗话》曰："唐（当作'古'）人作诗，正以风调高古为主，虽意远语疏，皆为佳作。后人有切近的当、气格凡下者，终使人可憎。"余谓北宋词亦不妨疏远，若梅溪以降，正所谓"切近的当、气格凡下"者也。

（三七）

自竹垞痛贬《草堂诗馀》而推《绝妙好词》，后人群附和之。不知《草堂》虽有亵诨之作，然佳词恒得十之六七。《绝妙好词》则除张、范、辛、刘诸家外，十之八九皆极无聊赖之词。甚矣，人之贵耳贱目也。

（三八）

《提要》载："《古今词话》六卷，国朝沈雄纂。雄，字偶僧，吴江人。是编所述，上起于唐，下迄康熙中年。"然维见明嘉靖前合口本《笺注草堂诗馀》林外《洞仙歌》下引《古今词话》云："此词乃近时林外题于吴江垂虹亭。"（明刻《类编草堂诗馀》亦同）（案：升庵《词品》云："林外，字岂尘。有《洞仙歌》书于垂虹亭畔，作道装，不告姓名，饮醉而去，人疑为吕洞宾。传入宫中，孝宗笑曰：'"云崖洞天无锁"。"锁"与"老"叶均，则"锁"音"扫"，乃闽音也。'侦问之，果闽人林外也。"《齐东野语》所载亦略同）则《古今词话》宋时固有此书，岂雄窃此书而复益以近代事欤？又，《季沧苇书目》载《古今词话》十卷，而沈雄所纂只六卷，益证其非一书矣。

（三九）

"君王枉（当作'忍'）把平陈业，换得（当作'只换'）雷塘数亩田。"政治家之言也。"长陵亦是闲邱陇，异日谁知与仲多？"诗人之言也。政治家之眼，域于一人一事；诗人之眼，则通古今而观之。词人观物，须用诗人之眼，不可用政治家之眼。故感事、怀古等作，当与寿词同为词家所禁也。

（四〇）

宋人小说，多不足信。如《雪舟脞语》谓：台州知府唐仲友眷官妓严蕊奴，朱晦庵系治之。及晦庵移去，提刑岳霖行部至台，蕊乞自便。岳问曰："去将安归？"蕊赋《卜算子》词云"住也如何住"云云。案：此词系仲友戚高宣教作，使蕊歌以侑觞者，见朱子《纠唐仲友奏牍》。则《齐东野语》所纪朱、唐公案，恐亦未可信也。

（四一）

唐、五代之词，有句而无篇。南宋名家之词，有篇而无句。有篇有句，唯李后主降宋后之作，及永叔、子瞻、少游、美成、稼轩数人而已。

（四二）

唐、五代、北宋之词家，倡优也；南宋后之词家，俗子也。二者其失相等。然词人之词，宁失之倡优，而不失之俗子。以俗子之可厌，较倡优为甚故也。

（四三）

《蝶恋花》"独倚危楼"一阕，见《六一词》，亦见《乐章集》。余谓：屯田，轻薄子，只能道"奶奶兰心蕙性"耳。"衣带渐宽终不悔，为伊消得人憔悴"，此等语，固非欧公不能道也。

（四四）

读《会真记》者，恶张生之薄幸而恕其奸非；读《水浒传》者，恕宋江之横暴而责其深险。此人人之所同也。故艳词可作，唯万不可作儇薄语。龚定庵诗云："偶赋凌云偶倦飞，偶然闲慕遂初衣。偶逢锦瑟佳人问，便说寻春为汝归。"其人凉薄无行，跃然纸墨间。余辈读耆卿、伯可词，亦有此感。视永叔、希文小词何如耶？

（四五）

词人之忠实，不独对人事宜然，即对一草一木，亦须有忠实之意，否则所谓游词也。

（四六）

读《花间》《尊前集》，令人回想徐陵《玉台新咏》；读《草堂诗馀》，令人回想韦縠《才调集》；读朱竹垞《词综》，张皋文、董子远《词选》，令人回想沈德潜《三朝诗别裁集》。

（四七）

明季、国初诸老之论词，大似袁简斋之论诗，其失也，纤小而轻薄。竹垞以降之论词者，大似沈归愚，其失也，枯槁而庸陋。

（四八）

东坡之旷在神，白石之旷在貌。白石如王衍口不言阿堵物，而暗中为营三窟之计，此其所以可鄙也。

(四九)

"纷吾既有此内美兮,又重之以修能。"文学之事,于此二者不可缺一。然词乃抒情之作,故尤重内美。无内美而但有修能,则白石耳。

(五〇)

诗人视一切外物,皆游戏之材料也。然其游戏,则以热心为之。故诙谐与严重二性质,亦不可缺一也。

《人间词话》删稿

（一）

　　双声、叠韵之论盛于六朝，唐人犹多用之，至宋以后则渐不讲，并不知二者为何物。乾、嘉间，吾乡周松霭先生（春）著《杜诗双声叠韵谱括略》，正千余年之误，可谓有功文苑者矣。其言曰："两字同母，谓之双声，两字同韵，谓之叠韵。"余按：用今日各国文法通用之语表之，则两字同一子音者谓之双声（如《南史·羊［元］（玄）保传》之"官家恨狭，更广、分"，官、家、更、广四字，皆从k得声。《洛阳伽蓝记》之"狞奴慢骂"，狞、奴二字皆从n得声，慢、骂二字皆从m得声是也）。两字同一母音者，谓之叠韵（如梁武帝之"后牖有朽柳"，后、牖、有三字，双声而兼叠韵，有、朽、柳三字，其母音皆为u。刘孝绰之"梁皇长康强"，梁、长、强三字，其母音皆为ang也）。自李淑《诗苑》伪造沈约之说，以双声、叠韵为诗中八病之二，后世诗家多废而不讲，亦不复用之于词。余谓：苟于词之荡漾处用叠韵，促节处用双声，则其铿锵可诵必有过于前人者。惜世之专讲音律者，尚未悟此也。

（二）

昔人但知双声之不拘四声，不知叠韵亦不拘平、上、去三声。凡字之同母音者，虽平仄有殊，皆叠韵也。

（三）

昔人论诗词，有景语、情语之别，不知一切景语皆情语也。

（四）

"岂不尔思，室是远而。"孔子讥之。故知孔门而用词，则牛峤之"甘（当作'须'）作一生拼，尽君今日欢"等作，必不在见删之数。

（五）

"暮雨潇潇郎不归"，当是古词，未必即白傅所作。故白诗云："吴娘夜（当作'暮'）雨潇潇曲，自别苏州（当作'江南'）更不闻"也。

（六）

和凝《长命女》词："天欲晓，宫漏穿花声缭绕，窗里星光少。冷霞寒侵帐额,残月光沈树杪。梦断锦闱空悄悄,强起愁眉小。"此词前半,不减夏英公《喜迁莺》也。此词见《乐府雅词》,《历代诗余》选之。

(七)

《提要》:"王明清《挥麈录》载曾布所作《冯燕歌》,已成套数,与词律殊途。"

毛西河《词话》谓:"赵德麟令畤作《商调鼓子词》谱《西厢传奇》,为杂剧之祖。"然《乐府雅词》卷首所载秦少游、晁补之、郑彦能(名仅)《调笑转踏》首有"致语",末有"放队",每调之前有口号诗,甚似曲本体例。无名氏《九张机》亦然。至董颖《道宫薄媚》大曲咏西子事,凡十只曲,皆平仄通押,竟是套曲,此可与《弦索西厢》同为曲家之荜路。曾氏置诸《雅词》卷首,所以别之于词也。颖字仲达,绍兴初人,从汪彦章、徐师川游。彦章为作《字说》,见《书录解题》。

(八)

宋人遇令节、朝贺、宴会、落成等事,有"致语"一种,亦谓之"乐语",亦谓之"念语"。宋人如宋子京、欧阳永叔、苏子瞻、陈师道皆有之。《啸余谱》列之于词曲之间。其式:先"教坊致语"(四六文),次"口号"(诗),次"勾合曲"(四六文),次"勾小儿队"(四六文),次"队名"(诗二句),次"问小儿""小儿致语",次"勾杂剧"(皆四六文),次"放队"(或诗或四六文）。若有女弟子队，则勾女弟子队如前。其所歌之词曲与所演之剧，则自伶人定之。少游、补之之《调笑》乃并为之作词。元人杂剧乃以曲代之。曲中楔子、科白、上下场诗，犹是致语、口号、勾队、放队之遗也，此程明善《啸余谱》所以列"致语"于词曲之间者也。

（九）

明顾梧芳刻《尊前集》二卷，自为之引，并云："明嘉禾顾梧芳编次。"毛子晋《词苑英华》疑为梧芳所辑。朱竹垞跋称，吴下得吴宽手钞本，取顾本勘之，靡有不同，因定为宋初人编辑。《提要》两存其说。案《古今词话》云："赵崇祚《花间集》载温飞卿《菩萨蛮》甚多，合之吕鹏《尊前集》，不下二十阕。"今考顾刻所载飞卿《菩萨蛮》五首，除"咏泪"一首外，皆《花间》所有，知顾刻虽非自编，亦非复吕鹏所编之旧矣。《提要》又云："张炎《乐府指迷》虽云唐人有《尊前》《花间集》，然《乐府指迷》真出张炎与否，盖未可定。陈振孙《书录解题》'歌词类'以《花间集》为首，注曰：此近世倚声填词之祖，而无《尊前集》之名。不应张炎见之，而陈振孙不见。"然《书录解题·阳春集》条下，引高邮崔公度语曰："《尊前》《花间》往往谬其姓氏。"公度，公（当作"元"）祐间人，《宋史》有传。北宋固有，则此书不过直斋未见耳。

又案：黄昇《花庵词选》李白《清平乐》下注云："翰林应制。"又云："案：唐吕鹏《遏云集》载应制词四首，以后二首无清逸气韵，疑非太白所作。"云云。今《尊前集》所载太白《清平乐》有五首,岂《尊前集》一名《遏云集》,而四首五首之不同,乃花庵所见之本略异欤?又,欧阳炯《花间集序》谓:"明皇朝有李太白应制《清平乐》四首。"则唐末时只有四首,岂末一首为梧芳所羼入,非吕鹏之旧欤?

(一〇)

楚辞之体,非屈子所创也,《沧浪》《凤兮》之歌已与《三百篇》异。然至屈子而最工。五七律始于齐、梁而盛于唐,词源于唐而大成于北宋。故最工之文学,非徒善创,亦且善因。

(一一)

《沧浪》《凤兮》二歌,已开楚辞体格。然楚词之最工者,推屈原、宋玉,而后此王褒、刘向之词不与焉。五古之最工者,实推阮嗣宗、左太冲、郭景纯、陶渊明,而前此曹、刘,后此陈子昂、李太白不与焉。词之最工者,实推后主、正中、永叔、少游、美成,而前此温、韦,后此姜、吴,皆不与焉。

(一二)

金郎甫作《〈词选〉后序》,分词为淫词、鄙词、游词三种,词之弊,尽是矣。五代、北宋之词,其失也淫;辛、刘之词,其失也鄙;姜、张之词,其失也游。

《人间词话》附录

（一）

蕙风词小令似叔原，长调亦在清真、梅溪间，而沈痛过之。彊村虽富丽精工，犹逊其真挚也。天以百凶成就一词人，果何为哉！

（赵万里录自《蕙风琴趣》评语）

（二）

蕙风《洞仙歌》（秋日游某氏园）及《苏武慢》（寒夜闻角）二阕，境似清真，集中他作，不能过之。

（赵万里录自《蕙风琴趣》评语）

（三）

彊村词，余最赏其《浣溪沙》"独鸟冲波去意闲"二阕，笔力峭拔，非他词可能过之。

（赵万里自《丙寅日记》所记先生论学语中摘出）

（四）

蕙风"听歌"诸作，自以《满路花》为最佳。至《题香南雅集图》诸词，殊觉泛泛，无一言道著。

（赵万里自《丙寅日记》所记先生论学语中摘出）

（五）

（皇甫松）词，黄叔旸称其《摘得新》二首，为有达观之见。余谓不若《忆江南》二阕，情味深长，在乐天、梦得上也。

（自此条至第十三条皆录自王国维自辑本《唐五代二十一家词辑》）

（六）

端己词情深语秀，虽规模不及后主、正中，要在飞卿之上。观昔人颜、谢优劣论可知矣。

（七）

（毛文锡）词比牛、薛诸人殊为不及。叶梦得谓："文锡词以质直为情致，殊不知流于率露。诸人评庸陋词者，必曰此仿毛文锡之《赞成功》而不及者。"其言是也。

（八）

（魏承班）词逊于薛昭蕴、牛峤，而高于毛文锡，然皆不如王衍。五代词以帝王为最工，岂不以无意于求工欤？

（九）

（顾）夐词在牛给事、毛司徒间。《浣溪沙》"春色迷人"一阕，亦见《阳春录》。与《河传》《诉衷情》数阕，当为夐最佳之作矣。

（一〇）

（毛熙震），周密《齐东野语》称其词"新警而不为儇薄"。余尤爱其《后庭花》，不独意胜，即以调论，亦有隽上清越之致，视文锡蔑如也。

（一一）

（阎选）词唯《临江仙》第二首有轩翥之意，余尚未足与作者也。

（一二）

昔沈文悫深赏（张）泌"绿杨花扑一溪烟"为晚唐名句。然其词如"露浓香泛小庭花",较前语似更幽艳。

(一三)

(孙光宪词)昔黄玉林赏其"一庭花(当作'疏')雨湿春愁"为古今佳句。余以为不若"片帆烟际闪孤光"尤有境界也。

(一四)

(周清真)先生于诗文无所不工,然尚未尽脱古人蹊径。平生著述,自以乐府为第一。词人甲乙,宋人早有定论,惟张叔夏病其意趣不高远。然北宋人如欧、苏、秦、黄,高则高矣,至精工博大,殊不逮先生。故以宋词比唐诗,则东坡似太白,欧、秦似摩诘,耆卿似乐天,方回、叔原则大历十子之流,南宋惟一稼轩可比昌黎。而词中老杜,则非先生不可。昔人以耆卿比少陵,犹为未当也。

(录自《清真先生遗事·尚论三》)

(一五)

(清真)先生之词,陈直斋谓其多用唐人诗句檃栝入律,浑然天成。张玉田谓其善于融化诗句。然此不过一端,不如强焕云:"模写物态,曲尽其妙。"为知言也。

(录自《清真先生遗事·尚论三》)

（一六）

山谷云："天下清景，不择贤愚而与之，然吾特疑端为我辈设。"诚哉是言。抑岂独清景而已，一切境界，无不为诗人设，世无诗人，即无此种境界。夫境界之呈于吾心而见于外物者，皆须臾之物，惟诗人能以此须臾之物，镌诸不朽之文字，使读者自得之；遂觉诗人之言，字字为我心中所欲言，而又非我之所能自言，此大诗人之秘妙也。境界有二：有诗人之境界，有常人之境界。诗人之境界，惟诗人能感之而能写之，故读其诗者亦高举远慕，有遗世之意。而亦有得有不得，且得之者亦各有深浅焉。若夫悲欢离合、羁旅行役之感，常人皆能感之，而惟诗人能写之。故其入于人者至深，而行于世也尤广。先生（清真）之词，属于第二种为多，故宋时别本之多，他无与匹。又和者三家，注者二家（强焕本亦有注，见毛跋）。自士大夫以至妇人女子，莫不知有清真，而种种无稽之言，亦由此以起。然非入人之深，乌能如是耶？

（录自《清真先生遗事·尚论三》）

（一七）

楼忠简谓先生（清真）妙解音律，惟王晦叔《碧鸡漫志》谓："江南某氏者，解音律，时时度曲。周美成与有瓜葛。每得一解，即为制词。故周集中多新声。"则集中新曲，非尽自度。然顾曲名堂，不能自已，固非不知音者。故先生之词，文字之外，须兼味其音律。惟词中所注宫调，不出教坊十八调之外，则其音非大晟乐府之新声，而为隋、唐以来之燕乐，固可知也。今其声虽亡，读其词者，犹觉拗怒之中，自饶和婉。曼声促节，繁会相宜；清浊抑扬，辘轳交往。两宋之间，一人而已。

（录自《清真先生遗事·尚论三》）

（一八）

伪词最多，强焕本所增，强半皆是。如《片玉词》上《青玉案》"良夜灯光簇如豆"一阕，乃改山谷《忆帝京》词为之者，决非先生作。

（录自《清真先生遗事·尚论三》）

（一九）

（《云谣集杂曲子》）《天仙子》词，特深峭隐秀，堪与飞卿、端己抗行。

（录自《观堂集林·唐写本云谣集杂曲子跋》）

（二〇）

有明一代，乐府道衰，《写情》《扣舷》，尚有宋、元遗响，仁、宣以后，兹事几绝。独文愍（夏言）以魁硕之才，起而振之，豪壮典丽，与于湖、剑南为近。

（录自《观堂外集·庚辛之间读书记·桂翁词跋》）

（二一）

欧公《蝶恋花》"面旋落花"云云，字字沈响，殊不可及。

（陈乃乾录自王国维旧藏《六一词》眉间批语）

（二二）

温飞卿《菩萨蛮》"雨后却斜阳，杏花零落香"，少游之"雨余芳草斜阳，杏花零落（当作'乱'）燕泥香"，虽自此脱胎，而实有出蓝之妙。

（陈乃乾录自王国维旧藏《词辨》眉间批语）

（二三）

白石尚有骨，玉田则一乞人耳。

（陈乃乾录自王国维旧藏《词辨》眉间批语）

（二四）

美成词多作态，故不是大家气象。若同叔、永叔，虽不作态，而"一笑百媚生"矣。此天才与人力之别也。

（陈乃乾录自王国维旧藏《词辨》眉间批语）

（二五）

周介存谓："白石以诗法入词，门径浅狭，如孙过庭书，但便后人模仿。"予谓近人所以崇拜玉田，亦由于此。

（陈乃乾录自王国维旧藏《词辨》眉间批语）

（二六）

予于词，五代喜李后主、冯正中，而不喜《花间》。宋喜同叔、永叔、子瞻、少游，而不喜美成。南宋只爱稼轩一人，而最恶梦窗、玉田。介存《词辨》所选词，颇多不当人意，而其论词则多独到之语。始知天下固有具眼人，非予一人之私见也。

（陈乃乾录自王国维旧藏《词辨》眉间批语）

（二七）

（朱希真）《满路花·风情》无限风情，令人玩索。

（陈鸿祥从王国维旧藏《草堂诗余》眉批录出）

（二八）

朱竹垞《蝶恋花·重游晋祠题壁》，其"天涯芳草"二句，南宋后即不多见，无论近人。

（罗振常录自王国维旧藏《箧中词》批语）

（二九）

　　王君静安将刊其所为《人间词》，诒书告余曰："知我词者莫如子，叙之亦莫如子宜。"余与君处十年矣，比年以来，君颇以词自娱。余虽不能词，然喜读词，每夜漏始下，一灯荧然，玩古人之作，未尝不与君共。君成一阕，易一字，未尝不以讯余。既而暌离，苟有所作，未尝不邮以示余也。然则余于君之词，又乌可以无言乎？夫自南宋以后，斯道之不振久矣。元、明及国初诸老，非无警句也，然不免乎局促者，气困于雕琢也。嘉、道以后之词，非不谐美也，然无救于浅薄者，意竭于摹拟也。君之于词，于五代喜李后主、冯中正，于北宋喜永叔、子瞻、少游、美成，于南宋除稼轩、白石外，所嗜盖鲜矣。尤痛诋梦窗、玉田，谓梦窗砌字，玉田垒句，一雕琢，一敷衍，其病不同，而同归于浅薄。六百年来词之不振，实自此始。其持论如此。及读君自所为词，则诚往复幽咽，动摇人心，快而沉，直而能曲。不屑屑于言词之末，而名句间出，殆往往度越前人。至其言近而指远，意决而辞婉，自永叔以后，殆未有工如君者也。君始为词时，亦不自意其至此，而卒至此者，天也，非人之所能为也。若夫观物之微，托兴之深，则又君诗词之特色，求之古代作者，罕有伦比。呜呼！不胜古人，不足以与古人并，君其知之矣。世有疑余言者乎，则何不取古人之词与君词比类而观之也？光绪丙午三月，山阴樊志厚叙。

（录自《海宁王静安先生遗书・苕华词》）

（三十）

　　去岁夏，王君静安集其所为词，得六十余阕，名曰《人间词甲稿》，余既叙而行之矣。今冬，复汇所作词为《乙稿》，丐余为之叙。余其敢辞，乃称曰：文学之事，其内足以摅己而外足以感人者，意与境二者而已。上焉者意与境浑，其次或以境胜，或以意胜，苟缺其一，不足以言文学。原夫文学之所以有意境者，以其能观也。出于观我者，意余于境；而出于观物者，境多于意。然非物无以见我，而观我之时，又自有我在。故二者常互相错综，能有所偏重，而不能有所偏废也。文学之工不工，亦视其意境之有无与其深浅而已。自夫人不能观古人之所观，而徒学古人之所作，于是始有伪文学。学者便之，相尚以辞，相习以模拟，遂不复知意境之为何物，岂不悲哉！苟持此以观古今人之词，则其得失，可得而言焉。温、韦之精艳，所以不如正中者，意境有深浅也。珠玉所以逊六一，小山所以愧淮海者，意境异也。美成晚出，始以辞采擅长，然终不失为北宋人之词者，有意境也。南宋词人之有意境者，唯一稼轩，然亦若不欲以意境胜。白石之词，气体雅健耳，至于意境，则去北宋人远甚。及梦窗、玉田出，并不求诸气体，而惟文字之是务，于是词之道熄矣。自元迄明，益以不振。至于国朝，而纳兰侍卫以天赋之才，崛起于方兴之族，其所为词，悲凉顽艳，独有得于意境之深，可谓豪杰之士奋乎百世之下者矣。同时朱、陈，既非劲敌；后世项、蒋，尤难鼎足。至乾、嘉以降，审乎体格韵律之间者愈微，而意味之溢于字句之表者愈浅。岂非拘泥文字，而不求诸意境之失欤？抑观我观物之事自有天在，固难期诸流俗欤？余与静安，均夙持此论。静安之为词，真能以意境胜，夫古今词人以意胜者，莫若欧阳公；以境胜者，莫若秦少游；至意、境两浑，则惟太白、后主、正中数人足以当之。静安之词，大抵意深于欧，而境次于秦。至其合作，如《甲稿·浣溪沙》之"天末同云"、《蝶恋花》之"昨夜梦中"，《乙稿·蝶恋花》之"百尺朱楼"等阕，皆意境两忘，物我一体；高蹈乎八荒之表，而抗心乎千秋之间；骎骎乎两汉之疆域，广于三代、贞观之政治，隆于武德矣。方之侍卫，岂徒伯仲。此固君所得于天者独深，抑岂非致力于意境之效也。至君词之体裁，亦与五代、北宋为近，然君词之所以为五代、北宋之词者，以其有意境在。若以其体裁故，而至遽指为五代、北宋，此又君之不任受，固当与梦窗、玉田之徒，专事摹拟者，同类而笑之也。光绪三十三年十月，山阴樊志厚叙。

（录自《海宁王静安先生遗书·苕华词》）

哲学辨惑

甚矣，名之不可以不正也！观去岁南皮尚书（按，张之洞）之陈学务折，及管学大臣张尚书（按，张百熙）之复奏折：一虞哲学之有流弊，一以名学易哲学，于是海内之士颇有以哲学为诟病者。夫哲学者，犹中国所谓理学云尔。艾儒略《西学（发）凡》有"费禄琐非亚"之语，而未译其义。"哲学"之语实自日本始。日本称自然科学曰"理学"，故不译"费禄琐非亚"曰理学，而译曰"哲学"。我国人士骇于其名，而不察其实，遂以哲学为诟病，则名之不正之过也。

今辨其惑如下：

（一）哲学非有害之学

今之诟病哲学者，岂不曰自由平等民权之说由哲学出，今弃绝哲学，则此等邪说可以熄乎？夫此等说之当否，姑置不论。夫哲学中亦非无如此之说，然此等思想于哲学中不占重要之位置。霍布士（按，1588—1679，英国哲学家）之绝对国权论，与福禄特尔（今译伏尔泰，1694—1778，法国哲学家）、卢骚（按，1712—1778，法国哲学家）之绝对民权论，皆为哲学说之一。今以福禄特尔、卢骚之故而废哲学，何不一思霍布士之说乎？且古之时有倡言民权者矣，孟子是也。今若举天下之言民权，而归罪于孟子，废孟子而不立诸学官，斯亦过矣！欲废哲学者何以异于是！且今之言自由平等、言革命者，果皆自哲学上之研究出欤？抑但习闻他人之说而称道之欤？夫周秦与宋代，中国哲学最盛之时也。而君主之威权不因之而稍替。明祖之兴，而李自成、洪秀全之乱，宁皆有哲学家说以鼓舞之欤？故不研究哲学则已，苟研究哲学则必博稽众说而唯真理之是从。其视今日浅薄之革命家，方鄙弃之不暇，而又奚惑焉！则竟以此归狱于哲学者，非也。且自由平等说非哲学之原理，乃法学、政治学之原理也。今不以此等说废法学、政治学，何独至于哲学而废之？此余所不解者一也。

（二）哲学非无益之学

于是说者曰：哲学即令无害，决非有益，非叩虚课寂之谈，即骛广志荒之论。此说不独我国为然，虽东西洋亦有之。夫彼所谓无益者，岂不以哲学之于人生日用之生活无关系乎？夫但就人生日用之生活言，则岂徒哲学为无益，物理学、化学、博物学，凡所谓纯粹科学，皆与吾人日用之生活无丝毫之关系。其有实用于人者，不过医、工、农等学而已。然人之所以为人者，岂徒饮食男女，芸芸以生，厌厌以死云尔哉！饮食男女，人与禽兽之所同，其所以异于禽兽者，则岂不以理性乎哉！宇宙之变化，人事之错综，日夜相迫于前，而要求吾人之解释，不得其解，则心不宁。叔本华（按，1788—1860，德国哲学家）谓人为形而上学之动物，洵不诬也。哲学实对此要求而与吾人以解释。夫有益于身者与有益于心者之孰轩孰轾，固未易论定者。巴尔善（今译泡尔生,1846—1909,德国哲学家)曰:"人心一日存,则哲学一日不亡。"使说者而非人,则已;说者而为人,则已于冥冥之中,认哲学之必要,而犹必诋之为无用,此其不可解者二也。

(三)中国现时研究哲学之必要

尤可异者,则我国上下,日日言教育,而不喜言哲学。夫既言教育,则不得不言教育学;教育学者实不过心理学、伦理学、美学之应用。心理学之为自然科学而与哲学分离,仅曩日之事耳;若伦理学与美学则尚俨然为哲学中之二大部。今夫人之心意,有知力,有意志,有感情。此三者之理想,曰真曰善曰美。哲学实综合此三者而论其原理者也。教育之宗旨亦不外造就真善美之人物,故谓教育学上之理想即哲学上之理想,无不可也。试读西洋之哲学史、教育学史。哲学者而非教育学者有之矣,未有教育学者而不通哲学者也。不通哲学而言教育,与不通物理化学而言工学,不通生理学解剖学而言医学,何以异?今日日言教育、言伦理,而独欲废哲学,此其不可解者三也。

(四)哲学为中国固有之学

今之欲废哲学者,实坐不知哲学为中国固有之学故。今姑舍诸子不论,独就六经与宋儒之说言之。夫六经与宋儒之说,非著于功令而当时所奉为正学者乎?周子"太极"之说,张子"正蒙"之论,邵子之《皇极经世》,皆深入哲学之问题。此岂独宋儒之说为然,六经亦有之。《易》之"太极",《书》之"降衷",

《礼》之"中庸",自说者言之,谓之非虚非寂,得乎?今欲废哲学,则六经及宋学皆在所当废,此其所不解者四也。

（五）研究西洋哲学之必要

于是说者曰：哲学既为中国所固有，则研究中国之哲学足矣，奚以西洋哲学为？此又不然。余非谓西洋哲学之必胜于中国，然吾国古书大率繁散而无纪，残缺而不完，虽有真理，不易寻绎，以视西洋哲学之系统灿然，步伐严整者，其形式上之孰优孰劣，固自不可掩也。且今之言教育学者，将用《论语》《学记》作课本乎？抑将博采西洋之教育学以充之也？于教育学然，于哲学何独不然？且欲通中国哲学，又非通西洋之哲学不易明也。近世中国哲学之不振，其原因虽繁，然古书之难解，未始非其一端也。苟通西洋之哲学以治吾中国之哲学，则其所得当不止此。异日昌大吾国固有之哲学者，必在深通西洋哲学之人，无疑也。今欲治中国哲学，而废西洋哲学，其不可解者五也。

余非欲使人人为哲学家，又非欲使人人研究哲学，但专门教育中，哲学一科必与诸学科并立，而欲养成教育家，则此科尤为要。吾国人士所以诟病哲学者，实坐不知哲学之性质之故，苟易其名曰"理学"，则庶可以息此争论哉！庶可以息此争论哉！

论 性

今吾人对一事物,虽互相反对之议论,皆得持之而有故,言之而成理,则其事物必非吾人所能知者也。"二加二为四","二点之间只可引一直线",无论何人,未有能反对之者也。因果之相嬗,质力之不灭,无论何人,未有能反对之者也。数学及物理学之所以为最确实之知识者,岂不以此矣乎?今《孟子》之言曰:"人之性善。"《荀子》之言曰:"人之性恶。"二者皆互相反对之说也,然皆持之而有故,言之而成理,然则吾人之于人性,固有不可知者在欤?孔子之所以罕言性与命者,固非无故欤?且于人性论中,不但得容反对之说而已,于一人之说中,亦不得不自相矛盾。《孟子》曰:"人之性善,在求其放心而已。"然使之放其心者谁欤?《荀子》曰"人之性恶,其善者伪(人为)也。"然所以能伪者何故欤?汗德(今译康德)曰:"道德之于人心,无上之命令也。"何以未几而又有根恶之说欤?叔本华曰:"吾人之根本,生活之欲也。"然所谓拒绝生活之欲者,又何自来欤?古今东西之论性,未有不自相矛盾者。使性之为物,如数及空间之性质然,吾人之知之也既确,而其言之也无不同,则吾人虽昌言有论人性之权利可也。试问吾人果有此权利否乎?今论人性者之反对矛盾如此,则性之为物,固不能不视为超乎吾人之知识外也。

今夫吾人之所可得而知者，一先天的知识，一后天的知识也。先天的知识，如空间时间之形式，及悟性之范畴，此不待经验而生，而经验之所由以成立者，自汗德之知识论出后，今日殆为定论矣。后天的知识，乃经验上之所教我者，凡一切可以经验之物皆是也。二者之知识皆有确实性，但前者有普遍性及必然性，后者则不然，然其确实则无以异也。今试问性之为物，果得从先天中或后天中知之乎？先天中所能知者，知识之形式，而不及于知识之材质，而性固一知识之材质也，若谓于后天中知之，则所知者又非性。何则？吾人经验上所知之性，其受遗传与外部之影响者不少，则其非性之本来面目，固已久矣。故断言之曰：性之为物，超乎吾人之知识外也。

人性之超乎吾人之知识外，既如斯矣，于是欲论人性者，非驰于空想之域，势不得不从经验上推论之。夫经验上之所谓性，固非性之本，然苟执经验上之性以为性，则必先有善恶二元论起焉。何则？善恶之相对立，吾人经验上之事实也，反对之事实，而非相对之事实也。相对之事实，如寒热、厚薄等是。大热曰"热"，小热曰"寒"。大厚曰"厚"，稍厚曰"薄"。善恶则不然。大善曰"善"，小善非"恶"；大恶曰"恶"，小恶亦非"善"。又积极之事实，而非消极之事实也。有光曰"明"，无光曰"暗"。有有曰"有"，无有曰"无"。善恶则不然。有善曰"善"，无善犹"非恶"；有恶曰"恶"，无恶犹"非善"。惟其为反对之事实，故善恶二者，不能由其一说明之，唯其为积极之事实，故不能举其一而遗其他。故从经验上立论，不得不盘旋于善恶二元论之胯下，然吾人之知识，必求其说明之统一，而决不以此善恶二元论为满足也。于是性善论、性恶论，及超绝的一元论（即性无善无不善说，及可以为善可以为不善说），接武而起。夫立于经验之上以言性，虽所论者非真性，然尚不至于矛盾也。至超乎经验之外，而求其说明之统一，则虽反对之说，吾人得持其一，然不至自相矛盾不止。何则？超乎经验之外，吾人固有言论之自由，然至欲说明经验上之事实时，则又不得不自圆其说，而复反于二元论。故古今言性者之自相矛盾，必然之理也。今略述古人论性之说，而暴露其矛盾，世之学者，可以观焉：

我国之言性者古矣。尧之命舜曰："人心唯危，道心唯微。"仲虺之诰汤曰："唯天生民，有欲无主乃乱，唯天生聪明时乂。"《汤诰》则云："惟皇上帝，降衷于下民。若有恒性，克绥厥猷唯后。"此二说，互相发明，而与霍布士之说若合符节，然人性苟恶而不可以为善，虽聪明之君主，亦无以乂之。而聪明之君主，亦天之所生也，又苟有善之恒性，则岂待君主之绥乂之乎？然则二者非互相豫想，皆不能持其说，且仲虺之于汤，固所谓见而知之者，不应其说之矛盾如此也。二《诰》之说，不过举其一面而遗其他面耳。嗣是以后，人又有唱一元之论者。《诗》曰："天生蒸民，有物有则。民之秉彝，好是懿德。"刘康公所谓"民受天地之中以生"者，亦不外《汤诰》之意。至孔子而始唱超绝（对）的一元论，曰："性相近也，习相远也。"又曰："唯上知与下愚不移。"此但从经验上推论之，故以之说明经验上之事实，自无所矛盾也。

告子本孔子之人性论，而曰："生之谓性，性无善无不善也。"又曰："性犹湍水也，决诸东方则东流，决诸西方则西流。"此说虽为孟子所驳，然实孔子之真意。所谓"湍水"者，性相近之说也。"决诸东方则东流，决诸西方则西流"者，习相远之说也。孟子虽攻击之，而主性善论，然其说，则有未能贯通者。其山木之喻，曰："牛山之木尝美矣……是岂山之性也哉？虽存乎人者，岂无仁义之心哉！其所以放其良心者，亦犹斧斤之于木也，旦旦而伐之，可以为美乎？其昼夜之所息，平旦之气，其好恶与人相近也者几希，则其旦昼之所为，有梏亡之矣。梏之反覆，则其夜气不足以存……此岂人之情也哉！"然则所谓"旦旦伐之"者何欤？所谓"梏亡之"者何欤？无以名之，名之曰"欲"，故曰"养心莫善于寡欲"。然则所谓"欲"者，何自来欤？若自性出，何为而与性相矛盾欤？孟子于是以小体大体说明之曰："耳目之官，不思而蔽于物，物交物，则引之而已矣。心之官则思，思则得之，不思则不得也，此天之所以与我者。"顾以心为天之所与，则耳目二者，独非天之所与欤？孟子主性善，故不言耳目之欲之出于性，然其意则正如此，故孟子之性论之为二元论，昭然无疑矣。

至荀子反对孟子之说而唱性恶论，曰："礼义法度，是生于圣人之伪，非故生于人之性也。若夫目好色、耳好声、口好味、心好利、骨体肤理好愉佚，是皆生于人之情性者也。感而自然，不待事而后生之者也。夫感而不能然，必且待事而后然者，谓之生于伪，是性伪之所生，其不同之征也。故圣人化性而起伪。"又曰："古者圣人以人之性恶，以为偏险而不正，悖乱而不治，故为之立君上之势以临之，明礼义以化之，起法政以治之，重刑罚以禁之，使天下皆出于治，合于善。此圣王之治，而礼义之化也。今试去君上之势，无礼义之化；去法政之治，无刑罚之禁，倚而观天下人民之相与也。若是，则夫强者害弱而夺之，众者暴寡而哗之，天下之悖乱而相亡，不待顷矣。然则人之性恶明矣，其善者伪也。"(《性恶篇》)吾人且进而评其说之矛盾,其最显著者,区别人与圣人为二是也。且夫圣人独非人也欤哉!常人待圣人出礼义兴,而后出于治,合于善,则夫最初之圣人,即制作礼义者,又安所待欤?彼说礼之所由起,曰:"人生而有欲,欲而不得则不能无求,求而无度量分界则争,争则乱,乱则穷。先王恶其乱也,故制礼义以分之,以养人之欲,给人之求,此礼之所由起也。"(《礼论篇》)则所谓礼义者,亦可由欲推演之,然则胡不曰"人恶其乱也,故作礼义以分之",而必曰"先王"何哉?又其论礼之渊源时,亦含矛盾之说。曰:"今人之性,饥而欲饱,寒而欲暖,劳而欲休,此人之情也。今人饥,见长而不敢先食者,将有所让也,劳而不敢求息者,将有所代也。夫子之让乎父,弟之让乎兄,子之代乎父,弟之代乎兄,此二行者,皆反于性而悖于情也。"(《性恶篇》)然又以三年之丧为称情而立文,曰:"凡生乎天地之间者,有血气之属,必有知;有知之属,莫不爱其类。今夫大鸟兽,则失亡其群匹,越月逾时,则必反沿,过故乡则必徘徊焉,鸣号焉,踯躅焉,踟蹰焉,然后能去之也。小者是燕爵,犹有啁噍之顷焉,然后能去之。故有血气之属,莫知于人,故人之于亲也,至死无穷。"故曰:"说豫娩泽,忧患萃恶,是吉凶忧愉之情之发于颜色者也。……"(《[理](礼)论篇》)此与《孟子》所谓"孩提之童,无不知爱其亲,及所以告夷之"者何异,非所谓感于自然,不待事而后然者欤?则其非"反于性而悖于情",明矣。于是荀子性恶之一元论,由自己破灭之。

　　人性之论,唯盛于儒教之哲学中,至同时之他学派则无之。约而言之,老、庄主性善,故崇自然,申、韩主性恶,故尚刑名。然在此诸派中,并无争论及之者。至汉而《淮南子》奉老子之说，而唱性善论，其言曰："清净恬愉，人之性也。"(《人间训》)故曰："乘舟而惑者，不知东西，见斗极则寤矣。夫性，亦人之斗极也。有以自见也，则不失物之情；无以自见也，则动而惑营。"又曰："人之性无邪，久湛于俗则易，易而忘本，合于若性。故日月欲明，浮云盖之；河水欲清，沙石涉之。人性欲平，嗜欲害之。"(《齐俗训》)于是《淮南子》之性善论与《孟子》同，终破裂而为性欲二元论。

同时董仲舒亦论人性曰："性之名非生欤？如其生之自然之资之谓性，性者，质也。诘性之质于善之名，能中之与？既不能中矣，而尚谓之质善，何哉？""故性比于禾，善比于米。米出禾中，而禾未可全为米也；善出性中，而性未可全为善也。善与米，人之所继天而成于外，非在天之所为之内也。"(《春秋繁露·深察名号篇》)其论法全似《荀子》，而其意则与告子同。然董子亦非能久持此超绝的一元论者。夫彼之形而上学，固阴阳二元论也。其言曰："阳天之德，阴天之刑，阳常居实位，而行于盛；阴常居空虚，而行于末。"(同，《阳尊阴卑篇》)故曰："天［雨］(两)有阴阳之施，人［雨］(两)亦有贪仁之性。"(《深察名号篇》)由此二元论，而一面主性恶之说曰："民之为言瞑也，弗扶将颠陷猖狂，安能善？"(《深察名号篇》)刘向谓"仲舒作书美荀卿，非无据也"。然一面又谓"天覆育万物，既化而生之，有养而成之"。"察于天之意无穷极之仁也。人之受命于天也，取仁于天而仁也。"(《王道通三篇》)又曰："阴之行不得［于］(干)春夏，而月之魄常厌于日光，乍全乍伤，天之禁阴如此，安得不损其欲而辍其情以应天？"(《深察名号篇》)夫人受命于天，取仁于天，捐情辍欲，乃合天道，则又近于性善之说。要之，仲舒之说，欲调和孟、荀二家，而不免以苟且灭裂终者也。至扬雄出，遂唱性善恶混之二元论。至唐之中叶，伦理学上后提起人性论之问题。韩愈之《原性》，李翱之《复性书》，皆有名于世。愈区别性与情为二，翱虽谓情由性出，而又以为性善而情恶。其根据薄弱实无足言者。至宋之王安石，复绍述告子之说。其《性情论》曰："性情一也。七情之未发于外，而存于心者，性也。七情之发于外者，情也。性者，情之本；情者，性之用也。故性情一也。"又曰："君子之所以为君子者，无非情；小人之所以为小人者，无非情；情而当于理，则圣贤也；不当于理，则小人也。"同时苏轼亦批评韩愈之说，而唱超绝的一元论，又下善之界说。其《扬雄论》曰："性者，果泊然而无所为耶？则不当复有善恶之说。苟性之有善恶也，则夫所谓情者，乃吾所谓性也。人生而莫不有饥寒之患，牝牡之欲，今告于人曰：饥而食，渴而饮，男女之欲，不出于人之性也，可乎？是天下知其不可也。圣人无是，无由以为圣；而小人无是，无由以为恶。圣人以其喜、怒、哀、惧、爱、恶、欲七者御之，而之乎善，小人以是七者御之，而之乎恶。由是观之，善恶者，性之所能之，而非性所能有也。且夫言性又安以其善恶为哉？虽然，扬雄之论，则固已近之，曰：'人之性，善恶混。修其善则为善人，修其恶则为恶人。'此其所以为异者。唯其不知性之不能以有善恶，而以为善恶之皆出于性而已。夫太古之初，本非有善恶之论，唯天下之所同安者，圣人指以为善，而一人之所独乐者，则名以为恶。天下之人，固将即其所乐而行之，孰知圣人唯以其一人之所独乐，不能胜天下之所同安，是以有善恶之辨也。"（《东坡全集》卷四十七）苏、王二子，盖知性之不能赋以善恶之名，故遁而为此超绝的一元论也。

综观以上之人性论，除董仲舒外，皆就性论性，而不涉于形而上学之问题。至宋代哲学兴（苏、王二氏，虽宋人，然于周、张之思想全不相涉），而各由其形而上学以建设人性论。周子之语，最为广漠。且《太极图说》曰："无极而太极。太极动而生阳，动极而静，静则生阴，静极复动。一动一静，互为其根，分阴分阳，两仪立焉。阳变阴合，而生水火木金土；五气顺布，四时行焉。""无极之真，二五之精，妙合而凝，乾道成男，坤道成女。二气交感，化生万物，万物生生，而变化无穷焉。唯人也，得其秀而最灵。形既生矣，神发知矣。五性感动，而善恶分，万物出矣。"又曰："诚无为，几善恶。"（《通书·诚几德章》）几者动之微，诚者即前所谓太极也。太极动而后有阴阳，人性动而后有善恶。当其未动时，初无善恶之可言。所谓秀而最灵者，以才言之，而非以善恶言之也。此实超绝的一元论，与苏氏所谓"善恶者，性之所能之，而非性所能有者"无异。然周子又谓："诚者，圣人之本，纯粹至善者也。"（《通书·诚上》）然人之本体既善，则其动也，何以有善恶之区别乎？周子未尝说明之。故其性善之论，实由其乐天之性质与尊崇道德之念出，而非有名学上必然之根据也。

横渠张子，亦由其形而上学而演绎人性论。其言曰："太虚无形，气之本体，其聚其散，变化之客形尔。至静无感，性之渊源，有识有知，物交之客感尔。"（《正蒙·太和篇》）即谓人之性与太虚同体，善恶之名无自而加之。此张子之本意也。又曰："气本之虚，则湛而无形；感而生，则聚而有象。有象斯有对，对必反其为；有反斯有仇，仇必和而解。"（同，《太和篇》）此即海额尔（今译黑格尔）之辩证法所谓"由正生反，由反生合"者也。"象"者，海氏之所谓"正"，"对"者，"反"也，和解者，正反之合也。故曰："太虚为清，清则无碍。无碍故神，反清为浊，浊则碍，碍则形。"（同，《太和篇》）"形而后有气质之善性，反之，则天地之性存焉。故气质之性，君子有所不性焉。"（同，《诚明篇》）又曰："湛一，气之本，攻取，气之欲。"（同，《诚明篇》）由是观之，彼于形而上学，立太虚之一元，而于其发现也，分为形、神之二元。善出于神，恶出于形，而形又出于神、合于神，故二者之中，神其本体，而形其客形也。故曰："一物两体气也。一故神，两故化。"（同，《参两篇》）然形既从神出，则气质之性，何以与天地之性相反欤？又气质之性，何以不得谓之性欤？此又张子所不能说明也。

至明道《程子之说》曰："'生生之谓易'，此天之所以为道也。天只是以生为道，继此生理者，只是善，便有一个元的意思。'元者善之长'，万物皆有春意便是。'继之者善也''成之者性也'。却待他万物自成其性须得。"（《二程全书》卷二）又曰："论性不论气不备，论气不论性不明，二之则不是。"（《二程全书》卷二）由是观之，明道之所谓"性"，兼"气"而言之。其所谓"善"，乃生生之意，即广义之善，而非孟子所谓"性善"之"善"也。故曰："生之谓性，性即气，气即性，生之谓也。人生气禀，理有善恶，然不是性中元有此两物相对而生。有自幼而恶，有自幼而善，气禀有然也。善固性也，然恶亦不可不谓之性。盖生之谓性，'人生而静'，以上不容说。才说性时，便已不是性也。"（《二程全书》卷二）按明道于此，语意未明。盖既以生为性，而性中非有善恶二者相对，则当云"善固出于性也，而恶亦不可不谓之出于性"。又当云"'人生而静'以上不容说善恶，才说善恶,便不是性"。然明道不敢反对孟子,故为此暧昧之语,然其真意,则正与告子同。然明道他日又混视广义之善与狭义之善,而反覆性善之说。故明道之性论,于宋儒中最为薄弱者也。

至伊川纠正明道之说,分性与气为二,而唱性善论曰:"性出于天,才出于气。气清则才清,气浊则才浊。才则有善有不善,性则无不善。"(《近思录·道体类》)又曰:"性无不善,而有善有不善者,才也。性即是理,理则自尧、舜至于途人,一也。才禀于气,气有清浊,禀其清者为贤,禀其浊者为愚。"(《二程全书》卷十九)盖欲主张性善之说,则气质之性之易趋于恶,此说之一大障碍也。于是非置气于性之外,则不能持其说。故伊川之说,离气而言性,则得持其性善之一元论。若置气于性中,则纯然空间的善恶二元论也。

朱子继伊川之说,而主张理气之二元论。其形而上学之见解曰:"天地之间有理有气。理者,形而上之道也,生物之本也。气者,形而下之器也,生物之具也。是以人物之生,必禀此理,然后有性,必禀此气然后有形。"(《学的》上)又曰:"天下未有无理之气,亦未有无气之理。"(《语类》一)而此理,伊川已言之曰:"离阴阳则无道。阴阳,气也,形而下也。道,太虚也,形而上也。"(《性理会通》卷二十六)但于人性上伊川所目为气者,朱子直谓之性。即性之纯乎理者,谓之天地之性。其杂乎气者,谓之气质之性。而二者又非可离而为二也,故曰:"性非气质,则无所寄。气非天性,则无所成。"(《语类》卷四)又曰:"论天地之性,则专主理,论气质之性,则以理与气杂而言之。"(《学的》上)而性如水然,气则盛水之器也。故曰:"水皆清也,以净器盛之则清,以不净器盛之则臭,以淤泥之器盛之则浊。"(《语类》卷四)故由朱子之说，理无不善，而气则有善有不善。故朱子之性论，与伊川同，不得不谓之二元论也。

朱子又自其理气二元论，而演绎其理欲二元论曰："有个天理，便有个人欲。盖缘这个天理，须有个安顿处。才安顿得不恰好，便有人欲出来。"(《性理会通》卷五十)象山陆子起而驳之曰："天理人欲之分，语极有病。自《礼记》有此言，而后人袭之。《记》曰：'人生而静，天之性也。感于物而动，性之欲也。'若是，则动亦是，静亦是，岂有天理物欲之分；动若不是，则静亦不是，岂有动静之间哉！"(《全集》三十五)又驳人心道心之说曰："心，一也，安得有二心？"(《全集》三十四)此全立于告子之地位，而为超绝的一元论也。然此非象山之真意，象山固绝对的性善论者也。其告学者曰："汝耳自聪，目自明，事父自能孝，事兄自能弟。"(《全集》三十四)故曰："人生皆善，其不善者，迁于物也。"(《全集》三十二)然试问人之所以迁于物者如何，象山亦归之于气质。曰："气质偏弱，则耳目之官不思而蔽于物。物交物，则引之而已。"(《全集》三十二)故陆子之意，与伊川同，别气于性，而以性为善。若合性与气而言之，则亦为二元论。阳明王子亦承象山之说而言性善，然以格去物欲为致良知之第一大事业。故古今之持性善论，而不蹈于孟子之矛盾者，殆未之有也。

呜呼！善恶之相对立，吾人经验上之事实也。自生民以来至于今，世界之事变，孰非此善恶二性之争斗乎？政治与道德，宗教与哲学，孰非由此而起乎？故世界之宗教，无不著二神教之色彩。野蛮之神，虽多至不可稽，然不外二种，即有爱而祀之者，有畏而祀之者，即善神与恶神是已。至文明国之宗教，于上帝之外，其不豫想恶魔者殆稀也。在印度之婆罗门教，则造世界之神谓之"梵天"（Brahma），维持世界者谓之"吠舍那"（Aishnu），而破坏之者谓之"湿婆"（Siva）。以为今日乃湿婆之治世，梵天与吠舍那之治世已过去矣。其后乃有三位一体之说，此则犹论理学之由二元论而变为超绝的一元论也。迤印度以西，则波斯之火教，立阿尔穆兹（Orrnuzd）与阿利曼（Ahriman）之二神。阿尔穆兹，善神也，光明之神也，平和之神也。阿利曼，则主恶与暗黑及争斗。犹太教之耶和华（Jehovah）与撒旦（Satan），实自此出者也。希腊神语中之亚波罗（Apolo）与地哇尼速斯（Dionysus）之关系，亦颇似之。嗣是以后，基督教之理知派，亦承此思想，谓世界万物之形式为神，而其物质则堕落之魔鬼也。暗黑且恶之魔鬼，与光明且善之神相对抗，而各欲加其势力于人，现在之世界，即神与魔鬼之战地也。夫所谓神者，非吾人善性之写象乎？所谓魔鬼者，非吾人恶性之小影乎？他如犹太基督二教之堕落之说，佛教及基督教之忏悔之说，皆示善恶二性之争斗。盖人性苟善，则堕落之说为妄，既恶矣，又安知堕落之为恶乎？善则无事于忏悔，恶而知所以忏悔，则其善端之存在，又不可诬也。夫岂独宗教而已，历史之所纪述，诗人之所悲歌，又孰非此善恶二性之争斗乎？但前者主纪外界之争，后者主述内界之争，过此以往，则吾不知其区别也。吾人之经验上善恶二性之相对立如此，故由经验以推论人性者，虽不知与性果有当与否，然尚不与经验相矛盾，故得而持其说也。超绝的一元论，亦务与经验上之事实相调和，故亦不见有显著之矛盾。至执性善性恶之一元论者，当其就性言性时，以性为吾人不可经验之一物故，故皆得而持其说。然欲以之说明经验，或应用于修身之事业，则矛盾即随之而起。余故表而出之，使后之学者勿徒为此无益之议论也。

释 理

昔阮文达公作《塔性说》,谓"翻译者但用典中'性'字以当佛经无得而称之物,而唐人更以经中'性'字当之"。力言翻译者遇一新义为古语中所无者,必新造一字,而不得袭用似是而非之古语。是固然矣,然文义之变迁,岂独在输入外国新义之后哉!吾人对种种之事物,而发见其公共之处,遂抽象之而为一概念,又从而命之以名。用之既久,遂视此概念为一特别之事物,而忘其所从出。如"理"之概念,即其一也。吾国语中"理"字之意义之变化,与西洋"理"字之意义之变化,若出一辙。今略述之如左:

(一)理字之语源。《说文解字》第一篇:"理,治玉也,从玉,里声。"段氏玉裁注:"《战国策》:郑人谓玉之未理者为璞,是理为剖析也。"由此类推,而种种分析作用,皆得谓之曰理。郑玄《乐记》注:"理者,分也。"《中庸》所谓"文理密察",即指此作用也。由此而分析作用之对象,即物之可分析而粲然有系统者,亦皆谓之理。《逸论语》曰:"孔子曰:美哉璠玙!远而望之,焕若也;近而视之,瑟若也。""一则理胜,一则孚胜。"此从"理"之本义之动词,而变为名词者也。更推之而言他物,则曰"地理"(《易·系词传》),曰"朕理"(《韩非子》),曰"色理",曰"蚕理",曰"箴理"(《荀子》),就一切物而言之曰"条理"(《孟子》)。然则所谓"理"者,不过谓吾心分析之作用,及物之可分析者而已矣。

其在西洋各国语中,则英语之"Reason",与我国今日"理"字之义大略相同,而与法国语之"Raison",其语源同出于拉丁语之"Ratio"。此语又自动词"Retus"(思索之意)而变为名词者也。英语又谓推理之能力曰"Discourse",同时又用为言语之义。此又与意大利语之"Discorso"同出于拉丁语之"Discursus",与希腊语之"Logos"皆有言语及理性之两义者也。其在德意志语,则其表理性也曰"Vernunft",此由"Vernehmen"之语出。此语非但听字之抽象名词,而实谓知言语所传之思想者也。由此观之,古代二大国语及近世三大国语,皆以思索(分合概念之力)之能力,及言语之能力,即他动物之所无而为人类之独有者,谓之曰:理性、Logos(希)、Ratio(拉)、Vernunft(德)、Raison(法)、Reason(英)。而从吾人理性之思索之径路,则下一判断,必不可无其理由。于是拉丁语之 Ratio、法语之 Raison、英语之 Reason 等,于理性外,又有理由之意义。至德语之 Vernunft,则但指理性,而理由则别以"Grunde"之语表之。吾国之"理"字,其义则与前者为近,兼有理性与理由之二义,于是"理"之解释,不得不分为广义的及狭义的二种。

(二)"理"之广义的解释。"理"之广义的解释,即所谓"理由"是也。天下之物,绝无无理由而存在者。其存在也,必有所以存在之故,此即物之充足理由也。在知识界,则既有所与之前提,必有所与之结论随之。在自然界,则既有所与之原因,必有所与之结果随之。然吾人若就外界之认识,而皆以判断表之,则一切自然界中之原因,即知识上之前提,一切结果,即其结论也。若视知识为自然之一部,则前提与结论之关系,亦得视为因果律之一种。故欧洲上古及中世之哲学,皆不区别此二者,而视为一物。至近世之拉衣白尼志始分晰之,而总名之曰充足理由之原则,于其《单子论》之小诗中,括之为公式曰:"由此原则,则苟无必然,或不得不然之充足理由,则一切事实不能存在,而一切判断不能成立。"汗德亦从其说而立形式的原则与物质的原则之区别。前者之公式曰:"一切命题,必有其论据。"后者之公式曰:"一切事物,必有其原因。"其学派中之克珊范台尔更明言之曰:"知识上之理由(论据)必不可与事实上之理由(原因)相混。前者属名学,后者属形而上学,前者思想之根本原则,后者经验之根本原则也。原因对实物而言,论据则专就吾人之表象言也。"至叔本华而复就充足理由之原则,为深邃之研究,曰:"此原则就客观上言之,为世界普遍之法则;就主观上言之,乃吾人之知力普遍之形式也。"世界各事物,无不入此形式者,而此形式,可分为四种:一、名学上之形式。即从知识之根据之原则者,曰既有前提,必有结论。二、物理学上之形式。即从变化之根据之原则者,曰既有原因,必有结果。三、数学上之形式。此从实在之根据之原则者,曰一切关系,由几何学上之定理定之者,其计算之成绩不能有误。四、实践上之形式。曰动机既现,则人类及动物,不能不应其固有之气质,而为惟一之动作。此四者,总名之曰"充足理由之原则"。此四分法中,第四种得列诸第二种之形式之下,但前者就内界之经验言之,后者就外界之经验言之,此其所以异也。要知第一种之充足理由之原则,乃吾人理性之形式,第二种悟性之形式,第三种感性之形式也。此三种之公共之性质,在就一切事物而证明其所以然，及其不得不然。即吾人就所与之结局观之，必有其所以然之理由；就所与之理由观之，必有不得不然之结局。此世界中最普遍之法则也。而此原则所以为世界最普遍之法则者，则以其为吾人之知力之最普遍之形式故。陈北溪（淳）曰："理有确然不易的意。"临川吴氏（澄）曰："凡物必有所以然之故，亦必有所当然之则。所以然者理也，所当然者义也。"征之吾人日日之用语，所谓"万万无此理"，"理不应尔"者，皆指理由而言也。

（三）"理"之狭义的解释。"理"之广义的解释外，又有狭义的解释，即所谓"理性"是也。夫吾人之知识，分为二种：一、直观的知识；一、概念的知识也。直观的知识，自吾人之感性及悟性得之；而概念之知识，则理性之作用也。直观的知识，人与动物共之；概念之知识，则惟人类所独有。古人所以称人类为理性的动物，或合理的动物者，为此故也。人之所以异于动物，而其势力与忧患且百倍之者，全由于此。动物生活于现在，人则亦生活于过去及未来。动物但求偿其一时之欲，人则为十年百年之计。动物之动作，由一时之感觉决定之，人之动作，则决之于抽象的概念。夫然，故彼之动作，从豫定之计画而不为外界所动，不为一时之利害所摇，彼张目敛手，而为死后之豫备，彼藏其心于不可测度之地，而持之以归于邱墓。且对种种之动机而选择之者，亦惟人为能。何则？吾人惟有概念的知识，故将有为也，将有行也，必先使一切远近之动机，表之以概念，而悉现于意识，然后吾人得递验其力之强弱，而择其强者而从之。动物则不然，彼等所能觉者，现在之印象耳。惟现在之苦痛之恐怖心，足以束缚其情欲，逮此恐怖心久而成为习惯，遂永远决定其行为，谓之曰"驯扰"。故感与觉，人与物之所同；思与知，则人之所独也。动物以振动表其感情及性质，人则以言语传其思想，或以言语掩盖之，故言语者，乃理性第一之产物，亦其必要之器官也。此希腊及意大利语中所以以一语表理性及言语者也。此人类特别之知力，通古今东西皆谓之曰"理性"，即指吾人自直观之观念中，造抽象之概念，及分合概念之作用。自希腊之［拍］（柏）拉图、雅里大德勒（今译亚里士多德），至近世之洛克、拉衣白尼志，皆同此意。其始混用之者，则汗德（今译康德）也。汗德以理性之批评，为其哲学上之最大事业，而其对理性之概念，则有甚暧昧者。彼首分理性为纯粹及实践二种，纯粹理性，指知力之全体，殆与知性之意义无异。彼于《纯粹理性批评》之《绪论》中曰："理性者，吾人知先天的原理的能力是也。"实践理性，则谓合理的意志之自律。自是"理性"二字，始有特别之意义，而其所谓纯粹理性中，又有狭义之理性。其下狭义理性之定义也，亦互相矛盾。彼于理性与悟性之别，实不能深知，故于《先天辨证论》中曰："理性者，吾人推理之能力。"（《纯理批评》第五版三百八十六页）又曰："单纯判断，则悟性之所为也。"（《纯理批评》九十四页）叔本华于《汗德哲学之批评》中曰："由汗德之意，谓若有一判断，而有经验的、先天的，或超名学的根据，则其判断乃悟性之所为；如其根据而为名学的，如名学上之推理式等，则理性之所为也。"此外尚有种种之定义，其义各不同，其对悟性也，亦然。要之，汗德以通常所谓理性者谓之悟性，而与理性以特别之意义，谓吾人于空间及时间中，结合感觉以成直观者，感性之事；而结合直观而为自然界之经验者，悟性之事；至结合经验之判断，以为形而上学之知识者，理性之事也。自此特别之解释，而汗德以后之哲学家，遂以理性为吾人超感觉之能力，而能直知本体之世界及其关系者也。特如希哀林（今译谢林）、海额尔（今译黑格尔）之徒，乘云驭风而组织理性之系统。然于吾人之知力中果有此能力否？本体之世界果能由此能力知之否？均非所问也。至叔本华出，始严立悟性与理性之区别。彼于《充足理由之论文》中，证明直观中已有悟性之作用存。吾人有悟性之作用，斯有直观之世界，有理性之作用而始有概念之世界。故所谓理性者，不过制造概念及分合之之作用而已。由此作用，吾人之事业，已足以远胜于动物。至超感觉之能力，则吾人所未尝经验也。彼于其《意志及观念之世界》及《充足理由之论文》中辨之累千万言，然后"理性之概念"灿然复明于世。《孟子》曰："心之所同然者何也？谓理也，义也。"程子曰："性即理也。"其对理之概念，虽于名学的价值外更赋以伦理学的价值，然就其视理为心之作用时观之，固指理性而言者也。

（四）"理"之客观的假定。由上文观之，"理"之解释，有广狭二义。广义之理是为理由，狭义之理则理性也。充足理由之原则，为吾人知力之普遍之形式，理性则知力作用之一种。故二者皆主观的而非客观的也。然古代心理上之分析未明，往往视理为客观上之物，即以为离吾人之知力而独立，而有绝对的实在性者也。如希腊古代之额拉吉来图，谓天下之物，无不生灭变化，独生灭循环之法则，乃永远不变者。额氏谓之曰"天运"，曰"天秩"，又曰"天理"（Logos）。至斯多噶派，更绍述此思想，而以指宇宙之本体，谓生产宇宙及构造宇宙之神，即普遍之理也。一面生宇宙之实质，而一面赋以形式，故神者，自其有机的作用言之，则谓之创造及指导之理；自其对个物言之，则谓之统辖一切之命；自其以普遍决定特别言之，则谓之序；自其有必然性言之，则谓之运。近世希腊哲学史家灾尔列尔之言曰，由斯多噶派之意，则所谓天心、天理、天命、天运、天然、天则，皆一物也。故其所谓"理"，兼有理、法、命、运四义，与额拉吉来图同。但于开辟论之意义外，兼有实体论之意义，此其相异者也。希腊末期之斐洛，与近世之初之马尔白兰休，亦皆有此"理即神也"之思想。此理之自主观的意义，而变为客观的意义者也。更返而观吾中国之哲学，则理之有客观的意义，实自宋人始。《易·说卦传》曰："将以顺性命之理。"固以"理"为性中之物。《孟子》亦既明言"理"为心之所同然矣。而程子则曰："在物为理。"又曰："万物各具一理，而万理同出一原。"此"原"之为心为物，程子不言，至朱子直言之曰："盖人心之灵，莫不有知，而天下之物，莫不有理。惟于理有未穷，故其知有不尽。"至万物之有理，存于人心之有知，此种思想，固朱子所未尝梦见也。于是理之渊源，不得求诸外物，于是谓："天地之间，有理有气。理也者，形而上之道也，生物之本也。气也者，形而下之器也，生物之具也。是以人物之生，必禀此理，然后有性；必禀此气，然后有形。"又曰："天以阴阳五行化生万物，气以成形，而理亦附焉。"于是对周子之"太极"而与以内容曰："'太极'不过一个'理'字。"万物之理，皆自此客观的大理出，故曰："物物各具此理，而物物各异其用，然莫非理之流行也。"又《语类》云："问天与命，性与理四者之别，天则就其自然者言之，命则就其流行而赋于物者言之，性则就其全体而万物所得以为生者言之，理则就其事事物物各有其则者言之。到得合而言之，则天即理也，命即性也，性即理也。是如此否？曰：'然。'"故朱子之所谓"理"，与希腊斯多噶派之所谓"理"，皆预想一客观的理，存于生天、生地、生人之前，而吾心之理，不过其一部分而已。于是理之概念，自物理学上之意义出，至宋以后，而遂得形而上学之意义。

（五）"理"之主观的性质。如上所述，"理"者，主观上之物也。故对朱子之实在论，而有所谓观念论者起焉。夫孟子既以"理"为心之所同，然至王文成则明说之曰："夫物理不外于吾心，外吾心而求物理，无物理矣。遗物理而求吾心，吾心又何物？"我国人之说"理"者，未有深切著明如此者也。其在西洋，则额拉吉来图及斯多噶派之理说，固为今日学者所不道。即充足理由原则之一种，即所谓因果律者，自雅里大德勒之范畴说以来，久视为客观上之原则。然希腊之怀疑派驳之于先，休蒙（今译休谟）论之于后，至汗德、叔本华，而因果律之有主观的性质，遂为不可动之定论。休蒙谓因果之关系，吾人不能直观之，又不能证明之者也。凡吾人之五官所得直观者，乃时间上之关系，即一事物之续他事物而起之事实是也。吾人解此连续之事物为因果之关系，此但存于吾人之思索中，而不存于事物。何则？吾人于原因之观念中，不能从名学上之法则而演绎结果之观念，又结果之观念中，亦不含原因之观念，故因果之关系，决非分析所能得也。其所以有因果之观念者，实由观念联合之法则而生，即由观念之互相连续者，屡反复于吾心，于是吾人始感其间有必然之关系，遂疑此关系亦存于客观上之外物。易言以明之，即自主观上之必然的关系，转而视为客观上之必然的关系，此因果之观念之所由起也。汗德力拒此说，而以因果律为悟性先天之范畴，而非得于观念联合之习惯。然谓宇宙不能赋吾心以法则，而吾心实与宇宙以法则，则其视此律为主观的而非客观的，实与休蒙同也。此说至叔本华而更精密证明之。叔氏谓吾人直观时，已有悟性（即自果推因之作用）之作用行乎其间。当一物之呈于吾前也，吾人所直接感之者，五官中之感觉耳。由此主观上之感觉，进而求其因于客观上之外物，于是感觉遂变而为直观，此因果律之最初之作用也。由此主观与客观间之因果之关系，而视客观上之外物，其间亦皆有因果之关系，此于先天中预定之者也。而此先天中之所预定，所以能于后天中证明之者，则以此因果律乃吾人悟性之形式，而物之现于后天中者，无不入此形式故。其《充足理由论文》之所陈述，实较之汗德之说更为精密完备也。夫以充足理由原则中之因果律，即事实上之理由，独全属吾人主观之作用，况知识上之理由，及吾人知力之一种之理性乎。要之，以理为有形而上学之意义者，与《周易》及毕达哥拉斯派以数为有形而上学之意义同，自今日视之，不过一幻影而已矣。

由是观之，则所谓"理"者，不过"理性""理由"二义，而二者皆主观上之物也。然则古今东西之言"理"者，何以附以客观的意义乎？曰：此亦有所自。盖人类以有概念之知识故，有动物所不能者之利益，而亦陷于动物不能陷之误谬。夫动物所知者，个物耳。就个物之观念，但有全偏明昧之别，而无正误之别。人则以有概念，故，从此犬彼马之个物之观念中，抽象之而得"犬"与"马"之观念；更从犬、马、牛、羊及一切跂行喙息之观念中，抽象之而得"动物"之观念；更合之植物、矿物而得

"物"之观念。夫所谓"物",皆有形质可衡量者也。而此外尚有不可衡量之精神作用,而人之抽象力进而不已,必求一语以赅括之,无以名之,强名之曰"有"。然离心与物之外,非别有所谓"有"也。离动、植、矿物以外,非别有所谓"物"也。离犬、马、牛、羊及一切跂行喙息之属外,非别有所谓"动物"也。离此犬彼马之外,非别有所谓"犬"与"马"也。所谓"马"者,非此马即彼马,非白马,即黄马、骊马,如谓个物之外,别有所谓"马"者,非此非彼非黄非骊非他色,而但有马之公共之性质,此亦三尺童子之所不能信也。故所谓"马"者,非实物也,概念而已矣。而概念之不甚普遍者,其离实物也不远,故其生误解也不多。至最普遍之概念,其初固亦自实物抽象而得,递用之既久,遂忘其所自出,而视为表特别之一物,如上所述"有"之概念是也。夫离心物二界,别无所谓"有",然古今东西之哲学,往往以"有"为有一种之实在性。在我中国,则谓之曰"太极",曰"玄",曰"道",在西洋则谓之曰"神"。及传衍愈久,遂以为一自证之事实,而若无待根究者,此正柏庚(今译培根)所谓"种落之偶像",汗德所谓"先天之幻影"。人而不求真理则已,人而唯真理之是求,则此等谬误,不可不深察而明辨之也。"理"之概念,亦岂异于此。其在中国语中,初不过自物之可分析而有系统者,抽象而得此概念,辗转相借,而遂成朱子之理,即太极说。其在西洋,本但有理由及理性之二义,辗转相借,而前者生斯多噶派之宇宙大理说,后者生汗德以降之超感的理性说,所谓由灯而之檠,由烛而之钥,其去理之本义,固已远矣。此无他,以理之一语为不能直观之概念,故种种误谬,得附此而生也。而所谓"太极",所谓"宇宙大理",所谓"超感的理性",不能别作一字，而必借"理"字以表之者，则又足以证此等观念之不存于直观之世界，而惟寄生于广漠暗昧之概念中。易言以明之，不过一幻影而已矣。故为之考其语源，并其变迁之迹，且辨其性质之为主观的而非客观的，世之好学深思之君子，其亦有取于此欤？

由上文观之，则"理"之意义，以理由而言，为吾人知识之普遍之形式；以理性而言，则为吾人构造概念及定概念间之关系之作用，而知力之一种也。故"理"之为物，但有主观的意义，而无客观的意义。易言以明之，即但有心理学上之意义，而无形而上学上之意义也。然以理性之作用，为吾人知力作用中之最高者，又为动物之所无，而人之所独有。于是但有心理学上之意义者，于前所述形而上学之意义外，又有伦理学上之意义。此又中外伦理学之所同，而不可不深察而明辨之者也。

"理"之有伦理学上之意义，自《乐记》始。《记》曰："人生而静，天之性也。感于物而动，性之欲也。物至知知，然后好恶形焉。好恶无节于内，知诱于外，不能反躬，天理灭矣。夫物之感人无穷，而人之好恶无节，则是物至而人化物也。人化物也者，灭天理而穷人欲者也。"此天理对人欲而言，确有伦理上之意义。然则所谓"天理"果何物欤？案《乐记》之意，与《孟子》小体大体之说极相似。今援《孟子》之说以解之曰："耳目之官不思，而蔽于物，物交物，则引之而已矣。心之官则思，思则得之，不思则不得也。此天之所以与我者，先立乎其大者，则其小者不能夺也。"由此观之，人所以引于物者，乃由不思之故。而思（定概念之关系）者，正理性之作用也。然则《乐记》之所谓"天理"，固指理性言之，然理性者，知力之一种。故理性之作用，但关于真伪，而不关于善恶。然在古代，真与善之二概念之不相区别，故无足怪也。至宋以降，而理欲二者，遂为伦理学上反对之二大概念。程子曰："人心莫不有知，蔽于人欲，则亡天理矣。"上蔡谢氏曰："天理与人欲相对，有一分人欲，即灭却一分天理，存一分天理，即胜得一分人欲。"于是"理"之一字，于形而上学之价值（实在）外，兼有伦理学上之价值（善）。其间惟朱子与国朝婺源戴氏之说，颇有可味者。朱子曰："有个天理，便有个人欲。盖缘这个天理，须有个安顿处，才安顿得不恰好，便有人欲出来。"又曰："天理人欲，分数有多少。天理本多，人欲也便是天理里面做出来。虽是人欲，人欲中自有天理。"戴东原氏之意与朱子同，而颠倒其次序而言之曰："理也者，情之不爽失也。"又曰："天理云者，言乎自然之分理也。自然之分理，以我之情，絜人之情，而无不得其平是也。"朱子所谓"安顿得好"，与戴氏所谓"絜人之情而无不得其平"者，则其视理也，殆以"义"字、"正"字、"恕"字解之。于是"理"之一语，又有伦理学上之价值。其所异者，惟朱子以理为人所本有，而安顿之不恰好者，则谓之欲；戴氏以欲为人所本有，而安顿之使无爽失者理也。

其在西洋之伦理学中亦然。柏拉图分人性为三品：一曰嗜欲，二曰血气，三曰理性。而以节制嗜欲与血气，而成克己与勇毅二德为理性之任。谓理性者，知识与道德所税驾之地也。厥后斯多噶派亦以人性有理性及感性之二原质，而德之为物，只在依理而克欲。故理性之语，亦大染伦理学之色彩。至近世汗德而遂有实践理性之说，叔本华于其《汗德哲学批评》中，极论之曰："汗德以爱建筑上之配偶，故其说纯粹理性也，必求其匹偶。"而说实践理性，而雅里大德勒之"Nous praktikos"与烦琐哲学之"Intellectus practicus"（皆实践知力之义）二语，已为此语之先导，然其意与二者大异。彼以理性为人类动作之伦理的价值之所由生，谓一切人之德性，及高尚神圣之行，皆由此出，而无待于其他。故由彼之意，则合理之动作，与高尚神圣之动作为一，而私利惨酷卑陋之动作，但不合理之动作而已。然不问时之古今、地之东西，一切国语皆区别此二语（理性与德性）。即在今日，除少数之德意志学者社会外，全世界之人，犹执此区别。夫欧洲全土所视为一切德性之模范者，非基督教之开祖之生活乎？如谓彼之生活为人类最合理之生活，彼之教训示人以合理的生活之道，则人未有不议其大不敬者也。今有人焉，从基督之教训，而不计自己之生活，举其所有以拯无告之穷民，而不求其报，如此者，人固无不引而重之，然孰敢谓其行为为合理的乎？或如阿诺尔特以无上之勇，亲受敌人之刃，以图其国民之胜利者，孰得谓之合理的行为乎？又自他方面观之，今有一人焉，自幼时以来，深思远虑，求财产与名誉，以保其一身及妻子之福祉。彼舍目前之快乐，而忍社会之耻辱，不寄其心于美学及哲学等无用之事业，不费其日于不急之旅行，而以精确之方法，实现其身世之目的，彼之生涯，虽无害于世，然终其身无一可褒之点。然孰不谓此种俗子，有非常之推理力乎？又设有一恶人焉，以卑劣之策猎取富贵，甚或盗国家而有之，然后以种种诡计，蚕食其邻国，而为世界之主。彼其为此也，坚忍果戾而不夺于正义及仁爱之念，有妨彼之计画者，蕲之、除之、屠之、刈之，而无所顾，驱亿万之民于刀锯缧绁而无所恫，然且厚酬其党类及助己者而无所吝，以达其最大之目的。孰不谓彼之举动，全由理性出者乎？当其设此计画也,必须有最大之悟性,然执行此计画,必由理性之力。此所谓实践理性者非欤?将谨慎与精密,深虑与先见,马启万里所以描写君主者,果不合理的欤?夫人知其不然也,要知大恶之所由成,不由于其乏理性,而反由与理性同盟之故。故汗德以前之作者,皆以良心为伦理的冲动之源,以与理性相对立。卢梭于其《哀美耳》中,既述二者之区别,即雅里大德勒亦谓德性之根源,不存于人性之合理的部分,而存于其非理的部分。基开碌所谓理性者,罪恶必要之手段,其意亦谓此也。何则?理性者,吾人构造概念之能力也。而概念者,乃一种普遍而不可直观之观念,而以言语为之记号,此所以使人异于禽犬,而使于圆球上占最优之位置者也。盖禽犬常为现在之奴隶,而人类则以有理性之故,能合人生及世界之过去未来而统计之,故能不役于现在,而作有计划有系统之事业,可以之为善,亦可以之为恶。而理性之关于行为者,谓之实践理性,故所谓实践理性者,实与拉丁语之"Prudentra"(谨慎小心)相似,而与伦理学上之善,无丝毫之关系者也。

吾国语中之"理"字,自宋以后,久有伦理学上之意义,故骤闻叔本华之说,固有未易首肯者。然"理"之为义,除理由、理性以外,更无他解。若以理由言,则伦理学之理由,所谓动机是也。一切行为,无不有一物焉为之机括,此机括或为具体的直观,或为抽象的概念,而其为此行为之理由,则一也。由动机之正否,而行为有善恶,故动机虚位也,非定名也。善亦一动机,恶亦一动机,理性亦然。理性者,推理之能力也。为善由理性,为恶亦由理性,则理性之但为行为之形式,而不足为行为之标准,昭昭然矣。惟理性之能力,为动物之所无,而人类之所独有，故世人遂以形而上学之所谓真，与伦理学之所谓善，尽归诸理之属性。不知理性者，不过吾人知力之作用，以造概念，以定概念之关系，除为行为之手段外，毫无关于伦理上之价值。其所以有此误解者，由"理"之一字，乃一普遍之概念故。此又前篇之所极论，而无待赘述者也。

原 命

我国哲学上之议论，集于"性"与"理"二字，次之者"命"也。"命"有二义：通常之所谓"命"，《论语》所谓"死生有命"是也；哲学上之所谓"命"，《中庸》所谓"天命之谓性"是也。命之有二义，其来已古，西洋哲学上亦有此二问题。其言祸福寿夭之有命者，谓之定命论（Fatalism）；其言善恶贤不肖之有命，而一切动作皆由前定者，谓之定业论（Determinism）。而定业论与意志自由论之争，尤为西洋哲学上重大之事实，延至今日，而尚未得最终之解决。我国之哲学家除墨子外，皆定命论者也。然遽谓之定业论者，则甚不然。古代之哲学家中，今举孟子以代表之。孟子之为持定命论者，而兼亦持意志自由论，得由下二章窥之。其曰：

> 求则得之，舍则失之，是求有益于得也，求在我者也。求之有道，得之有命，是求无益于得也，求在外者也。

又曰：

> 口之于味也，目之于色也，耳之于声也，鼻之于臭

也，四肢之于安佚也，性也，有命焉，君子弗谓性也。仁之于父子也，义之于君臣也，礼之于宾主也，智之于贤者也，圣人之于天道也，命也，有性焉，君子弗谓命也。

前章之所谓"命"，即"死生有命"之"命"，后章之"命"，与"天命之谓性"之"命"略同，而专指气质之清浊而言之。其曰"命也，有性焉，君子不谓命也"，则孟子之非定业论者，昭昭然矣。至宋儒亦继承此思想，今举张横渠之言以代表之。张子曰：

形而后有气质之性，善反之，则天地之性存焉。故气质之性，君子有弗性焉。（《正蒙·诚明篇》）

通观我国哲学上，实无一人持定业论者，故其昌言意志自由论者，亦不数数觏也。然我国伦理学无不预想此论者，此论之果确实与否，正吾人今日所欲研究者也。

我国之言命者，不外定命论与非定命论二种。二者于哲学上非有重大之兴味，故可不论。又我国哲学上无持定业论者，其他经典中所谓命，又与性字、与理字之义相近。朱子所谓："天则就其自然者言之，命则就其流行而赋于物者言之，性则就其全体而万物所得以为生者言之，理则就其事事物物各有其则者言之。到得合而言之，则天即理也，命即性也，性即理也。"而二者之说，已见于余之《释理》《论性》二篇，故亦可不论。今转而论西洋哲学上与此相似之问题，即定业论与自由意志论之争，及其解决之道，庶于吾国之性命论上，亦不无因之明晰云尔。

定业论者之说曰：吾人之行为，皆为动机所决定。虽吾人有时于二行为间，或二动机间，若能选择其一者，然就实际言之，不过动机之强者，制动机之弱者，而己之选择作用无与焉。故吾人行为之善恶，皆必然的。因之吾人品性之善恶，亦必然的，而非吾人自由所为也。意志自由论反是，谓吾人于二动机间，有自由之选择力，而为一事与否，一存于吾人之自由，故吾人对自己之行为及品性，不能不自负其责任。此二者之争，自希腊以来，永为哲学上之题目。汗德《纯理批评》之第三《安梯诺朱》中所示正理及反理之对立，实明示此争论者也。

此二论之争论而不决者，盖有由矣。盖从定业论之说，则吾人对自己之行为，无丝毫之责任，善人不足敬，而恶人有辞矣。从意志自由论之说，则最普遍最必然之因果律，为之破灭，此又爱真理者之所不任受也。于是汗德始起而综合此二说曰："在现象之世界中，一切事物，必有他事物以为其原因，而此原因复有他原因以为之原因，如此递衍，以至于无穷，无往而不发见因果之关系。故吾人之经验的品性中，在在为因果律所决定，故必然而非自由也。此则定业论之说，真也。然现象之世界外，尚有本体之世界，故吾人经验的品性外，亦尚有睿智的品性，而空间时间及因果律，只能应用于现象之世界，本体之世界则立于此等知识之形式外。故吾人之睿智的品性，自由的非必然的也。此则意志自由论之说，亦真也。故同一事实，自现象之方面言之，则可谓之必然，而自本体之方面言之，则可谓之自由。而自由之结果，得现于现象之世界中，所谓无上命法是也。即吾人之处一事也，无论实际上能如此与否，必有当如此不当如彼之感，他人亦不问我能如此否。苟不如此，必加以呵责，使意志而不自由，则吾人不能感其当然，他人亦不能加以责备也。今有一妄言者于此，自其经验的品性言之，则其原因存于不良之教育，腐败之社会，或本有不德之性质，或缺羞恶之感情，又有妄言所得之利益之观念，为其目前之动机，以决定此行为。而吾人之研究妄言之原因也，亦得与研究自然中之结果之原因同。然吾人决不因其固有之性质故，决不因其现在之境遇故，亦决不因前此之生活状态故，而不加以责备，其视此等原因，若不存在者。然而以此行为为彼之所自造，何则？吾人之实践理性，实离一切经验的条件而独立，以于吾人之动作中生一新方向。故妄言之罪，自其经验的品性言之，虽为必然的，然睿智的品性，不能不负其责任也。"此汗德之调停说之大略也。

汗德于是下自由之定义。其消极之定义曰："意志之离感性的冲动而独立。"其积极之定义则曰："纯粹理性之能现于实践也。"然意志之离冲动而独立，与纯粹理性之现于实践，更无原因以决定之欤？汗德亦应之曰："有理性之势力即是也。"故汗德以自由为因果之一种。但自由之因果，与自然之因果，其性质异耳。然既有原因以决定之矣，则虽欲谓之自由，不可得也。其所以谓之自由者，则以其原因在我，而不在外物，即在理性而不在外界之势力，故此又大不然者也。吾人所以从理性之命令，而离身体上之冲动而独立者，必有种种之原因。此原因不存于现在，必存于过去；不存于个人之精神，必存于民族之精神。而此等表面的自由，不过不可见之原因战胜可见之原因耳。其为原因所决定，仍与自然界之事变无以异也。

叔本华亦绍述汗德之说，而稍正其误，谓动机律之在人事界，与因果律之在自然界同。故意志之既入经验界，而现于个人之品性以后，则无往而不为动机所决定，惟意志之自己拒绝或自己主张，其结果虽现于经验上，然属意志之自由。然其谓意志之拒绝自己，本于物我一体之知识，则此知识，非即拒绝意志之动机乎？则自由二字，意志之本体，果有此性质否？吾不能知。然其在经验之世界中，不过一空虚之概念，终不能有实在之内容也。

然则吾人之行为，既为必然的而非自由的，则责任之观念，又何自起乎？曰：一切行为，必有外界及内界之原因。此原因不存于现在，必存于过去；不存于意识，必存于无意识。而此种原因，又必有其原因，而吾人对此等原因，但为其所决定，而不能加以选择。如汗德所引妄言之例，固半出于教育及社会之影响，而吾人之入如此之社会，受如此之教育，亦有他原因以决定之。而此等原因，往往为吾人所不及觉。现在之行为之不适于人生之目的也，一若当时全可以自由者，于是有责任及悔恨之感情起。而此等感情，以为心理上一种之势力故，故足为决定后日行为之原因。此责任之感情之实践上之价值也。故吾人责任之感情，仅足以影响后此之行为，而不足以推前此之行为之自由也。余以此二论之争，与命之问题相联络，故批评之于此，又使世人知责任之观念，自有实在上之价值，不必藉意志自由论为羽翼也。

孔子之学说

叙 论

伦理学者,就人之行为以研究道德之观念、道德之判断等之一学科也。为人间立标准,定价值,命令之,禁止之,以求意志之轨范,以知人间究竟之目的,即如何而可至最善之域是也。故此学乃研究道德之学理者,知的而非实践的也。知与实行有别,知学理者不必能实践之,不知学理者或能实践之。盖以学理为知,实践关于意志故也。伦理学与实践道德之殊别如此。然若云伦理学纯为知的,故不能实践,是语亦未免太过。何则?由纯正之智识,知完全之学理,则可为实行之指导,达所欲至之目的地,其裨益岂浅鲜哉?故学理与实践当相伴而不相离,实践之先不可不研究学理也。

泰西之伦理,皆出自科学,惟务理论,不问实行之如何。泰东之伦理,则重修德之实行,不问理论之如何。此为实行的,彼为思辨的也。是由于东西地理及人种关系之异,又其道德思想之根本与道德的生活之状态亦异,故有此差别也。夫中国一切学问中,实以伦理学为最重,而其伦理学又倾于实践,故理论之一面不免索莫。然吾人欲就东洋伦理根本之儒教,完全第一流之道德家孔子之说，于知识上研究之，亦非全不可能也。然儒家之伦理说以行为主，即最实践者，故欲以科学之方法研究之，自极困难。但欲为此种研究，不得不先述中国先秦之二大思潮焉。

周末时之二大思潮，可分为南北二派。北派气局雄大，意志强健，不偏于理论而专为实行。南派反之，气象幽玄，理想高超，不涉于实践而专为思辨。是盖地理之影响使然也。今吾人欲求其例，则于楚人有老子，思辨之代表也；于鲁人有孔子，实践之代表也。孔子之思想，社会的也；老子之思想，非社会的也。老子离现实而论自然之大道，彼之"道"超于相对之域而绝对不变，虽存于客观，然无得而名之。老子以此"道"为宇宙一切万象之根本原理。故其思辨也，使一切之现象界皆为于相对的矛盾的之物而反转之。如"知其雄，守其雌"，"知其白，守其黑"，"知其荣，守其辱"；或云"有"，或云"无"，或云"盈"，或云"虚"，或云"强"，或云"弱"：皆为相对之矛盾观念，常保消极以预想积极者也。故其伦理及政治思想专为消极主义，慕太古敦朴之政，而任人性之自然，以恬淡而无为为善。若自其厌世的立脚地观之，则由激于周季之时势，愤而作此激越非社会的之言者也。孔子则反之，综合尧舜三代先王之道而组织之，即欲依客观之礼以经纶社会也。至其根本原理则信天命，自天道绎之而得"仁"，即从"天人合一"观以立人间行为之规矩准绳。故孔子者北方雄健之意志家也，老子者南方幽玄之理想家也。

继彼幽玄之理想者为列子，列子之后有庄子。发挥此雄健之意志者有子思、孟子、荀子。要之，儒与道之二大分派，对立于先秦之时，而传其二大思潮于后世。此外尚有墨翟唱"兼爱"功利之说，似儒家；杨朱唱利己快乐说，似道家；鹖冠子为折衷派；韩非子为法家等。诸子百家之说，纵横如云，灿然如星，周末之文华极一时之炳耀。是盖因成周封建政体之坏颓，唤起各人思想界之自由，洵可谓之为希世之壮观也！

老庄之说通行于两汉，至魏晋而大盛，其弊流于清谈，以任放旷达自喜，或作为神仙说，经六朝至唐时复大盛，至追谥老子为太上玄元皇帝。然而当汉之末也，佛教侵入，经三国至六朝之际，至于梁而最盛。其势力之伟大渐驾儒道而上之。入隋，遂有唱三教一致论者。其后复大盛于唐，经宋元明至今焉。

儒教因汉武帝之奖励，出董仲舒，而继先秦之思潮，回复秦火之厄。至西汉之末有扬雄者，合儒与道，立一家言。六朝之际，儒为佛老所抑。至隋有王通，用之作策论。有唐一代，唯韩愈一人维持之。经五代至宋，复勃然而兴，几有凌先秦儒家而上之之势。即北宋时二程子唱"性命穷理"说，南宋时经朱子手而大成，作"理气"论。同时有陆象山之"心即理"说。入明，而为王阳明之"知行合一"说。其后至国朝，考证学大行。故中国亘古今而有最大势力者，实为儒教。国家亦历代采用之。何则？儒教贵实践躬行，而以养成完全之道德政治家为目的，而有为之人才亦皆笼罩于此中故也。

孔子者，"述而不作，信而好古"（按，《论语·述而》），实践躬行之学者也。上至三皇五帝，下至夏殷周诸圣贤之学说，无不集合而组织之，以大成儒教。其圆满之德，如春，深渊之智，如海。又多才艺，至其感化力之伟大，人格之完全，古今东西，未见其比。其说主好古、实践，故欲研究之者，当先研究夫子所研究之《诗》《书》《易》《礼》等古书，及夫子之遗书《大学》《论语》《孝经》，子思之《中庸》《孟子》之书等，以考察其说。夫子晚年所最研钻者为《易》，读之"韦编三绝"。虽有谓《易·十翼》非孔子之作者，然余欲述孔子之形而上学，姑引用而论断之。

第一编　形而上学

第一章　天道及天命

儒家"天道""天命"之天之观念，其意义有数种，今分之为有形之天，无象之天二者，更分无象之天（为）主宰之天、自然之理法、宇宙之本原及命四者。"天道"云者，乃自然理法宇宙本原之活泼流行之原动力也；"命"者，则其实现以分诸人者也。

第一节　有形之天

苍苍者天，茫茫者天，悠悠者天，无涯无际，日月星辰森然罗列，以运行焉，以代谢焉。岳岳者地，漠漠者地，草木繁荣，禽兽滋殖，其广也载华岳而不重，其厚也振河海而不泄。天地上下之间，风霜雨露，一阴一阳以为消长，一寒一暑以为往来，参差交错，变化而无穷者，是形体之天也。

> 《诗》曰："悠悠苍天""彼苍者天""谓天盖高，不敢不局；谓地盖厚，不敢不蹐""倬彼云汉，昭回于天""鸢飞戾天"等。（按，《黎离》《黄鸟》《正月》《云汉》《旱麓》）

《论语》:"巍巍乎唯天为大。"(按,《泰伯》)

《易》上《象》传:"日月丽乎天。"下《象》:"日月得天而能久照。"《系辞》:"天尊地卑,乾坤定矣。""在天成象,在地成形。"

是皆言形体之天也。

第二节 无象之天

一、主宰之天

前所言有形之天,惟为形体者;今所言无象之天,则为思索者,故最不可不研究之。

主宰者,谓一神灵之物,管理命令一切万物之义也。如上帝、皇天、神、造物主等,皆为神秘不可知者也。

当太古蒙昧之时,人人概为感想的,而智识尚未发达。故现象界有变化,见风雨、电雷、日月蚀、星异、地震等时,忽生恐惧之念,遂以为天有一种人间以上之不可思议之灵力,因畏之敬之,至欲避之。其弊遂陷怪诞迷罔,至惴惴然以礼拜形体。盖知天之神秘,实自天地之形体始。故古人之神秘感想,至此遂将无象之主宰力,与形体同一视之,此所以崇拜形体之天者也。无论何国之民,其原始时代莫不如是。今吾先论天之观念,然后再论自然之理法、宇宙之本原等。主宰之天之证如左:

《书经·益稷》:"禹曰:'安止汝,惟几惟康,其弼直,惟动丕应徯志,以昭受上帝,天其申命用休。'"

又,《[秦](泰)誓》:"惟天地,万物父母。"

又:"敢用玄牡,敢昭于上天神后。"(按,《汤诰》)

《[大](太)甲》"先王顾諟天之明命,以承上下神祇,社稷宗庙。"

又:"皇天眷佑有商,使嗣王克终厥德。"

《金縢》:"秋,大熟,未获,天大雷电以风,禾则(按,此字衍)尽偃,大木斯拔,邦人大恐。"

《易》:"自天佑之,吉,无不利。"(按,《大有》)

主宰之例证甚多,散见于《书》《易》等古书中。至有灵感想之天,则散见于《尚书》中。自然[理](法)之天,则尤多见于《周易》中。

孔子对是等感想的感念,于知识上思惟之,此孔子伦理说之渊源,且其观念之所以高远者也。

二、自然之理法与宇宙之本原

浩浩乎无涯无际之天地间,气化生生流行不息,一切之现象界,皆被时间空间之二形式,与原因结果之律此三者所管者也。

时间者,谓统一切现象之变化,而一切现象于其中,自一状态而变为他状态,能无限分截之延长之之谓也。空间者,谓一切现象物于其中,常在及继在且俱在者,亦可以无限分截之延长之。至是二者之异,则空间为俱在,时间唯继起。今若唯有时间而无空间,则物之俱在,决不得证明之。何则?盖空间离俱在,即不能存在;既无俱在,则无常在、继在之理;常在、继在而不存在,则无充塞时间中之物,故时间自身亦不能自进行经过也。若反之,唯有空间而无时间,则物之继起,决不能证明之。既无继起，则物之俱在不得而知之。何则？盖客观之常在，对于俱在之中之变化而言之，即与继在俱在相对者也。因继起之变化，乃知常在之不变化；因常在之不变化，乃知继起之变化。无继起之变化，即不能知常在之不变化；无常在之不变化，则不能知继起之变化。要知此二者，吾人自思想上之论理见之，见虽相同一，然若继起之时间既消灭，则物象变化之思想亦消灭，现象界毕竟归于虚无。空间不能据自身证其俱在也。故时间之继起，空间之俱在，其特性虽大相异，然皆不能相离，若相分离，则现象界之事尽虚无迷妄，遂不可解。故知两者之相关，直不可须臾离也。此两者合而为一，即为吾人之悟性，以应用原因结果之律，是彼叔本华氏之卓论也。吾人今当更进一步，以考察因果律之如何。

  在客观界经验之实体，呈错综之状态。其状态决非始终不动者，而或生或灭，彼等因其生灭之状态相连络，不问如何，必无有单独自存者。盖彼等悉因其前后之事实，以受规定，互相倚赖。今若于客观界中生一状态，则先之者必有他状态，然后新状态始生。又若其前之状态尚存，则次生之新状态必不能起。此新旧相继之现象，是曰继起。故此等状态，因继续而生者，皆有相互之关系。其始生之状态，吾人名之曰"原因"，后起者名之曰"结果"。故结果者决不能存在于其生来以前，纯然为一新状态。盖结果之名，即由此前之原因而始生。故结果之生，变化也。所谓结果原因之规律者，则即关于此变化之规则，即所以管理之理法也。此律之唯一应用之范围，唯在变化。此而有一结果，则已示变化之存在；此而有一变化，则已示原因。而凡一切原因，又不可无共于其原因之原因，盖于时间继起之原因结果，相连续而发生，是谓之连锁。

既如上说，则因果律者，乃一状态变而为他状态时必然之理法也。因时间上之异，而名前者为原因，后者为结果。而吾人当论自然之理法之天道时，所得于叔本华氏者，岂浅鲜哉！

夫一切之生灭变化恍惚无常者，皆吾人经验之客观现象界所在之状态也。因果律之继起存在，虽前已详言之，然而因果律虽为行于现象界之法则，然应用此律之原理究如何乎？康德氏之说曰："吾人之知识，惟存于现象界中，不能入本体界也。"彼于《纯理二律相背论》中云："宇宙不可无第一原因，又第一原因非实在。"盖一论现象界，而一预想现象界以外之物者也。叔本华氏之意与之同，以为无第一原因。然叔氏谓存于现（象）界之变化外者，尚有"物质"与"物力"。物质者，为一切变化发生之根本，不为变化所侵，不增不减者也。物力者，已不变化，而能使一切变化，不增不减也。是二者超然于时间空间以外。此外，叔氏又说世界之本体之"意志"是盲目的冲动，而使现象界发现之根本力，又超绝时间、空间、因果律，而为绝对无差别之物也。要之，物质与物力乃生原因结果之原子，而意志则统一切万有，而使之发现之大活力，即世界之本体也。

孔子亦以宇宙间一切现象，自时间、空间、因果律三者规定之，是实千古之卓识，而与叔本华氏稍相合也。

仰视茫茫之宇宙，则见一切之现象界，皆以一定不易之法则行于其间。如日月之代谢，[尽]（昼）夜之[昼]（变）迁，四时之推移，风雨霜露云雾雷电等皆然也。又如禽兽虫鱼草木人类等之有雌雄二性者，无一非相对的法则之消长。是法则即《易》所云之"阴阳二气"。阴阳二气进动，则于时间中生万物；其静止也，则于空间中见物象。自其进动之方面，即自时间上观之，时必不可无变化，是即因果律之所由生也。故孔子以一切现象世界为阴阳二气之流行，即阳动而阴静，以为盈虚消长，新陈代谢，变化无穷，因果律即自行于其中。统括是等之原理，即为"天道"即"理"。"理"为充满宇宙之生生活泼的本原，超绝一切之现象界，而管理流行于一切现象间之阴阳二气等，而亘永久而不变不灭者也，若自流行于一切之现象界观之，是名"天道"，即自然之理法。自其超绝一切现象界，统括管理此等之力观之，即名"天理"，即宇宙之本原。故《易》曰：

"易有太极，是生两仪，两仪生四象。"（按，《系辞》上）

《彖》辞曰："大哉乾元！万物资始，乃统天，云行雨施，品物流形。"（按，《乾》）

"天行健，君子以自强不息。"（按，《乾》）

"一阴一阳之谓道。"（按，《系辞》上）

"生生之谓易。"（按，《系辞》上）

"太极"谓无差别的始原也。"乾元"谓天之原理。"云行雨施""一阴一阳""生生"等，谓之自然。所谓"天行健"者，合自然之理法与宇宙之本原相言之也。又《论语》曰：

> 逝者如斯夫，不舍昼夜！（按，《子罕》）

言自然之理法生生而无间也。

> 《论语》："子贡曰：'子如不言，则小子何述焉？'子曰：'天何言哉！四时行焉，百物生焉，天何言哉！'"（按，《阳货》）
>
> 《礼记·哀公问》："哀公曰：'敢问君子何贵乎天道也？'孔子曰：'贵其不已，如日月东西相从而不已也，是天道也。无为而成，是天道也。已成而明，是天道也。'"

是等皆言自然与原理者也。

> 《中庸》："诚者，天之道也。诚之者，人之道也。诚者不勉而中，不思而得，从容中道，圣人也。诚之者，择善而固执之者也。"

子思自孔子之说出，故更进一步，以"诚"为宇宙万有之根本的原理，而宇宙之万有则自此本体所发现之现象也。万有从本体发现为"高明""博厚"二形式。高明为天，有继起性，即时间的也。博厚为地，有延长性，即空间的也。合而为一，则无限无穷，经"悠久"已。

今以《易》理、叔本华氏之说互相比较，则其原理虽大有径庭，然叔氏之物质、物力与《易》之阴阳二气，皆使物变化之本质或动力,在其变化以外,则二者之说相似也。此外,因果律为伴一切变化之法则,故有变化即有因果律。孔子虽不说此,然儒之"天理",子思之"诚",叔本华之"意志",皆为宇宙之本原,发现万有之一大活动力,固不甚相异也。

若夫老子之"道"为"恍兮惚兮""窈兮冥兮",绝对的自然之道,与斯披诺若(今译斯宾诺莎)之一元的"理"相似。若自彼所云"有物浑成,先天地生"观之,则万物开发之本体,皆恒久不变者。故曰:"名",无可名。"无名,天地之始;有名,万物之母"(按,《老子》一章)也。何则?若云"无",则已与"有"相对,故曰此道无可名,而静寂自然,绝对无差别的也。一切之规定皆法此静寂自然之化。《易》哲理反之,以"生生"为活泼进动的,一切之人间行为则之,是实其大异之所存也。

以上自然之理法皆依据于《易》者。是书孔子尝极力研究之,故得视为夫子之思想。然孔子为实践躬行者,故据最可凭信之《论语》观之,则可以明道德为人之先天的自然。故于下"有命说"中当引《论语》为证。

三、有命说

于上章既略论孔子以前之"天"之观念,孔子于《易》,但言"天道",但其实在本人性之自然以立"人道",故略说人道之本源之天道耳。故《论语》曰:"子罕言利,与命,与仁。"(按,《子罕》)又曰:"夫子之言性与天道,不可得而闻也。"(按,《公冶长》)则其置重人道,而不详言高远之天道可知。"命"者何?自然之理之实现,而分配于人之运命也。孔子以此"命"为知的,情的。"知的"务主言自然之理,"情的"兼理法与主宰而言之。二者易混,欲详细别之,至难也。今引二三例以示其别。

《论语·为政》:"四十而不惑,五十而知天命。"
《尧曰》:"不知命,无以为君子也。"
《里仁》:"朝闻道,夕死可矣。"

观此诸说,则命由于智识,而为自然之理也。(是言道德观念之本原为天,而天即自然也)又从情上观之如左:

《论语·雍也》:"伯牛有疾,子问之,自牖执其手,曰:'亡之!命矣夫!'"
《先进》:"颜渊死,子曰:'噫!天丧予!天丧予!'"
《宪问》:"公伯寮诉子路于季孙"节:"道之将行也与,命也!道之将废也与,命也!公伯寮其如命何!"
《雍也》:"子见南子,子路不说。夫子矢之曰:'予所否者,天厌之!天厌之!'"
《述而》:"天生德于予,桓魋其如予何!"
《子罕》:"子畏于匡,曰:'文王既没,文不在兹乎!天之将丧斯文也,后死者不得与于斯文也!天之未丧斯文也,匡人其如予何!'"
《八佾》:"获罪于天,无所祷也。"
《季氏》:"君子畏天命,小人不畏天命。"

此等其中皆含有感激悲愤之意，故知为情也。然元本为理，而发为情，故决非迷妄的感想。征彼之"不语怪力乱神"（按，《述而》)，则孔子之遵道理明矣。但信念本为感情的，故在自然之理法中，亦与主宰的之思想相混同。

盖孔子由知，究理，依情，立信念。既立之后，以刚健之意志守之，即"知""情""意"融合，以为安心立命之地，以达"仁"之观念。盖"仁"与"天"即"理"，同为一物。故孔子既合理与情，即知道，知体道，又信之以刚健之意志，保持行动之，是以于人间之运命，死生穷达吉凶祸福等，漠然视之，无忧无惧，悠然安之，唯道是从，利害得丧，不能撄其心，不能夺其志。是即儒教之观念所以高洁远大，东洋之伦理之所以美备也。

《论语·雍也》："谁能出不由户？何莫由斯道也？"

又《里仁》："富与贵，是人之所欲也，不以其道得之，不处也。贫与贱，是人之所恶也，不以其道得之，不去也。"

《述而》："富而可求也，虽执鞭之士，吾亦为之；如不可求，从吾所好。"

《学而》："子贡曰：'贫而无谄，富而无骄，何如？'子曰：'可也，未若贫而乐，富而好礼者也。'"

《里仁》："不仁者不可以久处约，不可以长处乐。仁者安仁，知者利仁。"

《述而》："子曰：'饭疏食饮水，曲肱而枕之，乐亦在其中矣。不义而富且贵，于我如浮云。'"

《子罕》:"岁寒,然后知松柏之后凋也。"

《颜渊》:"爱之欲其生,恶之欲其死。既欲其生,又欲其死,是惑也。"

《[子路](宪问)》:"子曰:'不怨天,不尤人,下学而上达,知我者其天乎!'"

不为显荣利达所束缚,知斯道,安斯道,乐天知命,故其胸襟如光风霁月,其德行则圆满潇洒也。

要之,理想与实际,往往冲突龃龉,而人间之运命,又有善恶。故人言善人不必得幸福之运命,恶人不必得悲惨之运命,行德者不必得福,不德者不必罹祸。实亦不然。须视其时代境遇如何,不能一定也。如孔、孟之坎坷穷厄,苏格拉底、基督之惨死,颜渊之夭,盗跖之寿,始皇之暴戾,曹孟德、司马昭之逆,克林威尔之悖理,或如楠正成,或如足利尊氏等,征诸古今之例,有大德之人尝悲惨,大不德之人常侥幸,成败利[达](钝),洵不可以一定也哉!

人本来有自由意志,故人间之运命,皆因人为之如何而如何耳。盖运命者,皆因其时代之趋潮,其人之门阀、境地、才识、技俩等以为变迁者也。若时有大豪杰出,虽能自造运命,然自然之因果律常干涉之,终至不得伸张其自由意志也。盖有一原因,必有一结果,一结果后,或为他原因而复生他结果。故社会之事,复杂错综,个人之力终不得不受一制限。故前所述时代、身干、境地、才识等数者相一致,则得幸运。若此中有不一致之处,则不免于不幸。是实运命之所以不定者也。故于某度意志得以自由,至此以上,亦不得不遵自然之理法。故孔子欲遵道理，即顺自然之理法，实行吾意志之可成则为善，不可能则守其分，可以进则进，可以退则退，可以行则行，可以止则止，可以取则取，可以舍则舍，一切如道理而行之。此孔子之"任天主义"也。

盖孔子明知道德为善，遵之行之，人人必受幸福。然世有盛衰，社会有污隆，行道德者不必获福，故依道德以立命安心。此孔子所以执"自由意志说"与"宿命论"之中庸，即所谓"有命说"是也。

自由意志论者，以人间意志本自由，不受如运命之规定之限制，唯由人力主张之者也。宿命论反之，以宇宙万物一切皆天之所命，而皆受其限制，虽人间之意志，决不能自由。人间之运命既定于先天，而人力之所无如何者也，故不如各安其分。是最极端之说，而与今日进化之理法决不相容者也。若一切从宿命说，则流于保守退步，志气委靡，遂不能转其境地。《论语》：子夏谕司马牛曰："商闻之：死生有命，富贵在天。"（按，《颜渊》）往往有解为极端之宿命说者，然是决非孔子之意。顺当生之道而生，顺当死之道而死，是自然也。顺道而得富贵则善，不得则从吾所好而安命，是亦自然也。孔子之有命说，当如此解。然若从宿命说，死生既于先天中定之，富贵亦从先天中定之，毕竟后天之人力归于无用，不得不陷于委靡也。

人间自由意志论，虽为今日最有力之进取的说，但失之极端，亦非无弊也。其弊则以意志能自由，为善亦能自由，为恶亦自由。故至争名趋势以陷于变诈虚妄，而不能安于吾之素位，龌龊卑鄙，逐世之潮流以为浮沉，是洵不知自己之力欲造运命而却漂没于世之潮流者，故青年血气之人，不可不反省也。

比较前所言，则孔子之说，既非极端之宿命说，亦非极端之自由说，盖居于此二者之间，尽吾人力，即顺自然理法之道以行动云为者也。即可进则进，若不能则已，安吾素以乐吾道，极平和之说也。然而后世腐儒等，不能知生生的进化，唯以保守的解释之，亦非夫子之旨也。

不知儒教有一种之功名的活气。《论语》云："去仁，恶乎成名？"（按，《里仁》）又云："君子疾没世而名不称焉。"（按，《卫灵公》）据此即足以知彼现实功名的之意志矣。

要之，孔子之命，即任天主义。深信自然之理，养绝对之观念，遵一切道理之动静，不问死生、穷达、荣枯、盛衰等，纯反于惯惯之功利快乐主义，故于道德实践上大有价值也。

第三节 "天人合一"与"仁"之观念

吾人于前章既略解"天"之观念，自《易》之哲学说，明自然之理法，今当述"天人合一"与"仁"之观念。

据《易》之说，则基天地之二大法则，以立人道，而说仁义之道德律。

> 《说卦》曰："昔者圣人之作《易》也，将以顺性命之理。是以立天之道，曰阴与阳；立地之道，曰柔与刚；立人之道，曰仁与义。兼三才而两之。"
>
> 又，《系辞》："《易》之为书也，广大悉备：有天道焉，有人道焉，有地道焉。"

由是等观之，仁配阴柔，义合阳刚，准据天地之自然的法则

以立人道,即仁义。然从此说,则仁义毕竟为客观的,他律的。故当更进一步如左:

> 一阴一阳之谓道,继之者善也,成之者性也。仁者见之谓之仁,知者见之谓之知。(按,《系辞》上)

阴阳为天地间自然流行之气,化万物成其性,在人则成男女性,自然有道德的性故。

> 《序卦》:"有天地然后有万物,有万物然后有男女,有男女然后有夫妇,有夫妇然后有父子,有父子然后有君臣,有君臣然后有上下,有上下然后礼义有所错。"

即言从自然之作用以生成道德,而为客观之次序。

> 《系辞》:"天地设位,而《易》行乎其中矣,成性存存,道义之门。"
> 又,《说卦》:"和顺于道德而理于义,穷理尽性以至于命。"《文言》:"夫大人者,与天地合其德,与日月合其明,与四时合其序,与鬼神合其吉凶,先天而天弗违,后天而奉天时。天且不违,而况于人乎?况于鬼神乎?"

天地间自然之气化流行,生生化化,行于其间,成自然之性。性之根原即天。究理则知性,知性即知天,是为宋儒性命穷理说之渊源。天人合其德,至此成所谓《易》之"天人合一"观。今再进一步,论他书中之合一观。

《诗》:"天生烝民,有物有则。民之秉彝,好此懿德。"(按,《大雅·烝民》)

《中庸》:"天之生物,必因其材而笃焉。"

又:"诚者,天之道也;诚之者,人之道也。'诚'者,不勉而中,不思而得,从容中道,圣人也。'诚之'者,择善而固执之者也。"

《诗》言德性为先天的。《中庸》之"诚"即天人合一之观念,而宇宙之根本的活动力也。子思演绎之曰:

"天命之谓性,率性之谓道,修道之谓教。"

又:"自诚明,谓之性;自明诚,谓之教。诚则明矣,明则诚矣。唯天下至诚为能尽其性;能尽其性则能尽人之性,能尽人之性则能尽物之性,能尽物之性则可以赞天地之化育,可以赞天地之化育,则可以与天地参矣。"

吾人之道德性自先天有之,决非后天者也。故宇宙之根本原理之[纯](绝)对的"诚",能合天人为一。天道流行而成人性,人性生仁义。仁义在客观则为法则,在主观则为吾性情。故性归于天,与理相合。天道即诚,生生不息,宇宙之本体也。

至此儒教之天人合一观始大成。吾人从此可得见仁之观念矣。

《系辞》:"天地之大德曰生。"
又:"生生之谓易。"

夫"仁"为平等、圆满、生生、绝对的之观念。自客观的观之,即为天道,即自然理也,实在也。自主观的解之,即具于吾性中者也。其解虽有异,至究竟则必须此两者合而为一,始能至无差别绝对之域。故仁之观念为生生的理,普遍于万物,不能为之立定义也。

《论语》:"天何言哉!四时行焉,百物生焉,天何言哉!"(按,《阳货》)

言自然的即无意识的理法之活动也。又云:

吾道一以贯之。(按,《里仁》)

融合天人,以"仁"贯之。其欲达之之方法则为"忠恕"。忠尽我心,恕及于人之道,是为社会的仁之发现。能超然解脱,悠然乐者,即得达此仁之理想之人,安心立命之地,皆自此理想把持之。

《论语》:"'莫春者,春服既成,冠者五六人,童子六七人,浴乎沂,风乎舞雩。咏而归。'夫子喟然叹

曰：'吾与点也！'"（按，《先进》）

顺应自然之理法，笃信天命，不为利害所乱，无窒无碍，绰绰裕裕，浑然圆满，其言如春风和气。吾人至此，能不言夫子"仁"之观念为最高尚远大者乎！

孔子知致物格，经五十年而后始"知天命"，以达此绝对的"仁"之观念。抑绝对者，何谓也？绝对云者，超乎相对或差别之境，以抵不变不灭之域，必无我自然，始能至之。此理想的天，即仁之观念。达此境地时，中心浩瀚，无所为而行者（无）不合于道。

《子罕》："颜渊喟然叹曰：'仰之弥高，钻之弥坚。瞻之在前，忽焉在后。……欲罢不能，既竭吾才，如有所立，卓尔，虽欲从之，末由也已！'"

《述而》："子谓颜渊曰：'用之则行，舍之则藏，惟我与尔有是夫！'"

其理想之高远，能因用舍行藏之时，权变自在，斯可谓智德圆满无碍，而行为亦无凝滞也矣。孟子曰："可欲之谓善，有诸于（按，此字衍）己者（按，此字衍）之谓信，充实之谓美，充实而有光辉之谓大，大而化之之谓圣，圣而不可知之（之）谓神"（按，《孟子·尽心》），即是也。

以上综合主宰、自然本原等天之观念，与天人合一，与仁之观念言之。而孔子之形而上学根本观念既终，今更进一步，而于下章论孔子之伦理说。

第二编　伦理说

第二章　道德之标准

第一节　社会之仁

人之生于此世也，各依其目的而动。惟其目的有大小，小者为大者所包括，大者又为更大者所包（括），由此递进，其究竟之目的果何在乎？

人本社交的动物，自有道德的本性，与其他互相倚赖关系以立社会，故其行亦互有影响。自己意志受社会意志之制裁，以生个人与社会、社会与国家、君臣父子夫妇长幼朋友男女贵贱亲疏等错杂之关系。于是遂有道德律以规定人间之行为，而达正确圆满之目的地者，惟道德能之。行为之合于道德则善，反于道德则恶。故人间究竟之目的，在据纯正之道理，而修德以为一完全之人。既为完全之人，则又当己立立人，己达达人，人己并立，而求圆满之幸福。所谓人生之目的不过如是而已。

就人间行为之判断，于西洋有动机论、结果论二派。动机论者，行为之善惟在动机之纯正耳，结果之如何，非所顾也。结果论者，日日行为之结果善，则其行为亦善，动机之如何，可不问也。前者为直觉派，后者为功利派。儒学直觉派也。然自今日之伦理学上观之，则前二说皆有所偏倚，即非动机、结果二者皆善，不足为完全无缺之行为。然东洋之伦理说，惟取动机不顾结果之处亦不少，如"杀身成仁"等是也。

孔子自天之观念演绎而得"仁"，以达平等圆满绝对无差别之理想为终极之目的。至其绝对的仁，则非聪明睿知之圣人，不易达此境。欲进此境，必先实践社会的仁。社会的仁，忠恕是也。故欲进绝对之境，不可不自差别之境进也。故仁自其内包观之，则为心之德，而包括一切诸德；然自其外延观之，则抽象的概念而普［通］（遍）的形式也。此形式虽不变，其内容则因时与处而殊。故自特别观之，则名特别之仁；自普遍观之，则名普遍之仁。普遍之仁，为平等之观念，包括其他之礼义智信等。特别之仁为特别的狭义之仁，如"智仁勇"之仁是也。仁于主观，则为吾性情；仁于客观，则发现于社会，为礼义之法则。

一、普遍（之仁）

普遍之仁乃博大之观念为之，如忠恕，如博爱等，有总括社会广泛之意义，而礼义智孝弟忠信等皆包于此中。当其实现于社会上，则为礼为义为智为孝为弟为忠为信，仁之别也。曰孝曰弟者，事吾父兄尊长之仁也；曰忠曰信者，社交之仁。故爱先自吾家族以及他家族。观《论语》言孝弟"为仁之本"（按，《学而》），可知即其根本自亲以及疏之义也。此仁之差别义也。

> 《中庸》曰："天下之达道五，所以行之者三。曰：君臣也，父子也，夫妇也，昆弟也，朋友之交也。五者，天下之达道也。知仁勇三者，天下之达德也。所以行之者一也。"

是为孔子所述之五伦，曰：君臣之义，父子之亲，夫妇之礼，昆弟之序，朋友之信。知此五者，所谓"知"也；知此五者而体之，"仁"也；体此五者而行之，"勇"也。此五者又为仁义礼智信之五常。是等尽为仁之内容，而自其差别的方面观之。若普遍之仁则总括是等一切者也。

《论语·里仁》："'吾道一以贯之。'曾子曰：'夫子之道，忠恕而已矣。'"

又，《雍也》："夫仁者，己欲立而立人，己欲达而达人。"

《卫灵公》："子曰：'其恕乎！己所不欲，勿施于人。'"

《颜渊》："子曰：爱人。"

《学而》："泛爱众，而亲仁。"

《公冶长》："子曰：'老者安之，朋友信之，信（按，此字衍）少[老]（者）怀之。'"

是皆说普遍之仁者也。

要之，孔子仁之观念，若自普遍言之，则为高远之理想；若自实际言之，则为有义礼智孝弟忠信等之别，以为应用之具。故能全达此等之义礼智孝弟忠信等，即为普遍之仁。

至达仁之法则，孔子因弟子之才力而作种种之说。于颜渊，则为"克己复礼"（按，《颜渊》）；仲弓，则曰："出门如见大宾，使民如承大祭。己所不欲，勿施于人。在邦无怨，在家无怨"等（按，《颜渊》）；司马牛，则曰："'仁者，其言也讱。'曰：'其言也讱，斯谓之仁已乎？'子曰：'为之难，言之得无讱乎！'"

(按,《颜渊》)樊迟,则曰:"仁者先难而后获,可谓仁矣。"(按,《雍也》)皆自其人与时地而变化者。由是观之,则仁之内容毕竟非可一定言之明矣。故"子曰:可与共学,未可与适道;可与适道,未可与立;可与立,未可与权"(按,《子罕》)。

或人以孔子之仁爱,似英国之"爱他"说,是语吾人尚不可全以为然。如彼英人阿当斯密斯氏(今译亚当·斯密,1723—1790,英国经济学家、伦理学家)之"同情",哈提孙氏(今译哈奇生,1694—1746,英国哲学家)之"情操",巴特拉氏(今译巴特勒,1692—1752,英国伦理学家)之"良心"说等,均视为"爱他"之根原出于天性,遂以此为行为之标准,与孟子之"良心"说稍相类似。然孔子不明言人性之善恶,其仁之观念则从高大之天之观念出,其爱又复如前章所述,因普遍而生差别。故其根柢上已大相异。惟孔子重感情之处稍与彼说相似。今若必欲论孔子,则孔子为唱理性之直觉论者,自其克己严肃处观之,实与希腊斯特亚学派(今译斯多噶派)及德之康德之说有所符合。盖孔子之说为合乎情、入乎理之圆满说也,其伦理之价值即在于此。

二、特别之仁

即狭义之仁论,达普遍之一部,或普遍之仁之方法者。如:

《论语·宪问》:"仁者必有勇,勇者不必有仁。"
又:"仁者不忧,知者不惑,勇者不惧。"

《雍也》:"知者乐水,仁者乐山。知者动,仁者静。知者乐,仁者寿。"

《中庸》:"知仁勇三者,天下之达德也。"

等将知仁勇分为三者,各相对立,则非"普遍"可知。其言仁者安静,知者流动,勇者敢为,已异其用。故自知仁由知、行仁由勇观之,则仁究不属于知勇二者,故自差别之方面狭义解说之,为特别仁。

三、至善

孔子大理想之仁,非容易达之。欲达之者,宜先自卑近之差别渐进;欲自卑近渐进,当就个人之行为判别善恶;判别善恶,在致知格物。

> 《大学》曰:"欲修其身者,先正其心;欲正其心者,先诚其意;欲诚其意者,先致其知;致知在格物。"
>
> 又:"物有本末,事有终始,知所先后,则近道矣。"

就致知格物而言之,朱子曰:"欲致吾之知,在即物而穷其理也。盖人心之灵,莫不有知,而天下之物,莫不有理。惟于理有未穷,故其知有不尽也。是以大学始教,必使学者即凡天下之物,莫不因其已知之理而益穷之,以求至乎其极。至于用力之久,而一旦豁然贯通焉,则众物之表里精粗无不到也(按,此字衍),而吾心之全体大用无不明矣。此之谓格物,此之谓知之至也。"是二者谓心有知悉万里之灵能,即理性,故穷客观的之物理,以扩大其知,以判别善恶。王阳明曰:"致知者,致吾良知之所知。格物者,就吾意所发之事物,去其不正,而归于正。诚意者,良知与意念相一也。"要之,王阳明说良知判断善恶,纯为主观的;朱熹穷客观的物理以扩吾理性而判断善恶;即一行而一知，一简易而一繁衍是也。故各持一理，一基良心，一唱理性，是以其说之分离而不相入也。

从孔子之重行贵知处思之，则致知格物，可谓会此二说而一者。故自知之一面观（之），则朱子之说是；自行之一面观之，则阳明之说近也。

人生究竟之目的，在遵道理以求完全圆满之幸福，故《大学》言究竟之目的，在"止于至善"。

> 知止而后有定，定而后能静，静而后能安，安而后能虑，虑而后能得。

"至善"即绝对善。"止至善"则定、静而安，是为终极之理想，即"仁"也。故仁为完全圆满之目的地。欲达此境域者，即以致知格物诚意修身为根本。故知孔子贵理性。

孔子以至善为终极标准，故一切之事之违仁者，皆为不善。是以：

> 《里仁》："子曰：不仁者不可以久处约，不可以长处乐。"
>
> 又曰："我未见好仁者，恶不仁者。好仁者无以尚之；恶不仁者，其为仁矣，不使不仁者加乎其身。"

不仁，恶也，不时发动以破坏仁者也。故欲向仁，务避不仁之行动，是以致知格物修身诚意之必要也。

吾人可据是分孔子之说，为直觉、中庸、克己、忠恕等，而细论之。

（一）直觉说

吾人于前章说孔子之天人合一观，兹当论孔子之为直觉派。如前所论，孔子既说知与行之相关，又兼重理与情。后之学者往往自见解之如何而互相分离。今先就孔子之人性问题论。

孔子不就人性问题而论善恶，唯就行为而论善善恶恶。

《论语·阳货》："性相近也，习相远也。"

是言谓人性本无善恶，唯因其习惯之如何，而为善为恶至相隔绝耳。又：

《卫灵公》："子曰：有教无类。"

谓人之善恶之别者，皆以习惯之故，有教育即可有善而无恶矣。又：

《季氏》："子曰：生而知之者，上也；学而知之者，次也；困而学之，又其次也。困而不学，民斯为下矣。"

谓人性有四品，故程、朱即此而分为气质之性，及理义之天性。孔子又论情之方面，

《诗》（曰）："天生蒸民，有物有则，民之秉彝，好此懿德。"孔子读之曰："为此诗者，其知道乎！"

（按，《孟子·告子》）

谓人性好善，是为孟子性善论之根原。孔子于人性问题，不精细研究，故不言善恶。唯自其天人合一观而曰：

诚者，天之道也。诚之者，人之道也。

二者乃道德人中所自有者。又：

"子曰：道不远人。人之为道而远人，不可为道。"（按，《中庸》）
《论语·卫（灵）公》："人能弘道，非道弘人。"

是则无论何人，皆有先天的能性。更进一步，则《季氏》"生而知之者上也"，《雍也》"人之生也直，而（按，此字衍）罔之生也幸而免"之说，皆可以证明。

第一（条），备言人能直觉辨别是非善恶；但是非谓常人，谓睿智之圣人也。第二条，程子解"直"为"理"，而杨龟山以之为"情"。但孔子以为理与情并重，又因时与地而异。其"直"之解释，如"斯民也，三代之所以直道而行也"（按，《卫灵公》）之解"直"为理，答叶公之问之"直"，则情也。故"人之生也直"之（直），解之为"理"，或稍妥也。以上可知孔子为"贵理性之直觉派"也。

故孔子恰如康德为动机论者，动机纯正则其结果之善恶如何可不顾。故《论语》曰：

"志士仁人，无求生以害仁，有杀身以成仁。"（按，《卫灵公》）

又：殷有二仁。（按，《微子》）

仁，动机也。苟能行仁，则其结果如何可不顾。是所以谓直觉说也。孔子就人之行为以言情与理之当调和。

《子路》："叶公［谓］（语）孔子曰：'吾党有直躬者，其父攘羊，而子证之。'孔子曰：'吾党之直者异于是，父为子隐，子为父隐，直在其中矣。'"

自情解之，则理纵令公平，但不适于情时，则不得以之为善。

《宪问》："曰：'以德报怨，何如？'子曰：'何以报德？以直报怨，以德报德。'"

"以德报怨"者，去差别之平等仁也。故《礼记》夫子言宽身之仁。"以直报怨"者，有差别的义也，理也。情与理二者以调和为务。此孔子之说所以最蕴藉最稳当者也。

（二）中庸说

孔子恐人之行为之走于极端，因言执中即义，养中庸的良心。然欲达此标准，其事至难。故孔子自曰："天下国家可均也，爵禄可辞也，白刃可蹈也，中庸不可能也！"（按，《中庸》）中庸之德，希腊之阿里士多德氏亦尝言之，其说曰：勇在粗暴与怯懦之中间。言其本质、关系、分量,及时与地等,然后能之。盖人之行动云为皆由于知情意之合同关系。故中庸当视其本质、关系、分量、时地等,若是等均不得其宜,则决不能中庸。故:

《中庸》曰:"道之不行也,我知之矣:知者过之,愚者不及也。道之不明也,我知之矣:贤者过之,不肖者不及也。"

《论语·先进》:"子曰:师也过,商也不及。"

又:"子曰:过犹不及。"

《子路》:"不得中行而与之,必也狂狷乎!狂者进取,狷者有所不为也。"

《雍也》:"中庸之为德,其至矣乎!民鲜能(按,此字衍)(久)矣。"

据此观,则中庸者,无知行之过不及,并立而调和者也。此中庸又因时与地而变化,是实至难之事,所谓"可与立,未可与权"是也。

德者,中庸的良心之我完备之状态也。道者,对于他而行之也。故德者主观的,道者客观的。要之,此中庸的良心,非所谓先天的良心之情,乃因理性而治成之情,换言之,即理与情融合适宜,而行之以公正之意志是也。

中庸的良心,虽为主观的,但制中庸,则为客观的之礼。故通社会国家上下贵贱皆须普遍的或差别的之法,此法即礼是也。礼之本质为情,形式为文,此本质与形式相合而为礼。恭敬辞逊之心之所动者,情也;动容周旋之现于外形者,文也。弃本质而尚形式，是为虚礼；弃形式而守本质，是为素朴。故：

《雍也》："质胜文则野，文胜质则史。文质彬彬，然后君子。"

文与质整然中和，此中庸。君子尚难之。故孔子忧失其本，于《八佾》言曰：

"礼，与其奢也宁俭。丧，与其易也宁戚。"
又："绘事后素。曰：'礼后乎？'子曰：'起予者，商也！始可与言《诗》已矣！'"

前者言礼之本质为情，故曰与其走于形式，不若守本质。后者言礼之本质，[别]（虽）为情，然无文饰之之形式，则难名之为礼。于是比较上虽若以情为重，但此二者若不中和，则究不得名之为真礼。故：

《礼记·仲尼燕居》："子曰：师也（按，此字衍），尔过；而商也不及。""夫礼，所以制中也。"

如此之礼，虽自主观的本质与客观的形式相合而成，但当实际行之也，则当据义以断之。义为判别事物之知力，故为行礼必然之要素。

《卫灵（公）》："子曰：君子义以为质，礼以行之。"

义与礼之异同：礼主敬，义知敬，是其相似处；义为判别，即知也，礼为文饰，即形式的，是其异处。孟子曰："义，路也。礼，门也。"（按，《万章》下）实则此二者互相关联而不可离者也。礼为体，而其内容中有义为之用。欲行义，则礼必从之。故礼兼义而义亦兼礼。礼与义分离，则礼为恭敬辞让玉帛交际等，义为辞受取予死生去就等。

至此，礼之本质即情，其形式即文，与义相合。其体虽整然，然用之不得，失于严酷，宜流动贯通，情意相和。

《学而》："有子曰：礼之用，和为贵。"

但若过于流动，一任于情，则又失礼之谨严。故又曰：

有所不行，知和而和，不以礼节之，亦不可行也。

此礼谓谨严之体也。

吾人至此于礼之为何物，当了然矣。盖孔子实以此礼为中正之客观的法则，以经纬社会国家者也。

《礼记·经［界］（解）》："（礼）之于正国也，犹衡之于轻重也，绳墨之于曲直也，规矩之于方圆也。故衡诚悬，不可欺也（按，此字衍）以轻重；绳墨诚陈（按，原误作'诚陈绳墨'）不可欺以曲直；规矩［陈］（诚）设，不可欺以方圆。君子审礼（按，原误作'审礼君子'），不可诬以奸诈。是故隆礼由礼，谓之有方之士；不隆礼不由礼，谓之无方之民。敬让之道也。故以奉宗庙则敬；以入朝廷，则贵（贱）有位；以处家室，则父子亲，兄弟和；以处乡里，则长幼有序。孔子曰：'安上治民，莫善于礼。'此之谓也。"

礼如衡、绳墨、规矩等之规定轻重（按，原误作"轻重规定"）、曲直、方圆以错杂之。社会国家中之一切行动云为，人从之者善，背之者恶。此礼所以为中庸的，又客观之法则也。《礼记》立人之十伦，曰：

事鬼神之道，君臣之义，父子之伦，贵贱之等，亲疏之杀，爵赏之施，夫妇之别，政事之均，长幼之序，上下之际。

是［我］（均）社会的秩序也，又其为中庸的：

《论语·泰伯》："恭而无礼则劳，慎而无礼则葸，勇而无礼则乱，直而无礼则绞。"

（三）克己说

孔子之学，即欲达其理想之仁，先当励精克己，屏己之私欲。既克则当［傅］（博）学明理，以锻成刚健正大之意志。既锻成刚［建］（健）正大之意志，始能处道而实行之。其说虽稍偏于情之一面，但于个人之严肃端庄，于伦理实践上有非常之价值。

《子罕》:"子绝四:毋意、毋必、毋固、毋我也。"

《卫灵公》:"子曰:君子求诸己,小人求诸人。""躬自厚而薄责于人,则远怨矣。"

又曰:"不曰如之何如之何者,吾(末)如之何也已矣!"

《宪问》:"不患人之不己知,患其不能也。"

是谓修克励精自德,为之己而非有待于他也。

《公冶长》:"颜渊曰:'愿无伐善,无施劳。'"

谓修养温厚克己之德以推及于人也。

克己、修德、博学、明理,若不实行,往往陷极端之弊害。故:

《阳货》:子六言六蔽说,曰:"好仁不好学,其蔽也愚。好知不好学,其蔽也荡。好信不好学,其蔽也贼。好直不好学,其蔽也绞。好勇不好学,其蔽也乱。好刚不好学,其蔽也狂。"

于希腊有西尼克派,即(犬)儒派之极端克己说,及斯特亚学派之克己说,德国有康德之严肃主义等,皆此说也。而其中如斯特亚学派,为重自然,安天命,贵理性,以实践励行为目的,最似儒教。然孔子之克己说,非若他说尽绝诸情,不过从实践励行上立此说。故其归着为中庸,为复礼。

《论语·颜渊》:"颜渊问仁,子曰:'克己复礼为仁。一日克己复礼,天下归仁焉。为仁由己,而由人乎哉?'颜渊曰:'请问其目?'子曰:'非礼勿视,非礼勿听,非礼勿言,非礼勿动。'"

是言为仁之法在克我私欲,复中庸之礼,使一切之视听言动,皆顺于礼,始为实行仁也。

要之,此说在励精苦学,修吾之行,以练习刚健不屈之意志而实践之。至其归著,则仍在复中庸之礼,以达于仁。夫一切克己说,皆在严肃端正,锻炼个人,虽于道德实行之点,迥非俗所能比拟,然于情之一面,弃而不顾,故往往不免失之过甚,如西尼克则此弊尤甚,独孔子能以中庸防此弊耳。

(四)忠恕说

吾人于前章中,既详论直觉、中庸、克己诸说,今当论其最广大最主要之忠恕说。

忠,尽吾心也;恕,推己以及人也。自普遍上观之,则为社会上之博爱,洵足以一贯诸说,以达于完全圆满之仁之理想。故:

《论语·里仁》:"子曰:'参乎!吾道一以贯之。'"

又:"曾子曰:夫子之道,忠恕而已矣。"

《卫灵公》:"子贡问曰:'有一言而可以终身行之者乎?子曰:'其恕乎!己所不欲,勿施于人。'"

又:"'赐(也)!女以予为多学而识之者与?'对曰:'然,非与?'曰:'非也,予一以贯之。'"

又《雍也》:"夫仁者,己欲立而立人,己欲达而达人。"

是盖谓用此以包括其他一切之语言，使之一贯，使之普遍，而为必不可不行之道。但忠恕究何故不可不行乎？则自孔子之天人合一观观之，则以在人之理性为先天的，即以人为有道德性之社交的动物。故：

《论语》："人之生也直。"（按，《雍也》）
《序卦》："有天地然后有万物，有万物然后有男女，有男女然后有夫妇，有夫妇然后有父子，有父子然后有君臣，有君臣然后有上下，有上下然后礼义有所错。"

即谓人道乃自然顺人之道德的能性以生成者，即礼义之（所）由生。盖以人本为社交的动物。故曰："仁者，人也，亲亲为大。"（按，《中庸》）故吾人不可不据己之性情以行仁。其故以道德本为自律的，仁又为人性之所本有，开发之即为人道故也。仁，差别的也：自亲而疏，自近而远；普遍的也：欲推己及人，则当以己心为标准。其途有二种：一、正面的：

夫仁者，己欲立而立人，己欲达而达人。（按，《雍也》）

是为希望他人与己同一发达，故合于是者，仁也，善也。一、反面的：

> 己所不欲，勿施于人。

是为禁止之言，背此者，不仁也，恶也。

故此忠恕说，为网罗君臣父子夫妇兄弟朋友贵贱亲疏等一切社会上国家上之差别，而施之以平等之诚与爱之道，即达普遍一贯之仁之道。

> 《公冶长》："子曰：'老者安之，朋友信之，少者怀之。'"

自老者、朋友、少者三者而观之，虽似有差别，然而自总合是等一切社会而观之，则普遍之仁也。

要之，忠恕者，在达己达人，即以己与人共立于圆满为目的。故是非个人的，乃社会的。是实此说所以凌驾一切诸说，亦其意义之所以广泛也。

第三章 德

第一节 德之意义与仁之内容

德有二意：一、伦理的感觉，照之于理性，以养高尚之情操，由意志而实现习练之，则吾性可善，即所谓道德的德是也。一、为关于研究真理，或以之教人等知的德也。于东洋之德，仅有前者。虽孔子亦尝言知，然非独立，而但为道德上之知也。

韩愈曰："博爱之谓仁，行而宜之之谓义，由是而之焉之谓道，足（乎）己于（按，此字衍）无待于外之谓德。"道者，必不可不行之法则也，是为客观的。德者，谓吾心得是道而行之之（按，此字衍），［生］（是）主观的状态也。

吾人既于前章论孔子之仁，为包容其他一切诸德之普遍之德，即对己之德，与对家族及社会国家等之德，皆存于此中。但先以家族间之德为根本，然后渐逐推及社会国家。故以孝弟为本，而综合忠信义礼智等诸德，即普遍之仁。故仁为德之全称，其他不过为其一部分而已。

孔子何故因时与地，应其人而言抽象之仁，而不与之以具体的定义乎？是为吾人最不可不注意者。盖孔子明知进化之理：今日之人之德，不必即为后世之德；后世之德，不必即为今日之德。其故因德乃随各时代以进化，与政体风俗人情等有种种之关系，而生种种之差别者也。故孔子以为，于未来之世，或生大学问家，或生大德行家，此等学问家德行家之德之行，反胜于今日，亦未可知。故于《子罕》曰：

后生可畏，焉知来者之不如今也。

是语谓未来之进化，不可预想。知是语就人物一面观之，因为生生的进化，但其意义不惟止于人物，虽德亦然。

又曰："由！知德者鲜矣。"（按，《卫灵公》）
又："中庸之为德，其至矣乎！民鲜能（按，此字衍）久矣！"

是盖谓得德之难也。

以此之故，孔子于"仁""德"，不与一定之意义，惟抽象普遍形容之。至其内容，诸德则因时与地与人以为变更，是实为科学的分解之所难，亦为孔子之说明巧处。孔子之德，分解列举之虽甚难，但今亦不能不举其大要于左，以研究其种类。

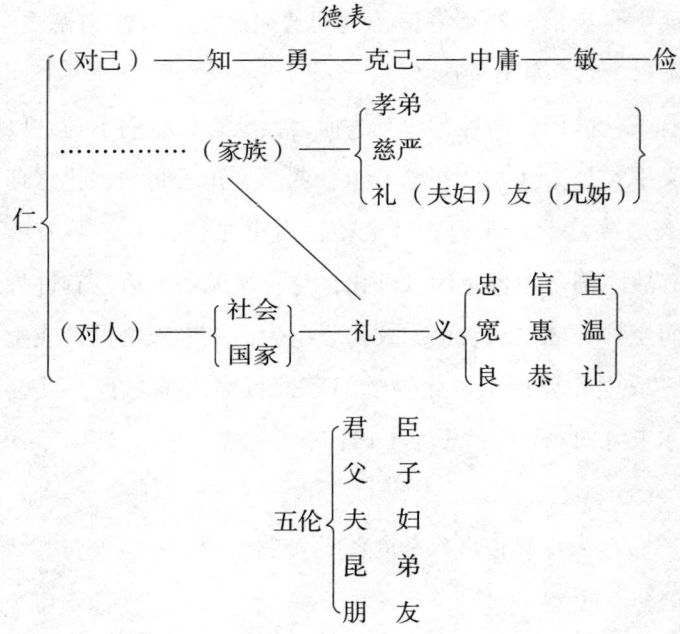

仁　仁，前已再三论之，为普遍的之仁。表中一切诸德，莫不为其所网罗包容，即博爱、忠恕、一贯的之仁是也。但于殊别之时，则为慈惠或爱等。

表中知、勇、克己、中庸、敏、俭，皆对己之德。对人之德分两端：一为家族，一为社会及国家。

第二节 德之种类

关于家族之德，曰：孝弟、慈严、夫妇之礼、友爱等，而尤以孝弟为百行之本。关于社会及国家之德，曰：忠、信、直、宽、惠、温、良、恭、让等，而尤以礼为普遍，又为社会上之秩序，又义亦普遍而差别的。

今将对己之德以及对他之德略解之于下。

（甲）对己

知　知者，知也，含有智慧之意；若扩大其意，则为智识。故欲得真智识，必不可不学。盖学非为人也，为我也。孔子已尝明言为自己之德矣。其注重在研究一切学问以明智，则当事物而无疑惑。故孔子曰："［智］（知）者不惑。"（按，《宪问》）但此知乃欲行道之本，即王阳明所言之"知行合一"，乃与行相关者也。

勇　勇为决行吾意志之力，虽属于己，而不受仁与义之指择。故曰："见义不为，无勇也。"（按，《为政》）又曰："仁者必有勇。"曰："勇者不惧。"（按，《宪问》）但勇与知有密接之关系，不可或离。故曰："好勇不好学，其蔽也乱。"其义即非道德之智识所生之勇，则不得为德。要之，知与勇实际上为合成其他诸德所生者，故不可分离。知者知道德，勇者实行之。

克己　克己前章已论之，兹不再详言，约而论之，为抑自己之私欲而克之，刻苦励精以达于道，是为自己之德，勤勉等属之是也。

中庸　中庸前章亦论之，兹惟撮其要曰：中庸者无过不及之中庸的良心，是亦为自己德，客观的礼、主观的节制等皆属之。

敏　敏，敏捷也，对事务而言。故曰："敏则有功。"（按，《阳货》）顺于道而敏捷处事，自己之德也。

俭　俭，节俭也，节省冗费以俟他日之利用。"与其奢也宁俭"之类，是亦为属自己之德，然与其他有关系。

（乙）对人

家族的

孝　孝之为德，为德行之根本，人伦之第一，事亲能尽爱敬之谓也。孝者，子对于亲之纯粹爱情，即人之天性也。

> 《论语》曰：孝弟"为仁之本"。
> 《孝经》曰："子曰：夫孝，德之本也，教之所由生也。"
> 又曰："夫孝，天之经也。"又曰："天地之性，人为贵。人之行莫大于孝。"

而孝以爱与敬为主。故：

> 《孝经》曰："子曰：爱亲者不敢恶于人，敬亲者不敢慢于人。爱敬尽于事亲，而德教加于百姓，刑于四海。盖天子之孝也。"
> 又曰："资于事父以事母而爱同，资于事父以事君而敬同。故母取其爱，君取其敬，兼之者父也。"
> 又曰："教民亲爱，莫善于孝。"
> 又曰："君子之事亲孝，故忠可移于君。"

自家族的爱敬进推及天下，以孝为治国家之根本。

《论语》："孟懿子问孝。子曰：无违。""子曰：生事之以礼，死葬之以礼，祭之以礼。"（按，《为政》）

《孝经》："身体发肤，受之父母，不敢毁伤，孝之始也。立身行道，扬名于后世，以显父母，孝之终也。夫孝始于事亲，中于事君，终于立身。"

前者谓终亲之生，勿违于理，惟以礼将其爱敬而事之，既殁则终以葬祭之礼。后者谓事亲又以事亲之道事君，而终之以立身，是孝为最大者也。此外孔子应弟子之问，而从多方面言之者：

《[谓]（论）语》："孟武伯问孝。子曰：'父母唯其疾之忧。'子游问孝。子曰：'今之孝者，是谓能养，至于犬马，皆能有养，不敬，何以别乎？'子夏问孝。子曰：'色难。有事，弟子服其劳，有酒食，先生馔，曾是以为孝乎！'"（按，《为政》）（此句本于《礼记》："孝子之有深爱者，必有和气；有和气者，必有愉色；有愉色者，必有婉容。"言事亲之际，惟色为难耳）

以上之说，皆以情即诚实为本，而节以礼。故孔子以孝德为重大可知。

弟　弟，事兄顺长之德也，姊妹间亦同，在家族中与孝相关系，而发而为敬为义，然后推及社会。故：

《孝经》:"以[弟](敬)事长则曰(按,此字衍)顺。"

又:"事兄弟,故顺可移于长。""教民礼顺,莫善于弟。"

又:"教以弟,所以敬天下之为人兄者也。"

又:"长幼顺故上下治。"

"孝弟之至,通于神明,光于四海,无所不暨。"

弟者,谓对长者敬而从顺之也,是为家族的关系之本,扩之即可以治社会国家。故孝弟为一切德行之起原。又孝在社会国家则为仁,弟在社会国家则为义,故为人伦大本也。而不孝不弟,即为乱伦。

慈与严:东洋风行家长制度,故论卑对尊之道则甚详,论尊对于卑之道则甚疏。然亦有论及者。

慈 慈为父母对子之纯粹爱情,即慈爱。孔子于此德,未显言之,惟曰:"父子之道,天性也。"又:"曾子曰:若夫慈爱恭敬,安亲扬名,既闻命矣。"(按,《孝经》)此德与孝俱为先天所有的,而根本的为最纯美之情也。无此情,则亲子之道不立。盖孝弟者卑对尊之德,此则尊对卑之德也。

严 严用以救溺爱者,《孝经》所谓严亲严兄是也,是为家长所专有。

孔子于夫妇间惟曰"礼",不明言"爱"。又兄姊对于弟妹之友爱,亦未详言之。然而《左传》十礼中尝言君令、父慈、兄爱、夫和、姑慈,皆尊对卑之德也。

礼 夫妇为人伦之根本,为五伦之一。孔子惟于《中庸》述之，惟夫妇间但规之以礼，而不言情。其故以夫妇之爱情本出于男女相爱之天性，有最大势力，人之原始，皆在于此。但男女之爱，往往失之极端，致乱大伦。故复云礼以节制爱，是亦自东洋家长制度之严肃出者也。然夫妇之爱，为根本上纯美之情，以爱为根本，而纪纲之以礼，其庶乎可矣。

友 为兄姊对于弟妹之友爱，亦纯美之情，但孔子之说不详。然孔子抽象的之仁，其内容含有许多差别之爱，故此等之爱，皆包括于仁中，不可忘也。

社会及国家的

礼 礼，如前章所说，中庸之显于客观之形式也。然此实通家族社会国家而维持其秩序，故能于主观上知之行之，实为最大之德。故云："克己复礼""为仁由己"（按，《论语·颜渊》）。而以礼裁制君臣父子夫妇兄弟朋友丧祭冠婚等一切国家及社会之事。

义 义，前章中已与礼略论其义，是为差别的仁，乃道也，非德也。然自主观上之得于心而观之，则亦为德；自差别处观之，则知的即理也。故：

> 《论语》曰："君子之于天下也，无适也，无莫也，义之与比。"
>
> 又："君子喻（于）义，小人喻（于）利"（按，《里仁》）等。

是谓遵道理而行之义，一切社会国家家族道德上之裁断，莫不由之，而与礼相表里者也。有君臣之义、家族之义、国家之义、人对人之义等,即所谓人道之正义也。得之我心而践行之,是为正义之德,是为诸德中之最大者。

忠　忠,对人而尽我心之谓也。孔子以忠信相连而论之,于社会上曰"言忠信,行笃敬"(按,《卫灵公》)等。忠必笃实而行之,所谓诚是也。国家君臣之际,与义合是为忠义,为人伦之重大者,加恕则为仁。

信　信,为社交的,为人交际上不可缺之德,与忠相联,而不能离,为朋友间最切实之德。故孔子能去"兵"去"食",而独不去"信"(按,《颜渊》),即无信则不立。盖无信则社会国家必致虚伪浮薄,不能完全成立。故又曰:"信则民任焉。"(按,《尧曰》)是社会与国家相通之德也。

直　直,即正直,或刚直等之德。孔子尝屡屡言之,曰"直哉史鱼!"(按,《卫灵公》)曰"直道"(按,《微子》),曰"举直"(按,《为政》)等,要之,不外为公正无私从理而已。又有时从情之方面言之,参照前章。

宽　宽,宽弘也。《论语·阳货》举仁之内容曰:"恭宽信敏惠",而以宽为此中最大之德。故曰:"宽则得众",是为君子之德。

惠　惠,恩惠也,惠则足以使人,又为君德。孔子名此二者为君人之德。虽宽弘恩惠,为社会上之德,然若敷衍之,则大有裨益。

温　温,温厚也。"温良恭俭让"五者之一,谓接人宜稳和笃实。

良　良,良直也,又善良,谓对人无偏心,无邪心,方正之德也。

恭　恭，恭敬也。礼义之根本，敬为其主，恭表出之故也。得恭则不侮，是为人人交际上不可少之德。

让　让，谦逊也，亦与恭敬等同为交际上之美德。

盖礼与义，家族社会国家共之。忠信宽惠，社会国家共之。独直温良恭让，但为社会的德耳。

以上诸德，均为仁之差别的内容，总括之即为普遍之仁。

此外于女子之德，则言贞操从顺等。

德虽因时代政体与国民等而生差异，然而以上诸德，则为东洋之特德，至今日犹用之。于今日若自社会国家上论之，则道德的德为公共心、慈善心、爱国心等。对于自己，则为自重、热心、洁白、清洁、活泼、顺序等。见于知力上，为精密、熟虑、慎重、智慧等。于家族，为尊对卑之慈爱亲切等。于妇德，为慈爱、贞淑、端正、柔和、公平等诸德。

第四章　教育

第一节　人格之完成　德之修养

孔子教育之目的，可从二方面观察之：一、修己之德以锻成意志，而为完全之人物，以达高尚之仁；一、锻炼意志修德而治平天下。故前为纯粹之道德家，后为道德的政事家。以修身为第一义，治人为第二义。故：

《大学》曰："古之欲明明德于天下者，先治其国；欲治其国者，先齐其家；欲齐其家者，先修其身；欲修其身者,先正其心;欲正其心者,先诚其意;欲诚其意者,先致其知;致知在格物。"

致知格物说于前至善之章已论之,今惟论孔子之如何完成人格,如何修养德性于下。

孔子之主眼在德行,即德育是也。故所言之学问,即知育,不过修先王之道而修德耳。故既知之,则当行之,阳明所谓之知行一致是也。孔子自身,以绝对之智力而理会天道。其教育法则,能为实践的,自近而远,自卑而高。先教弟子以日常起居、饮食、洒扫、应对等,渐进而教之修心。其所教之书,即《诗》《书》《礼》;其所教之艺,则文行忠信,礼乐射御书数等六艺。射御,体育也。弟子通六艺者七十二人。"德行:颜渊、闵子骞、冉伯牛、仲弓。言语:宰我、子贡。政事:冉有、季路。文学:子游、子夏。"(按,《先进》)其他曾参、有若、子张等,一时人材郁然。其教授法各应其力,因其人之高下而为多方面的。凡问答,使弟子各以己力发明之,勉学之。故孔子之教授法,可名之为开发心性之法也。故:

《述而》曰:"子曰:不愤不启,不悱不发,举一隅不以三隅反,则不复也。"

德不可得而学。故学问不过欲得智识耳,从此智识以陶冶吾之情与意,始能得善良之品性,即德是也。孔子欲完成人格以使之有德,故于欲知情意融和之前,先涵养美情,渐与知情合而锻炼意志,以造作品性。于是始知所立,和气蔼然,其乐无极,是即达仁之理想，而人格完成矣。故：

《泰伯》曰："兴于诗，立于礼，成于乐。"

诗，动美感的；礼，知的又意志的；乐，则所以融和此二者。苟今若无礼以为节制，一任情之放任，则纵有美感，亦往往动摇，逸于法度之外。然若惟泥于礼，则失之严重而不适于用。故调和此二者，则在于乎。

既锻成圆满之人物后，无论在朝在野，其行动云为，皆无窒碍，且可为学问之法。

《述而》曰："志于道，据于德，依于仁，游于艺。"

是谓先立志讲道，习练之而得于心，愈修养而至于仁。仁，完全之德也。既得此德后，更从容习礼乐射御书数等日用实践之事，"游于艺"者，此之谓也。

修德之先，必不可不先有完全之智识，苟无完全之智识，则不知其德为何物。故于《阳货》篇言六言六蔽：

"好仁不好学，其蔽也愚。好知不好学，其蔽也荡。好信不好学，其蔽也贼。好直不好学，其蔽也绞。好勇不好学，其蔽也乱。好刚不好学，其蔽也狂。"

又《为政》曰："学而不思则罔，思而不学则殆。"

即谓无智识则暗昧，而不能知完全之德。

然又恐惟于智识一面而不能言行一致，于是复说以下各条：

《宪问》："有德者必有言，有言者不必有德。"
又："君子耻其言而过其行。"
《雍也》："君子博学于文，约之以礼。"
《子张》："子夏曰：博学而笃志，［问切］（切问）而近思，仁在其中矣。"

此一切所言，皆谓德行为本；智识不足知之。再进一步，则如：

《雍也》："知之者不如好之者，好之者不如乐之者。"

知道德者不及好道德者，好道德者又不及乐道德者，是为形容入道德之深。要之，欲养德必就圣贤之书学之，先得道德的智识，以陶冶性情，使成强健之意志，更于行为上反复习练之，遂为自我之品性。是为孔子教学之要领也。

第二节　政事家

能修得以上一切完全之德，即所谓仁者，亦可以之治平天下国家，是为孔子之第二目的。至此，道德与政治遂合，而非完全之道德家矣。既可以之治国家，故君主必应具此德。故：

《大学》曰："物格而后知至，知至而后意诚，意诚而后心正，心正而后身修，身修而后家齐，家齐而后国治，国治而后天下平。"

又《论语·宪问》曰："修己以安百姓。"

《［季氏］（颜渊）》："君子之德风，小人之德草，草上之风必偃。"

《为政》："为政以德，譬如北辰，居其所，而众星共之。"

谓政事家必具完全之德，以行道德的政治。然在治国，则一切当遵先王之制度、礼乐刑政等，次所记者是也。

第五章　政治

第一节　道德的政治　先王之道　礼乐刑政

孔子之伦理说，前章既已论之，今当论其政治说。惟孔子之政治，本为道德政治，故惟评其梗概。

孔子者，君主封建制之政治家，欲祖述尧舜、夏殷周三代先王之道，由斯道而治天下。故言君主有大威德统御诸侯，亦能治其民服从其君主。是则承认君权之无上，而以道德一贯上下之间者也。故于：

《泰伯》曰："民可使由之，不可使知之。"
《颜渊》："君君，臣臣，父父，子子。"

前者专制主义也；后者以人道一贯上下者也。

孔子参酌尧舜三代制度而取舍之，欲施完全之封建政治。故答颜渊问为邦曰：

> 行夏之时，乘殷之辂，服周之冕，乐则《韶》舞，放郑声，远佞人。郑声淫，佞人殆。（按，《卫灵公》）

是谓用夏之历法，从殷之质素之道，行周之华美之礼制，去淫声，远恶人，奏舜之音乐：是盖欲采尧舜三代政之所长，而折衷之者也。

故知孔子者，虽崇拜其理想中之人物如尧舜者，然实则不过阳崇拜之耳。又孔子之理想在周，故曰："周监于二代，郁郁乎文哉！吾从周。"（按，《八佾》）又曰："[予]（吾）不复梦见周公。"（按，《述而》）又曰："如有用我者，吾其为东周乎！"（按，《阳货》）盖孔子之政治思想纯在周代，不难想象也。

经礼三百，曲礼三千，是为孔子治人之具。礼乐用以陶冶人心，而政刑则以法制禁令刑罚治民。前者为道德，在修人心；后者为政法，在律人身。虽此二者相合，然后成为政治，但其所最重者，则在礼乐。故于：

> 《为政》："道之以政，齐之以刑，民免而无耻。道之以德，齐之以礼，有耻且格。"
>
> 《子路》："名不正，则言不顺；言不顺，则事不成；事不成，则礼乐不兴；礼乐不兴，则刑罚不中；刑罚不中，则民无所[措]（错）手足。"

盖以道德为先务，而刑罚惟治不从之具耳。

《里仁》："能以礼让，为国乎何有！不能以礼让为国，如礼何！"

《子路》："上好礼，则民莫敢不敬；上好义，则民莫敢不服；上好信，则民莫敢不用情。夫如是，则四方之民，襁负其子而至矣。"

此外答子贡之问，有去"兵"去"食"犹取"信"之言，又"举直［措］（错）诸枉，能使枉者直"（按，《颜渊》）等语，欲一切皆从道德以完成己之人格，又举贤才以治国安天下也。概而言之，则孔子政治思想，一遵先王之道，为君主封建专制主义，专尚保守，又恐君悖理暴行，致民心离叛，因复以道德贯通上下以规律之。因此德与政遂相混同。又孔子最慕盛周时之文华，故一切典章制度，皆以周公遗法为则，参夏殷二代之制，去其不善者。在今日观之，虽无精论之价值，然在当时则为最完全之政治，是实由于时代之进化使然。故若以今评古，无异于未来之评今也。要之，孔子之说，其可取者，不在其政治上，而在其道德上。孔子之道德，能经二千余年管理东方大半之人心者，实其道德之严正，且能实践故也。

第三编　结论

吾人于前数章既论述孔子之伦理说，今当综合其要领而以终此篇。

孔子于研究"易"哲学时，因阴阳二气之于时间上变化继起，遂知左右现象界之自然的理法，于是遂悟天道为生生的，为宇宙之根本原理，而说其理想上之天。故天自"理"之一面观之，乃无意识的理法之活动；自"情"之一面观之，则有意志而管辖一切万有者也。夫子实混此两方面而言之。故于知识上言之，则现象界有因果律以规定一切，是为自然之理法。又宇宙之根原虽为天道，然人间之意志亦不能完全自由。故自感情上言之，则所谓［王］（天）者不过一种之命法。然苟遵道而行，而为所当为，不为其所不当为，则于道德自身中有一种之快乐。故当顺道理，尽人力，若不可能，则安其分。是以知孔子非自由意志论者，又非执极端之宿命说者，而为执其中庸之有命说，所谓任天主义是也。

孔子"天"之观念如此。又主能（按，此字衍）人间理性之为先天的物，即自客观上观之则为天道，而自主观上言之，则吾理性也。自致知格物而穷物理，广修自己心以去私欲，而逍遥于无我、自然、绝对、无差别之理想界，是为其天人合一之观念，即绝对的仁是也。是实为孔子伦理说之渊源。欲达此境，必积长年月之修养，非有大理会力与大德行者不能达也。故不详言此高远之学理，而但说人人所能行之实践道德也。

孔子从"天"之观念演绎而得"仁"，其发现于社会的为忠恕。一贯普遍之仁，其内容有义礼［孝智］（智孝）弟忠信等，又知仁勇等狭义之仁，亦为此一部分。普遍之仁，为包括一切诸德之全称抽象的大概念也。故此德虽不变，至其内容则因时与地与人而异其德，是亦为孔子明进化之理，故不与"仁"以一定之定义之证，亦为孔子说法之机变巧妙之处也。

孔子以达其大理想之仁，即"止于至善"为目的，然而不能人人达之，故先说达之之法，即直觉、中庸、克己、忠恕等是也。

直觉说乃（不）据理性而判断者，然孔子具之。中庸说则以情为本，以理调和之，养成无过不及之中庸的良心。其表出于社会也，则为礼，一切行动云为皆以是为标准。毕竟所谓中行、中庸者皆谓知行之融和也。又说［自］（因）时地与人，而道德有权变，故不能于数量上论断之。夫子之温和浑厚，而其行无不中节，职由斯说。克己说为克私欲以复礼，而至于仁之励精严肃主义。忠恕说则由博爱及同情以达普遍之仁者也。

是社会的仁而包括一切诸［说］（德）者也，此绝对的之［观］（仁）之德。而特别之仁，则为知、勇、克己、中庸、敏、俭等。对于家族，则为孝弟、慈严、夫妇之礼、兄姊之友爱等。对于社会国家，则为礼、义、忠、信、直、宽、惠、温、良、恭、让等。礼义亦通于家族，为此数者中最大者。又此中最重者，为关于家族、君臣、朋友之德，换言之，即君臣、父子、夫妇、昆弟、朋友五伦，而孝弟又为是一切之根本。对自己之德与对他人之德，相关而并行之。是即孔子之形而上学与伦理说之大要也。

孔子教育之目的有二：一、锻炼道德的意志，以完全人格，即道德当一以身体之。［道］（一），又当为有为之政治家，出而治平国家。故一以道（德）为目的，一以政治为目的。孔子之观此二者，毫无差异。故曰："天下有道则见，无道则隐。"（按，《泰伯》）其教授法因人材之高下以为问答，使以自己之力勉学，是即开发教授也。而其教育之宗旨，德育最重，知育不过供给成德之智识。至于体育,则使弟子学习射御各科是也。

政治,在参酌先王之制度,以礼乐治天下,是为德教政治。政与刑则所以处治破坏德育者。政体,为君主封建制。君主独有大权,然须备至仁之德以统御一切,举贤能而使当治国之任,以礼保持社会国家之秩序。臣当守义,服事于君。在家,则为父子、夫妇、兄弟;在社会,则为朋友。皆当修德。自家族以及天下,此所谓德教政治也。

孔子之人生观,在明道理、尽吾力,而躬践道德,至其终极,则以信天命为安心之地,故超然不为生死穷达富贵利害得丧所羁束。是主义虽甚高洁,然一不慎,则流于保守、退步、极端之宿命说,此则于今日进化之理法上决不能许者也。

东方伦理之缺点,在详言卑对于尊之道,而不详言尊对于卑之道,以是足知家长制度之严峻专制,而其抑制女子则尤甚。故女子之德多有压制过酷者。此实由于男尊女卑,封建专制之习惯使然也,而今日不得不改正之也。

以上全论述孔子之学说,今当就孔子人物一言以结之。

吾人所最惊叹者,则为孔子感化之力伟大,及其说法之巧妙也。盖夫子之德,圆满无缺。其言为春风和气,蔼然可亲,故虽疏野傲慢之人,亦无不被其感化,而化为沈著温厚者,如子路是也。

孔子人物之伟大,道德之完全,虽更无待细说,然孔子又忠实之尊王、爱国、慷慨家也。孔子见周末封建政体之败坏紊乱,诸侯之僭乱悖逆,蔑视君上,杀伐攻略无有宁日,乃与其徒游说四方,期再兴王室,一复西周之盛。故孔子政治的思想常在周公,故曰:"我不复梦见周公。"又曰:"如有用我者,吾其为东周乎!"等语。又曰:"天下有道,则礼乐征伐自天子出。天下无道,则礼乐征伐自诸侯出。"(按,《季氏》)其忠愤热诚溢于言表。惟以时运衰颓,究非人力所及,故虽大圣如孔子,亦终不能达其意,终身流离困厄,备尝艰苦,不能行其德。故其激越之言曰:"道不行,乘桴浮于海。"(按,《公冶长》)又曰:"女奚不曰:其为人也,发愤忘食,乐以忘忧,不知老之将至?"(按,《述而》)

呜呼!是何等悲壮感愤乎!天何以不眷此大圣人?何故不用大圣人以整理国家?天乎!人乎!吾人不得不怪人间之命运果无定也。嗟时代之衰微,叹人心之腐败,乱臣贼子横行于世,滔滔者天下皆是也。于是既不能以个人之力挽回天运,退而作《春秋》,大义炳耀,使千秋万岁乱臣贼子肝胆俱寒。又为学不厌,教人不倦,谆谆熏陶子弟,悠然有余裕。信命而任天,故不怨天,不尤人,以终其天年。故孟轲赞夫子曰:"自生民以来,未有如(按,此字衍)夫子!"(按,《孟子·公孙丑》)非溢美之言也。

孟子之学说

第一章　传及其著书

孟子之生卒年月，古来诸说纷纷不定。第一，以孟子自言"君子之泽五世而斩，小人之泽五世而斩，予未得为孔子徒也，予私淑诸人也"（按，《离娄》下）观之，则其不及子思之门可知。《史记·列传》曰"受业于子思之门人"是也。蔡孔沂《孟子年谱》定孟子之生年月日，为周烈王四年己酉四月二日，即去孔子之卒一百零七年也。

孟子邹人也，名轲，字子舆。幼受母教，长而受业于子思之门人。道既通，适魏，惠王不能用。事齐宣王，位在三卿之中，说宣王以仁政王天下。时天下方合从连横，以攻伐为贤，孟子乃述唐虞三代之德，人皆以为迂远而阔于事情，不遇而去。曰："夫天未欲平治天下也，如欲平治天下，当今之世，舍我其谁也！"（按，《公孙丑》下）访滕文公，文公当世之贤君，其信孟子亦最笃，然以国小，不能行其志。

孟子与苏、张同时游于诸侯之间，而其所说则冰炭不相容，视苏、张之徒如豚犬耳。"景春曰：'公孙衍、张仪岂不诚大丈夫哉！一怒而诸侯惧，安居而天下息。'孟子曰：'是焉得为大丈夫乎！子未学礼乎？丈夫之冠也，父命之。女子之嫁也，母命之，往送之门，戒之曰："往之女家，必敬必戒，无违夫子！"以顺为正者，妾妇之道也。居天下之广居，立天下之正位，行天下之大道，得志，与民由之，不得志，独行其道。富贵不能淫，贫贱不能移，威武不能屈：此之谓大丈夫！'"（按，《滕文公》下）当天下混乱之时，以正自持，屹然而不动，足以想见其有豪杰之风。孟子之名声既洽于诸侯，四方之士相与谈论者颇多。淳于髡责孟子以"援天下"，与告子论性尤盛。孟子既不遇时，往来宋、鲁、滕、薛之间，不得行道之地，乃以阐明孔子之教、排斥杨墨之徒为己任，曰："能言距杨、墨者，圣人之徒也。"（按，《滕文公》下）孟子之卒，一曰周赧王二十六年正月十五日，然则距烈王四年之生，八十四年矣。

第二章　本论

第一节　人之性善也

（一）孟子之继承子思之学说，决无可疑者。孟子曰："悦亲有道，反身不诚，不悦乎亲矣。诚身有道，不明乎善，不诚其身矣。是故诚者天之道也；思诚者人之道也。至诚而不动者，未之有也；不诚未有能动者也。"（按，《离娄》上）此与《中庸》之文正同。《中庸》第二十章，曰："顺乎亲有道，反诸身不诚，不顺乎亲矣。诚身有道，不明乎善，不诚乎身矣。诚者，天之道也；诚之者，人之道也。"孟子又曰："尽其心者，知其性也，知其性则知天矣。存其心，养其性，所以事天也。"（按，《尽心》上）又曰："万物皆备于我矣，反身而诚，乐莫大焉。"（按，《尽心》上）皆谓人之性即天之性也。而《中庸》亦云："唯天下至诚为能尽其性，能尽其性则能尽人之性；能尽人之性则能尽物之性；能尽物之性则可以赞天地之化育；可以赞天地之化育，则可以与天地参矣。"亦谓天之性与人之性一，即与孟子之言，其所归，一也。孟子曰："动容周旋中礼者，盛德之至也。"（按，《尽心》下）此与《中庸》所谓"诚者不勉而中，不思而得，从容中道，圣人也"，其意正同。由是观之，则《史记》谓孟子"受业于子思之门人"，非无据之言也。即孟子与子思同以"诚"为人之性。然"诚"者何？毕竟谓伦理的法则之渊源耳。伦理的法则，社会之所谓善也，故孟子从师说而断人性为善。

（二）孟子不但用演绎法以证人性之善，又以归纳法证明之，即于经验上证人性之善，曰："今人乍见孺子将入于井，皆有怵惕恻隐之心，非所以内交于孺子之父母也，非所以要誉于乡党朋友也，非恶其声而然也。由是观之，无恻隐之心非人也，无羞恶之心非人也，无辞让之心非人也，无是非之心非人也。"此世俗之所谓人情，而孟子名之曰："不忍人之心。"更进而论之曰："恻隐之心，仁之端也；羞恶之心，义之端也；辞让之心，礼之端也；是非之心，智之端也。人之有是四端也，犹其有四体也。"（按，《公孙丑》上）即谓仁义礼智四者，人先天中所具有也。故曰："万物皆备于我矣。""物"者非谓具体的物象，而谓伦理的法则也。高诱《淮南子》注曰："物，犹事也。"即孟子先天良心论者也。曰："人之所不学而能者其良能也，所不虑而知者其良知也。孩提之童无不知爱其亲者，及其长也，无不知敬其

兄也。亲亲，仁也；敬长，义也。无他，达之天下也。"（按，《尽心》上）

第二节　欲

如此立论，于是孟子之说又不得不与子思生同一之矛盾。夫人性固善，然人类日常之行动，何以往往逸于伦理之轨范乎？天下之变乱纷纷不已，非证明此事实乎？若此等变化之根柢不在吾人之心性上，则社会的现象何以有此方面乎？孟子亦认之，曰："山径之蹊间，介然用之而成路，为间不用，则茅塞之矣。"（按，《尽心》下）其意以为人性虽善，然有蔽之者，则不能发挥其善。然则所以蔽之者何？曰：欲也。故曰："养心莫善于寡欲。其为人也寡欲，虽有不存焉者寡矣；其为人也多欲，虽有存焉者寡矣。"（按，《尽心》下）然孟子自其先天良心论观之，（一）以欲为比良心，非根本的。（二）以欲虽有蔽善之消极的性质，而无现于行动之积极的性质者也。荀子则不然，以欲为积极的性质，而伦理之法则不过制抑之之消极的作用耳。

第三节　修身论

至此，吾人得知修为之为何。吾人之修为毕竟在发挥我本心之善耳。苟能发挥之，则凡人化而为圣人。此发挥之之方法，在养"浩然之气"。所谓"浩然之气"，善化之意志也。能陶冶意志而与性之善融合，则谓之曰"浩然之气"。然性绝对、无限也，故此气亦不可不绝对、无限。故曰："其为气也，至大至刚，以直养而无害，则塞于天地之间。其为气也，配义与道，无是，馁也。是集义所生者，非义袭而取之也。行有不慊于心，则馁矣。"（按，《公孙丑》上）孟子又用牛山之喻，曰：

> 牛山之木尝美矣。……此岂山之性也哉？虽存乎人者，岂无仁义之心哉？其所以放其良心者，亦犹斧斤之于木也。旦旦而伐之，可以为美乎？其日夜之所息，平旦之气，其好恶与人相近也者几希。则其旦昼之所为，有梏亡之矣。梏之反复，则其夜气不足以存。夜气不足以存，则其违禽兽不远矣。人见其禽兽也，而以为未尝有才焉者，是岂人之情也哉！（按，《告子》上）

此言本心之自发的活动者，以为人心之向善，如木之萌蘖，待时而出。然若多行不善，则不能发之。虽不能发，然其势滋生而不已。何以知之？曰：今人睡醒，目未见恶色，耳未闻恶声，恍然独坐，当是时，精神洒落如冰释，所谓"夜气"也。扩而充之，则自无不善。故曰："苟得其养，无物不长；苟失其养，无物不消。"孟子又认发挥本心之困难，故曰："一日暴之，十日寒之，未有能生者也。"（按，《告子》上）要之，其全体之说皆立于性、欲二元论之上者也。

第四节 政治论

个人之精神，社会现象之渊源也。然个人之精神之焦点则在其生活之欲望，衣食住之欲望即是也。人类为满足此欲望而活动者也，不达此欲，则如伦理何？管子曰："仓廪食而知礼节，衣食足而知荣辱。"故希求衣食之欲，与尊重伦理之念，人间精神之两极端也。两者之中不能全其一而禁其他。孟子曰："无恒产而有恒心者，惟士为能。若民则无恒产，因无恒心。"（按，《梁惠王》上）而欲使有恒心，必先制民之产，故又曰："是故明君制民之产，必使仰足以事父母，俯足以畜妻子，乐岁终身饱，凶年免于死亡，然后驱而之善，故民之从之也轻。"

然则"制民之产"之道如何？举其主要者如左：（一）勿夺民时；（二）设数罟斧斤之禁；（三）应人口而颁土地；（四）轻赋敛。此其大纲也。然孟子又知行政机关之运转，必不可不征相当之租税，故白圭欲二十而取一，孟子以为非尧舜之道：

……孟子曰："子之道，貊道也。万室之国，一人陶，则可乎？"曰："不可，器不足用也。"曰："夫貊，五谷不生，惟黍生之，无城郭宫室宗庙祭祀之礼，无诸侯币帛饔飧，无百官有司：故二十取一而足也。今居中国，去人伦，无君子，如之何其可也！"（按，《告子》下）

而所以行如此之政治者，不忍人之心之发现也。曰："人皆有不忍人之心。先王有不忍人之心，斯有不忍人之政矣。以不忍人之心行不忍人之政，治天下可运［诸］（之）掌上。"（按，《公孙丑》上）故孟子之政治说得约之如左：（一）不忍人之心；（二）不忍人之政。［右］（盖）以人类生活之欲为根柢而出发者，于此生欲之满足后，始修礼讲乐，以发挥彝伦，以复其本心之善也。

第三章 结论

　　以上所论述,孟子所极力主张者,所谓孟子之本领也。于一面主张人性之善,一面主张生欲之必然。甲,伦理上之假定;乙,政治上之假定也。此外有所谓欲者,乃与善性相对立,而妨碍其发现。"生欲"与"欲":一必然的,一偶然的也。偶然之欲可制,必然之生欲不可制。故生欲之横溢者即欲也。故善与欲可视为心理上之二元。生欲之胜者常人,而善性之胜者士人也。此孟子学说之系统也。

莎士比(亚)传

维廉·莎士比（William Shakespeare）（今译莎士比亚，1564—1616，英国剧作家、大诗人），以一五六四年四月二十三日（？）生于卫伊克州爱浑河侧斯特拉特村。其父名约翰·莎士比，母名马利亚丁，均中等社会以下人也。莎士比幼时诸事，人无知之者，惟据传说，则彼不过于斯特拉特某学校中尝受初等教育。同时剧诗家约翰孙评之曰："彼不甚解拉丁语，然所解之希腊语则更少。"然约翰孙虽为当时有数之博学家，但好自尊而贬人，故彼虽贬莎士比为浅学，然莎士比果浅学与否，殊不敢断。据近人之所考，则莎士比学识之博大，足以其所通之诸国语证之。至其所用之语数，通例虽以为一万五千言，然霍尔顿则以为二万四千言。今姑不论其为一万五千言或二万四千言，要之皆较密尔登（今译弥尔顿）多数千言（密尔登所用之语数或云八千言或言一万七千言）。据此则莎士比学识之宏大可知矣。

莎士比于十九岁时完婚，其妇名安哈查，长于莎氏七岁，娶后七月产一女。尔后一二年中，在斯特拉特，或云是时莎氏助其父从事于羊毛商。后莎氏迫于生事，兼欲营独立之计，故始至首都伦敦。按，一千五百八十五年，莎氏既至伦敦，据云最初执贱业于梨园，或云习作俳优，均不详。其后数年，莎氏之名渐显，为俳优中不可少之人物，与当时名作家格林（按，1558—1592）、马罗（今译马娄，1564—1593）等相抗衡。其所交游为爱查克斯、塞姆布顿、卡路克等，或为权门贵绅，或为文坛名士。据最近所考，则莎氏当与此诸人交游时，不独为诸人所尊敬，且为诸人所深爱。如彼约翰孙氏于莎氏身后评莎氏曰："予之爱彼，至今犹然。彼才既跌宕，又思想深微，想象浓郁，词藻温文，更助以敏妙之笔，于是其文遂如长江大河，一泻千里，不可抑制。盖彼之机才，实彼之性命，若稍加以抑制，与夺其性命无异。若以其所长补其所短，亦复充足而有余也。"云云。又，当时人士之尊莎氏也，至称 Gentle Shakespeare，则莎氏性情之温厚闲雅，可想而知。

一五九三年，莎氏之初作 Venus and Adonis（今译《维纳斯与阿都尼》）出版，翌年 Lucrese（今译《鲁克丽丝受辱记》）出。自是以往，续出不已，至其死后，计有三十七篇之多。莎氏因此致富，为数剧部主。一五九七年，复于斯特拉特购别庄，名曰纽布赖斯，未几即移居其中，或云在一六一二年时。莎氏移居后十二年，即一六一六年四月二十三日，遂殁，享年五十四。有子三人，男一女二。

莎氏之诸作，当莎氏生时，多未经其允许，遂出版，故其中错误舛谬，在在俱是，几不堪卒读。今日所传诸版中，则以福利亚版为最佳。福利亚版为莎氏殁后七年，其友人等所校正之版，故诸版中是版最可信。其后一六三二年第二福利亚版出，一六六四年第三福利亚版出，一六八五年第四福利亚版出，然而均不若第一福利亚版善。例如第二福利亚版所订证之莎氏生平，多半臆测。第三福利亚版，除原有诸作外，更附载七［编］（篇）。其中除 Pericles 略似莎氏所作外，其余诸篇之真伪，至今尚无定论。七篇之名曰 Pericles、《伦敦奢人》《大麦斯传》《沙约翰传》《清净教寡妇》《洛克林悲剧》《约夏悲剧》是也。

莎氏专意著作之时期，自一五九〇年（或云一五八八年）至一六一二年之间，凡二十余年。自一六〇〇年以后，专意著悲剧，置史剧喜剧等不作。故莎氏之著作可分前后二大期，更分为四小期。第一期自一千五百九十年至一千五百九十六年，是所谓修业期。第二期自一千五百九十五、六年，至一千六百年或一千六百〇一年，是为作史剧及喜剧之时也。第三期自一千六百〇一年至一千六百〇八年，为作深刻之喜剧及宏大之悲剧时。第四期自一千六百〇八年至一千六百十一、二年，是期专作悲喜调和之传奇剧。

第一期时，作者始习作剧，年约二十四五，其进步极速，实令人可惊。是时所作多主翻案改作，纯以轻妙胜。

第一期中之诸作，作者尚未谙世故时之作也，故与实际隔膜，偏于理想，而不甚自然。至第二期时，作者渐谙世故，知人情，其想象亦届实际。是时专作史剧，依其经验之结果，故不自理想界而自实际界，得许多剧诗之材料。是期中所作，大抵雄浑劲拔也。

第二期之末，莎氏因自身之经验，人生之不幸，盖莎氏是时既失其儿，复丧其父，于是将胸中所郁，尽泄诸文字中，始离人生表面，而一探人生之究竟。故是时之作，均沉痛悲激。

其后沉痛悲激之波，至第四期而渐定。作者经此波澜后，大有所悟，其胸襟更阔大而沉著。于是一面与世相接，一面超然世外，即自理想之光明，知世间哀欢之无别，又立于理想界之绝顶，以静观人海之荣辱波澜。故第四期诸作，足觇作者之人生观。是等诸作均诲人以养成坚忍不拔之精神，以保持心之平和，见人之过误则宽容之，恕宥之；于己之过误，则严责之，悔改之，更向圆满之境界中而精进不怠。是时之莎氏，宛如彼所作之传奇剧《飓引》（今译《暴风雨》）中之泡司柏鲁其人也。盖莎氏晚年诸作，均含有一种不可思议之魔力，以左右人世。今将所作列表于下。

剧诗

Titus Andronicus（今译《泰特斯·安德洛尼克斯》）自一五八八年至一五九〇年之间

Henry VI 1.（今译《亨利六世》一）自一五九〇年至一五九三年之间

以上为改作时代之作

Love's Labour's Lost（今译《爱的徒劳》）一五九〇年

Comedy of Errors 闽县林纾译作《孪误》（今译《错误的喜剧》）一五九一年

Two Gentlemen of Verona 林译《情惑》（今译《维洛那二绅士》）自一五九二年至一五九三年之间

Midsummer-night's Dream 林译《仙狯》（今译《仲夏夜之梦》）自一五九〇年至一五九四年之间

以上为初年之喜剧

Henry VI 2.3.（今译《亨利六世》二、三）自一五九一年至一五九六年之间

Richard III（今译《理查三世》）一五九三年

以上为初年之史剧

Romeo and Juliet 林译《铸情》（今译《罗密欧与朱丽叶》）一五九一年或云自一五九六年至一五九七年之间

以上为初年之悲剧

Richard II（今译《理查二世》）一五九四年

King John（今译《约翰王》）一五九五年

是为中年之史剧

(The) Merchant of Venice 林译《肉券》（今译《威尼斯商人》）一五九六年

是为中年之喜剧

Henry IV 1.2.（今译《亨利四世》一、二）自一五九七年至一五九八年之间

Henry V（今译《亨利五世》）一五九九年

以上为晚年之史剧

(The) Taming of the Shrew 林译《驯悍》（今译《驯悍记》）一五九七年

(The) Merry Wives of Windsor（今译《温莎的风流娘儿们》）一五九八年

Much Ado about Nothing 林译《礼哄》（今译《无事生非》）一五九八年

As you like it 林译《林集》（今译《皆大欢喜》）一五九九年

Twelfth Night 林译《婚诡》（今译《第十二夜》）自一六〇〇年至一六〇一年之间

All's Well that Ends Well 林译《医谐》（今译《终成眷属》）自一六〇一年至一六〇二年之间

Measure for Measure 林译《狱配》（今译《一报还一报》）一六〇三年

Troilus and Cressida（今译《特洛伊罗斯与克瑞西达》）一六〇三年或云一六〇七年改订

以上为晚年之喜剧

Julius Caesar（今译《尤利乌斯·恺撒》）一六〇一年

Hamlet 林译《鬼诏》（今译《哈姆莱特》）一六〇二年

以上为中年之悲剧

Othello 林译《黑瞀》(今译《奥瑟罗》) 一六〇四年

King Lear 林译《女变》(今译《李尔王》) 一六〇五年

Macbeth 林译《蛊征》(今译《麦克白》) 一六〇六年

Antony and Cleopatra (今译《安东尼与克莉奥佩特拉》) 一六〇七年

Coriolanus (今译《科利奥兰纳斯》) 一六〇八年

Timon of Athens 林译《仇金》(今译《雅典的泰门》) 自一六〇七年至一六〇八年之间

以上为晚年之悲剧

Pericles 林译《神合》(今译《泰尔亲王佩里克利斯》) 一六〇八年

Cymbeline 林译《环证》(今译《辛白林》) 一六〇九年

(The) Tempest 林译《飓引》(今译《暴风雨》) 一六一〇年

(The) Winter's Tale 林译《珠还》(今译《冬天的故事》) 自一六一〇年至一六一一年之间

以上为传奇剧

Two Noble Ringmen (今译《两个高贵的亲戚》) 一六一二年

Henry VIII（今译《亨利八世》）自一六一二年至一六一三年之间

以上断篇

叙事及抒情之诗

　　Venus and Adonis（今译《维纳斯与阿都尼》）一五九二年（？）
　　Lucrese（今译《鲁克丽丝受辱记》）自一五九三年至一五九四年之间
　　Sonnets（短歌集）（今译《十四行诗》）自一五九五年至一六〇五年之间

　　是表中之《鬼诏》《黑督》《蛊征》《女变》等四篇，通例称为"四大悲剧"。此外至少尚有十篇左右，均为莎氏杰作。盖惟此四篇实不足以窥此大诗人之蕴奥。如巴德森氏之评《鬼诏》曰："人知此篇者极多，而读此篇者极少。"莎氏之一切著作，无一不可作如是观也。彼略读莎氏著作者，岂能知莎氏乎？盖莎氏之文字，愈咀嚼，则其味愈深，愈觉其幽微玄妙。又加拉儿氏曰："人十岁而嗜莎士比，至七十岁而其趣味犹不衰。"盖莎士比文字，犹如江海，愈求之，愈觉深广。故凡自彼壮年所作之短歌集，以求其真意者，或据一二口碑以求莎氏之为人，或据一己之见以解释其著作，皆失败也。当知莎氏与彼主观的诗人不同，其所著作，皆描写客观之自然与客观之人间，以超绝之思,无我之笔,而写世界之一切事物者也。所作虽仅三十余篇,然而世界中所有之离合悲欢,恐怖烦恼,以及种种性格等,殆无不包诸其中。故莎士比者,可谓为"第二之自然""第二之造物"也。

英国大诗人白衣龙(拜伦)小传

白衣龙(G.G.L.Byron)(今译拜伦),以一千七百八十八年生于英京伦敦。父名约翰,尝诱人之妇偕亡,后复虐遇之,夺其资,终客死异地,盖一无赖子也。母名加查林戈登,禀性奇矫,不下于夫,执拗多感,爱憎无常,激之则若发狂,尝寸裂己之衣履。后为夫所弃,因抱子走阿斑丁州。自是以往,数年间所入仅足维持其母子之命。白衣龙即育诸其母之手者,故其闲雅端丽之姿,与不羁多感之性,亦略似其母。又其母子间亦常不相能。其母盛怒时,不论何物,凡在手侧者,皆取以掷子。子愤极,每以小刀自拟其喉。故每当争论后,母子互相疑惧,均私走药肆中,问有来购毒药者否。其幼时之景况,盖如此也。

白衣龙十一岁时,其伯父乔琦因与亲族争一酒寮时,死于非命,于是白衣龙于意外得其遗产,并袭男爵。当白衣龙在小学校时,即此时也。白衣龙自幼性即亢傲,不肯居人下。故在小学中,一意读书,且好交游,不惜为友劳苦伤财。其后彼游意大利时,每岁用费四千镑,其中一千镑,专为友人费去。又其为人与唐旦(今译但丁,1265—1321,意大利诗人)相等,自幼即知恋爱,八岁时尝慕一少女,十二岁时慕其中表妹,至不能寝食云。

白氏在康伯利大学时,放纵不羁,蔑视校规,滥读书籍,而尤嗜东方历史及游记等书。一千八百七年,白衣龙年十九岁,将其在学校中所作之小诗，缀为一册，公于世。题之曰《闲日月》（Hours of Idleness）。既出版后，爱丁堡之杂志曰《爱丁堡评论》者，评之过酷。白衣龙于是大怒，于一千八百九年著一书，曰《英格兰之诗人与苏格兰之批评家》，嘲詈爱丁堡杂志之记者及当时之文士。是年思漫游大陆，欲一观西班牙、希腊、土耳其及东方各国之风俗山水奇事异闻人情等，以为著《查哀尔特·哈罗德漫游记》（今译《恰尔德·哈罗德游记》）（Childe Harold's Pilgrimage）之预备，是篇为其一生中最鸿大之著作。其后果漫游大陆，但仍不忘其失恋之苦痛，于是厌世之心与愤世之念渐生。哈罗德漫游中之主人，盖隐然一白衣龙之小影也。一千八百十一年归国，《哈罗德漫游记》之首二篇出版，世人始知其才，竞艳称之，于是白衣龙之诗名大振，一跃而为伦敦骚坛之山斗。虽当时之诗宗如司葛德者，亦几瞠乎其后矣。

白衣龙既占骚坛之首席，于交际场中，亦大擅盛名，如是者凡三年。其时曾被举为上议院议员，综计前后三年中，彼在上议院中仅仅演说三次，余时皆酒色征逐，般乐以遨，卜昼不足，继以夜月，且往往通宵不寐，惟以痛饮为事。是时著《不信者》（今译《异教徒》）（The Giaour）、《阿彼得之新妇》（The Bride of Abydos）、《海贼》（The Corsair）、《赖拉》（Lara）等篇。一千八百十五年，年二十五岁，始娶妇。妇惊其行为无律，以为狂人，因召医士诊之，无疾，愈惊，遂请去，于是离婚。是时去其结婚时适一年也。既离婚后，白衣龙大受世议，多詈之为无行小人，盖不知离婚之故，在妇而不在白衣龙也。白衣龙既为世所轻，愤甚，乃著《苛林斯之围》（The Siege of Carinth）、《巴黎［人］（西纳）》（Parisina）等篇。复去伦敦，漫游大陆，至瑞士、希腊、意大利等诸邦,复肆口痛詈英国之宗教道德政治等之卑劣,以泄其郁怒。是时渐耽酒色,悖理之行渐多。当居于塞纳亚时,复著《哈罗德漫游记》第三篇,于是《哈罗德漫游记》全卷终。此外更著有《芝龙之囚人》(The Prisoner of Chillon)、《曼夫雷特》(Manfred)等。一千八百十八年至一千八百二十一年,此数年往来于塞纳亚、雅典二地,其行愈荡佚,著《丹鸠恩》(今译《唐璜》)(Don Juan)之前五篇及悲剧数篇。

白衣龙文思素捷,其著《海贼》也,十日而脱稿,著《阿彼得之新妇》也,四日而告成。当时文士罕有能与比伦者。然彼素不喜诗歌,轻视美文,诋毁文士,即于其己之所作亦然。彼之言曰:"若天假吾以十年,吾必令世人见吾作诗以外之本领。"未几,希腊独立军起,白衣龙大喜,航海投之,竭力助其事。未几,病痁,遂卒,未竟其志,亦可哀也!卒时年方三十七岁,其亡日为一千八百二十四年四月十九日也。后归葬于故里。

白衣龙之为人,实一纯粹之抒情诗人,即所谓"主观的诗人"是也。其胸襟甚狭,无忍耐力自制力,每有所愤,辄将其所郁之于心者泄之于诗。故阿恼德(今译阿诺德,1822—1888,英国诗人)评之曰:"白氏之诗非如他人之诗,先生种子于腹中,而渐渐成长,乃非成一全体而发生者也。故于此点尚缺美术家之资格。彼又素乏自制之能力,其诗皆为免胸中之苦痛而作者,故其郁勃之气,悲激之情,能栩栩于诗歌中。"此评实能得白衣龙之真像。盖白衣龙非文弱诗人,而热血男子也,既不慊于世,于是厌世怨世,继之以詈世;既詈世矣,世复报复之,于是愈激愈怒,愈怒愈激,以一身与世界战。夫强于情者,为主观诗人之常态,但若是之甚者,白衣龙一人而已。盖白衣龙处此之时,欲笑不能，乃化为哭，欲哭不得，乃变为怒，愈怒愈滥，愈滥愈甚，此白衣龙强情过甚之所致也。实则其情为无智之情，其智复不足以统属其情而已耳。格代（今译歌德）之言曰："彼愚殊甚，其反省力适如婴儿。"盖谓其无分别力也。彼与世之冲突非理想与实在之冲突，乃己意与世习之冲突。又其嗜好亦甚杂复。少年时喜圣书，不喜可信之《新约》，而爱怪诞之《旧约》。其多情不过为情欲之情，毫无高尚之审美情及宗教情。然其热诚则不可诬，故其言虽如狂如痴，实则皆自其心肺中流露出者也。又阿恼德之言曰："白衣龙无技术家连缀事件发展性格之技俩，惟能将其身历目睹者笔之于书耳。"是则极言其无创作力，惟能敷衍其见闻而已。观诸白衣龙自己之言则益信，其言曰："予若无经验为基础，则何物亦不能作。"故彼之著作中人物，无论何人，皆同一性格，不能出其阅历之范围者也。

英国小说家斯提逢孙(斯蒂文森)传

　　过南洋极端之萨摩阿岛,有阿皮阿山,赫然高耸。登其顶,则远望太平洋之浩渺,水天一色之际,遥闻海潮之乐音;近而有椰子之深林,掩蔽天日,中藏一墓,华表尚新。呜呼!是为谁?是非罗巴脱·路易·斯提逢孙(今译斯蒂文森,1850—1894)之永眠地耶?

　　斯提逢孙(B.R.L.Stevenson),英国近代小说家中之最有特色者也。以一八五〇年生于爱丁巴拉(今译爱丁堡)。父脱马士·斯[低](提)逢孙,有名之机关师也。斯氏生而羸弱,病而濒死者屡。既卒业爱丁巴拉大学,暂助父业,后修法律。然每感物激情,耽艺术而厌俗事,慕古人之称雄于文坛,窃自期许。年二十三四,初作论文数首,虽辞旨稍散漫,然飘逸之气,清新之笔,自不凡矣。

　　常多疾苦,无以自遣,乃从事漫游。先至苏格兰,睹明媚之山水,以洗诗肠,更越海峡,入法兰西,逍遥于芬丁普罗之森林,其地距巴黎南十里,乔木蔽空,幽邃无比。斯氏于此养疴,偶觏一粲者,眷之,是为阿斯本夫人,美国女子也。既而病渐可。乃执笔作 *An Island Voyage*(今译《内河航程》)(一八七八),又续作 *Travels with a Donkey*(今译《驴背旅程》)(一八七九),以精细之笔,写[研](妍)妙之思。每读一过,如观巧妙田园画家之妙笔也。后者为 Cóvennes 之谈。斯氏每观事物，全用哲学者之眼，而以滑稽流出之，如山间之涌出清泉，毫无不自然之处也。

时其文名犹未甚高。既归故乡，眷怀彼美，不堪其情。一八七九年夏，病方未痊，且远涉大西洋，向加尔福尼，途次，留于桑港旅邸，病颇危笃。翌春大愈，乃与阿斯本夫人结婚。一八八一年，集所作之论文出版：一曰 *Virginibus Puerisque*，一曰 *Familiar Studies of Men and Books*。前者乃论少年子女之事；后者则为随笔，记由哥之小说，诗人邦斯之容貌，及霍脱曼吉田松荫之事等。时其病已成慢性，乃避世，放浪于江湖者数年。其间日与笔墨为伍，遂成 *New Arabian Nights*（今译《新天方夜谭》）（一八八二），*Treasure Islands*（今译《金银岛》）（一八八三），诗集 *Child's Garden of Verses*（今译《儿童诗园》），*Prince Otto*，*The Dynamiter*（一八八五），*Dr.Jekyll and Mr.Hyde*（今译《化身博士》），*Kidnapped*（今译《绑架》）（一八八六），及 *The Merry Men*；诗集 *Underwoods*，*Memories and Portraits*（一八八七）等。名篇杰作，层出不穷，而斯氏之名遂大噪于文坛矣。此诸作中，以 *Treasure Islands* 为其得名之第一著作，青年之读物恐无出其右者。*Child's Garden* 为童蒙之诗，可与斐特来列之作比美。*New Arabian Nights* 则梦幻缥缈之神仙谈也，其续编曰 *The Dynamiter*，则为其夫妇之合作。

一八八七年，父没，斯氏乃携家，辞故国，移居纽约，息影萨巴那克湖畔，由是足不再踏阿比雍之滨。居二年，去美洲，浮太平洋，航游诸岛。是年（一八八八）*The Black Arrow*（今译《黑箭》）成，实其平生第一杰作也。其材取之中古历史，即描写蔷薇战争之事实者。全篇分五章。其叙述之始，谓某年之暮春，唐斯脱尔之村中，忽闻号钟乱鸣，村人乃各自田间来集，盖冒脱家将起兵也。诸勇士方话集时，忽有一矢自空飞来，中一老勇士阿普亚特之肩。一少年曰赛尔敦，为拔其矢，矢附黑羽，众以为不吉，盖以黑为丧服色也云云。其名 Black Arrow，职是故也。其所写如白衣覆面之人，如赛尔敦怒达尼尔之无节义，与之绝交，如萧阿比之战，森林之夜等，皆笔势有力，而辞句优美，情景如画，不可端倪也。

斯氏由此更航南洋，居布哇之火奴鲁鲁，成 Master of Ballantrac（今译《巴伦特雷的少爷》）及 Wrong Box 二书（一八八九）。前者为一种优美小说，后者则与阿斯本夫人合作，以想象之丰富著名。又去布哇，移摩洛开，终乃定居萨摩阿岛之阿皮阿山侧，卜法伊利马之地，建宏大居宅。暇则干涉岛中之政治，土人敬之如父。此时所作，论文则有 Across the Plains（一八九二），传奇则有 Catricna（今译《卡特林娜》），乃前举 Kidnapped 之后篇，有名作也。

此传奇前篇所述，谓克拉门傍爱脱利克之森林间，有一姓，兄弟二人。兄曰阿历山德巴福尔，弟曰普列奈查巴福尔，共眷一女子。终以是女寄心于兄，兄取之，弟则得其财产。阿历山德夫妇去故地，移居爱生几因之里，后生一子，曰迭非脱，即是书中之主人也。迭后失怙恃，栖身无所，乃从父之遗言，往依其叔父普列奈查。普卖之为奴。迭当乘船往加罗利那时，遭破船难，幸遇绅士曰斯求瓦特者，救之，二人遂相契，爰赴阿宾。途中几经辛苦，或漂流孤岛，或彷徨海岸，颇动人冒险思想，是前篇之梗概也。后篇则更饶兴味，历叙迭之种种冒险谈。当时批评家有谓斯科特（今译司各特）以来无此历史小说者。此外又有 Island Nights' Entertainments（今译《岛上夜谭》）（一八九三），中载太平洋之怪谈三篇。其他著作甚夥。

一八九四年十二月三日，日甫衔山，斯氏方登露台之上，携爱妻而眺暮景，喁喁相语，乃卒然倒地而卒。年仅四十五，遗言葬于阿皮阿之山巅。

以上乃其事实之一斑，兹更就其文艺论之。斯氏行文，极奇拔，极巧妙，极清新，诚独创之才，不许他人模效者也。彼最重文体，不轻下笔，篇中无一朦胧之句，下笔必雄浑华丽，字字生动，读之未有不击节者。所尤难者，彼能不藉女性之事物以为点染。自来作家惟恐其书之枯燥无味，必藉言情之事实，绮靡之文句，以挑拨读者之热情。斯氏不然，其文之动人也，全由其文章自然势力使然，可谓尽脱恒蹊矣。

其每作一书，想象甚高，着眼极锐，尤善变化无复笔。其自言曰："欲读者称快不绝，不勉试以种种之变化，不可得也。"故其所作，无不各有新性质。人方把卷时，皆作规则思想，及接读之，乃生例外，且例外之中更有例外，令人应接不遑焉。如结茅于山巅，开轩四望，则有海有峰，有花有木，忽朝忽夜，忽雨忽岚。又如观影灯之戏，忽火忽水，忽人忽屋，忽化而为风，忽消而为烟，令见者茫然自失。试观其 Dr. Jekyll and Mr. Hyde 与 Treasure Islands，曾有稍雷同乎？又观 Virginibus Puerisque 与 The New Arabian Nights，曾有一复笔乎？更读 Child's Garden of Verses，又安知其与 Prince Otto 为同出一手者耶？

世之作者，有专饰文字而理想平凡者，斯氏异是。文字之鲜艳华美，虽其天才之要素，然只足鼓舞人之优美感情而已，其价值不全在此。盖彼更能观察人生之全面，于人世悲忧之情，体贴最至。其一度下笔，能深入人间之胸奥，故其文字不独外形之美，且能穷人生真相，以唤起读者之同情，正如深夜中蜡炬之光，可照彻目前之万象也。

斯氏最注重之人生为少年时代，描写少年时爱情之真直，乃其最得意之笔也。哲姆斯氏曰：斯氏之所作，皆对少年为真挚之辩解者也。彼以简净高华之笔，写少年之热情，判断之，计量之，或观自外部，或怀之心中，竭所有之经验方法然后记载。一言以蔽之，彼于此点，实达极度之浑成艺术家也。

试就其诗集 Child's Garden（of Verses）观之，实可谓充分写幼儿之能力，描幼儿性格者矣。其见地全为乳母所具之人生观，天真烂漫，无一毫矜炫之气。全卷生气勃勃，强与印象。若使幼儿能执笔作文，则必与斯氏所作无二致。盖其观察之水平线，不出乳母部屋板床之上，而儿童之身长恰及此床故也。

斯氏既寄同情于少年，亦复尊敬女性，然其书中则决不写之。其所著之三十余篇中，有女子者，只某某二种而已，余则无之。其所以不写女性之故，盖以妇人无刚健之风，且女性又无至高文学之标准故也。彼谓有人于此，既挥刀而探地中之宝玉，何取乎女子之侍前耶？少年修养之时期，何必登结婚之坛上耶？云云，此皆彼不写女性之意见也。

斯氏固爱小儿之天真，喜少年之客气，而寄兴味于正真之人生者，则家族团圆之乐，女性之美，亦必为其所喜。且彼非亦致爱恋于其夫人耶？而所作则多避此，此吾人所不解也。彼视妇人不过为生长之少女，其少异者，心无邪气而已。其于 Island Voyage 中，曾就此事述如次：

A girl at school, in France, began to describe one of our regiments on parade to her French school-mates, and as she went on, she told me, the recollection grew so vivid, she became so proud to be the countrywoman of such soldiers, that her voice failed her and she burst into tears.I have never forgotten that girl ; and I think she very nearly deserves a statue.To call her a young lady, with all its niminy associations, would be to offer her an insult.She may rest assured of one thing ; although she never should marry a heroic general, never see any great or immediate result of her life, she will not have lived in vain for her native land.

彼又谓结婚者乃战争之野，而非蔷薇之床也，故不甚寄同情于此，可谓奇特之甚。其说如次：

There are no more bye-path meadows where you may innocently linger, but the road lies long and straight and dusty to the grave…You may think you had a conscience and believed in God ; but what is a conscience to wife ？ …To marry is to domesticate the Recording Angel : Once you are married, there is nothing left for you, not even suicide, but to be good…How then, in such an atmosphere of compromise, to keep honour bright and abstain from base capitulation ？ …The proper qualities of each sex are eternally surprising to the other.Between the

Latin and the Teuton races there are similar divergences, not to be bridged by the most liberal sympathy…It is better to face the fact and know, when you marry, that you take into your life a creature of equal if unlike frailties ; whose weak, human heart beats no more tunefully than yours.

云云，结婚果如此耶？女性果如此耶？读者所不得不失笑者也。恐斯氏任意为此论，非其确实之判断耳。

斯氏之于斯科特（今译司各特），实后先辉映者也。当十九世纪之初，斯科特生，著若干之历史及滑稽小说。及此世纪之终，苏格兰之山水复钟灵秀，而斯提逢孙出。彼对迭肯斯（今译狄更斯，1812—1870）、哈迭（今译哈代，1840—1928）等所据写实派之坚城，独高张新罗曼派之旗帜，与木利斯（今译莫里斯，1834—1896）、布拉克木阿、哈嘎特等相呼应，而自成一代之风尚焉。

氏之著作，其与他人异处，观其生涯中有二特殊事情，可知之矣。一为其少年时代，居山水明媚之城市间（爱丁巴拉）；一则其家世世以建海岸大灯台为职是也。氏之祖父叔父均为有名之灯台建设者。其家世之名誉随宏壮之赛利法阿塔灯，共其流传。至爱丁巴拉町则素为诗歌绘画及狂热奇行所出之渊薮。斯氏生于如此之土，如此之家，故早成一完全之海兰特人矣。彼著述中记故国之事者，虽不甚多，然亦不少，长篇中之 *Kidnapped*，短篇中之 *Thrawn Janet* 皆是。要之斯氏非苏国之苏国人，乃自由解放世界之苏国人也。

彼身体虽弱，然不健全之感情，于其诸作中，毫不现之。虽其书草于病床呻吟之间，然能快活有生气，笔无滞痕，娱生喜世之趣，到处见之，宁非一大奇耶？盖彼为一种之乐天家，不独爱人生，且亦知处之之道，故其作品皆表出秀美，成一种之幻想福音，有娱人生之趣味焉。

斯氏之作小说时，有一定主义，其为彼之生命者，自由是也。彼之作品，形式极非一律，其描写之现象甚多，其构想极奔放，而置道德于度外，随其想象，而一无拘束。故其所述，无非出海、说怪、行山、入岛、涉野、语仙、见鬼、逢蛮人而已。剑光闪处，必带血腥，美人来时，多成罪恶，或探宝于绝海之涯，或发见魔窟于五都之市，皆离其现实，而使人乘空想之云而去者也。而空想所至，不免荒唐不稽，遂置道德于度外矣。小说家之爱自由者往往如此，盖不如此则易落恒蹊也。

少拉（今译左拉，1841—1902，法国文学家）虽以自然派小说家名，其实则亦罗曼奇克之一派也。彼人不外以人间本来之性情，为劣等之欲望，故欲描出之，而写现社会之类型人物，至非现代社会人物之性格，则不写之，故仍非真实之自然派也。少拉因欲为罗曼奇克派，故不得不与其所为教义相离，斯氏则不必离之。盖斯氏之个人趣味，实以罗曼奇克为主义，而将追求之保持之故也。

勇士之谈，乃最易动青年之视线者，故斯氏恒出力描写之。然如 *Doctor Jekyll* 者，则非少年之读物，*Prince Otto* 亦然。相传作者于某年之夏，读佐治迈列几斯小说，玩赏之余，乃自作此，此为其诸作中之最偏于文学者，而非自然者也。

斯氏尝谓异常之事，乃人生之最良者，凡踌躇勇气决断情热好奇辩才友情等一切之美感情,皆包其中,如此高贵异常之传说,乃永久不灭者也,云云,亦可知作者之用心矣。

Doctor Jekyll and Mr.Hyde 之一篇,乃其全集中最有真面目之作也。或谓此作含有高远寓意,乃哲学之著述,虽不必尽然,然此作实说明人间高卑部分之关系,或为恶之渊源,意见真挚,固不疑也。卷中所述,为千古不变之道德问题,详言行善之难,为恶之易,实有功名教之作也。

要之,斯氏实十九世纪罗曼派之骁将,近代自然派之所以隆盛者,皆彼之功也。氏虽传斯科特之脉,然较彼仍有更上一步者,如就 Ballantrac 与 Kidnapped 观之,其性格之描写,为所享近代写实派影响之心理分析之笔,盖非迈列几斯等中所能有也。此又读者不可忽视者。

记者曰,英国之文学,至耶里撒王朝盛已。然处女王朝,亦多足与抗衡者,如诗歌小说,尤为十九世纪文学之特长,焕灿然之光,前古无比。就小说论之。自迭肯斯、萨加列(今译萨克雷,1811—1863)以来,典丽遒劲则有名媛夏罗脱·布伦贴(今译夏洛蒂·勃朗特,1816—1855),平和优美则有肯格斯列(今译金斯利,1819—1875),此外如脱罗罗普利特(今译特罗洛普,1815—1882)、科林斯(按,1824—1889)、嘎斯开尔(今译盖凯尔,1824—1889),均各有所长。而在诸家之中,独放异彩者,则斯提逢孙是也。其文学性质,虽不敢曰推倒一世,然自为新罗曼派之第一人,其笔致之雄浑,思想之变幻,近世作者中实罕其匹。呜呼!谓非一代之奇才耶!

附：本篇两段引文的译文如下：

在法国，一位女学生曾对她的法兰西同学们，开始描述在检阅中的我们的一个团；在这当中，她告诉我，记忆变得如此生动，她为自己成为这种军队的女同胞，而感到如此骄傲，以致她的声音也窒塞了，而她的泪水一刹涌出来了。我绝不会忘记那位姑娘；而且我想，她差不多配得上一座雕像。倘若称她为年轻的女士，由于这个称呼具有复杂的涵义，那将是给了她一种侮慢。有一件事她完全可以自信：尽管她从未想到要嫁给一位英勇的将军，从未看到她的生活的任何重大或直接的成果，但为了她的祖国，她将不会虚度一生。

侧道旁并无草地供你悠然漫步，而大道却是漫长的、笔直的、尘土飞扬的一直伸向墓地。……你可以想，你有一颗良心并且信仰上帝；可是一种对妻子的良心究竟是什么呢？……结婚无非就是使得那位专司人间善恶的天使驯服下来：一旦你结了婚，你将什么都不剩，甚至自杀都不能，只有听话。……那么在如此一种妥协的气氛中，如何保持住尊严，而摆脱卑鄙的投降呢？……两性中的一性，对异性来说，其本来的性质就永远是惊异。在拉丁民族与条顿民族之间，存在着类似的差异，即使用最慷慨的同情也无法使之沟通。……最好是面对实际并且懂得，当你结婚时，你就将一个具有相同或相异缺点的动物带进你的生活中；它的孱弱的人心奏出来的调子并不比你的更和谐些。

德国文豪格代（歌德）希尔列尔（席勒）合传

呜呼！活国民之思潮、新邦家之命运者，其文学乎！十八世纪中叶，有二伟人降生于德意志文坛，能使四海之内，千秋之后，想象其丰采，诵读其文章，若万星攒簇，璀璨之光逼射于眼帘，又若众浪搏击，砰訇之声震荡于耳际。翳何人？翳何人？曰格代（今译歌德），曰希尔列尔（今译席勒）。

言其年齿：则格代寿，希尔列尔夭。格代以一千七百四十九年八月二十八日，生于德国中部之弗兰克福特俺曼，以一千八百三十二年三月二十二日，卒于瓦摩尔，年八十四岁，体质康强。希尔列尔以一千七百五十九年十一月十日，生于德国南部之麦尔巴赫，一千八百五年五月九日，卒于瓦摩尔，年四十七岁，体质孱弱。

言其家世：则格代贵，希尔列尔贱。格代之父任宫中顾问官，其母则市长之女也。希尔列尔之父为军中外科医，其母则面肆之女也。

言其家庭教育：则格代之父性方严而尊秩序，其嫉恶也如鹰鹯；希尔列尔之父性豪迈而善决断，其赴义也如战士。格代之母性活泼，多才多艺，欢悦常满其胸襟；希尔列尔之母性温良，寡笑寡言，忧郁时溢于词色。

言乎身世：则格代一生，以平和与幸福联锁之，如高山之木，虽枝叶挫折而其根则蟠结坚固，匪风雨之能移；希尔列尔一生，以痛苦与危险环绕之，如深潭之水，虽波面澄莹，而其下则澎湃奔腾，任蛟龙之相斗。

格代得名早，希尔列尔得名迟。格代二十六岁既卒业于大学，公卿倒屐而相迎，妇孺闻名而知羡；希尔列尔年二十六岁，犹羁迟于旅舍，恃友以为衣食，逢人犹匿姓名。

格代之游踪几遍欧洲，常以瑞士、义大利之风月，供陶写性情之资；希尔列尔之足迹不出德国，独以突林根之山川，为凭吊形影之地。

格代先习法律，而后为诗人，其所好者为自然科学；希尔列尔先习医术而后为诗人，其所好者为历史及哲学。

格代，诗之大者也！如春回大地，冶万象于洪炉。读其诗者，恍见飞仙弄剑，天马脱衔。希尔列尔，诗之高者也！如身在高峰，等五洲于一点。读其诗者，但觉苍海龙吟，碧山猿啸。论其博大清超，希不如格；论其沉痛豪放，格不如希。

格代，感情的之人也，以抒情之作冠乎古今；希尔列尔，意志的之人也，以悲愤之篇鸣于宇宙。格代贵自然，希尔列尔重理想。格代长于咏女子之衷情，希尔列尔善于写男子之性格。格代则世界的，希尔列尔则国民的。格代之诗，诗人之诗也；希尔列尔之诗，预言者之诗也。

咄咄！二大诗人，其境遇，其阅历，其思想，其天分，乃各各不同如此！

英雄并世，常不相容，故格代、希尔列尔始为仇雠。一千七百八十九年，希尔列尔始至瓦摩尔，以《阴谋与恋爱》及

《彤加罗斯》(今译《堂卡洛斯》)之作，得名于时。诗人温兰德、海的尔之徒，盛礼以款接之。其时格代游义大利未归也。是年八月，格代诞辰，同人觞于其家之后园，以遥祝焉。希尔列尔亦致诗为贺，诗中虽盛赞格代，而实自鸣其抱负，隐然有"江东无我，卿当独步"之意。越月，希尔列尔游于卢德斯达特（地在瓦摩尔之南），适格代亦归乡，同人介之，见于波鲁威芝之宅。论者以为惟才人爱才人，二子之亲交必自此一见始矣。不图格代顾盼自豪，但纵谈游迹，而无一词及希尔列尔；希尔列尔亦意气自得，但巍坐一隅，而无一言语格代。其后希尔列尔应厄讷大学史学教习之聘，尝语于人曰："予之于格代，正如普路武斯之于该撒（今译恺撒，公元前101—前44，古罗马大将），格代欲不憎予而不能，予亦欲不嫉格代而不得。"

臭味相投，自然契合，故格代、希尔列尔终为良友。一千七百九十四年，希尔列尔谋诸同志，将刊行一杂志，其妻固与格代相识者，劝希就商于格。希果致格一书，情词郑重，格亦厚礼以答之。是年七月，格游厄讷，往访希尔列尔夫妇，始真知希尔列尔之人物，相见恨晚。而希从格言，徙居于瓦摩尔。自是以后，倾心讲学，抵掌谈诗，相敬相亲，终其身如一日。后有斫为二人握手之像者，纪实也。

嗟嗟！瓦摩尔之山，千载苍苍！莱［因］（茵）河之水，终古洋洋！惟二子之灵，常往来其间，与星［贝］（月）争光！胡为乎，文豪不诞生于我东邦！

格代（歌德）之家庭

　　古今伟人哲士，匪惟天才使然，亦半由外界之力有以陶铸之。十八世纪格代（今译歌德，下同）以文学鸣于欧洲，当世仰之若天人，佥曰：此才旷世不易得。虽然，苟一观其幼年事，则又未尝不叹家庭教育之功用至宏且远也。

　　格代之母曰佳大丽娜，弗兰克福特邑侯戴克斯忒之女也。一千七百三十一年生，年十七，嫁于嘉什巴格代，时其夫年既三十八矣。夫人美姿容，幼即以聪慧闻，性诚挚，尚朴素，胸襟高洁，忌俗苦浼。尝语人曰："无贵贱老幼，苟既为人，则毋抱不足之念。妾之爱怜世人，自心中流露而出，只见其长，不见其短，此所以常欣然，不知所谓恚恨也。"一日，新佣一仆，谓之曰："事有可怖者，可虑者，不快于心者，必勿以语予。微论事起于吾家，起于比邻，或起于本村，予悉不欲闻之。既与吾身无涉，闻之奚益？纵令里有火灾，而第令吾身幸免，他非所过问矣。"以故格代病笃时，戚友知夫人素性者，皆不敢语及其事。格代后年，著《海尔曼叙事诗》（今译《赫尔曼与窦绿台》）亦曾假逆旅主人夫妇之口，以彰阐其母性情焉。说者谓格代生平乏公共之心情，玩人生之责任，皆自乃母熏染而来，其言洵非无因也。

　　夫人容止娴雅，饶于艺术之趣味，嗜诗歌音乐，如其生命然。偶握管为文，则词句之清丽，书法之劲逸，盎然露于行间，望而知为长于创作之才者。又最善词令，与人言，条畅而多隽味，虽当世雄辩家，愧弗及。故其假造神奇事迹以语儿辈也，构局之奇，设想之妙，若抽丝乙乙，若贯珠累累，又若清泉百斛，滚滚不绝。能令闻者如躬逢其境，如目睹其状，如游神化外，不知我身之所在；又如初入洞天福地，胜境无穷，不穷奇尽幽而不止。彼格代诗才之高，寓言之妙，与想象力之丰富，谓非传自乃母，安可得乎？有不信者，盍观夫人语亚尼谟之言。

夫人语其友亚尼谟曰："吾儿之听吾言，久而不倦；余之语吾儿，亦乐而忘劳。余举宇宙万象，若风水火土之属，一一幻之为神人，饰之以庄严宏美之气象，而后语之。时而身栖星界，时而魂入太虚，时而遇月府之仙姬，时而见幽谷之妖魅，乍起乍落，忽喜忽惊，任心所之，尽言勿隐。恐世间为其儿女讲谈古话逸事者，热心殆莫余若矣！余或语一事未终，而次夕有人招饮，则吾儿深厌恶之，其乐闻予言也可想。余既约以讲某事，则吾儿手舞足蹈，移几坐余前，圆睁黑眼，延颈倾耳，若饿猫待食然。及闻其心所爱好之人，遭际不幸，则额筋暴涨，泪荧荧欲堕，不待余言终，亟亟问曰：此后若何？余故靳之，予彼以推测之余地，故每至切要关键处；即戛然而止，约次夕始毕其说。吾儿退后，必自就其事始末，往复寻绎，须臾不能忘，往往有别抒己见，以助余想象所不及者。及次夕，余故累昨日所言，迎彼意之所之而导之，且叩之曰：'汝知之否？'彼或闻余所言，与所见适合，则私心自负。呜呼！吾儿此时，其心脏之鼓动，果奚若哉！彼尝诣祖家，以余所语彼故事，质所见于祖母。余母密以告余，余故得窥彼之希望何在，以巧为操纵之。彼犹不悟构斯境界者，即出于彼之身，而反惊余言之奇巧，不亦大可笑乎！然余善谈故事之名，亦由是渐著，无老若幼，遂多相约来听者。至于今，回溯当年乐境，此情犹勃勃不已也。"观夫人此言，其教法之善，真有合于教育家所言者。吾辈对此贤母，宜如何馨香尸祝之！

格代诗才之敏赡，得自乃母，可由其自叙传中所载《述梦》一篇，以推见之。《述梦》为格代童时所作。篇中所纪，若殿阁之崔巍，花木之蓊锁，仙姝之曼丽，天乐之嘹亮，第觉胜境无穷，心迷目眩。迄今读者，犹栩栩然有羽化之感。以垂髫之子，能有此幻化无方之想象力，蕴蓄其脑际，伊谁之力欤？

格代曰："余丰裁之峭厉，面目之真挚，禀自父教；而性情之活泼，与酷嗜寓言神话，则自予母得之。"斯言也，可谓有自知之明者已。格代之父，向为法律家，兼好科学、文学、艺术，自信甚厚，而自律亦极严。故性之所趋，究不免有自负之心，与真率而峻厉之行。格代父母性情相反若是，是故裁制与自由，快活与严切，恐惧与爱慕，两两相辅，以为陶冶之资。噫！此格代之所以为格代也乎！

嘉什巴格代夫妻相敬爱如宾，然年齿之差既二十一，求如少年伉俪之谊情敦笃，盖不可得矣。天性活泼若夫人，固不能一日不为乐者，故不求其乐于琴瑟之间，而惟日聚诸儿，与之依依相话。彼于诸儿中，尤爱格代。谓夫人毕世光阴，强半消磨于长儿之身可也。

格代惮于父教之严，故常遁依其母膝下，恳为讲演古事。夫人语人曰："格代爱其父，不如爱余之笃者，或以余母子年相近，异于渠之于父耳。"其后格代远游异邦，而恋母之情犹不异于总角之日，阅时无几，必归省一次。夫人闻其儿之归也，亦悦而迓之，谆谆训诫。世间母子相爱之笃，如夫人与格代者，恐罕矣！

格代著《海尔曼》叙事诗，即隐述其家庭情事者。"海尔曼"为格代之化身，海母即其母之写照也。其诗言海尔曼之父，误解其儿性质，时时叱责之，而其母则深知海尔曼为人，挟满腔之情爱，以阴护其儿。读至后文一段，见海尔曼遇母于紫葡萄阜，坐梨树下相语，觉一种缠绵悱恻之情，令人心脾凄恻。而况格代固现身说法者，宜哉其回诵旧作，未尝不泣下沾襟也。

嘉什巴故后，夫人仍居弗兰克福特，日赖诸少女环绕身旁，以为慰藉。其女可奈丽亚，适休罗瑟，后亦孀居，夫人节衣缩食以抚恤之。盖其笃于骨肉之谊有然也。一千八百八年九月十三日，无疾而逝，年七十有七。将卒之前一夕，闻邻家有合奏音乐者，悦之，为之歌曰："胡仙乐之琅琅兮，导神魂以飞扬。吾将逐遗响而任所之，归我白云之故乡！"

游日耳曼之弗兰克福特，驱车而过希尔修克拉崩街，见旧宅一所焉。室无居人，危栋飞甍，竦出云表。壁间绿萝十丈，纷纠蟠结，微风动之，如帘波晃漾。阶以外，旷地一区，短草若织，宜于步履。拾级登楼，至于其顶，则万象在目，莽莽平原，宛然与庭园相接。繄谁氏之庐耶？胡令后人过其门者，景仰流连至于若是！曰："此世界大诗人格代所尝读于斯，息于斯，寝食于斯者也。"门侧立石，署曰："一千七百四十九年八月二十八日格代诞生于此宅。"楼分五层，其第三层，格代与乃母之寝室也。第四层则读书室也。其后一室，格代之肖像及其墨迹在焉。盖国人慕其遗风不能衰，相与永保护之也。呜呼！回想当年，斯楼之主人，对此景物，俯仰徘徊，所以陶淑其性灵，开拓其胸襟者，宜若何高大深远哉！允矣，其为一代之文豪也！

古今诗人，幼年多胆怯者，盖想象之力实自是而得之，格代亦然。父嘉什巴虑其儿之性质葸懦也，欲有以练其果敢之气，幼而命之独宿。每值风雨之夕，一灯荧荧，居幽室中，则以为树声帘影皆鬼魅也。夜半作恶梦，耸惧不安，或推枕潜起，避入弟妹之室。其父知之，故蒙假面伪为妖魅，尾其后而追之。格代战栗欲泣而不敢声张也。日久知为乃父所为，迷信之心一朝顿破，转由是常耽幻想矣。

嘉什巴长于其妻二十一岁，故视妻如其子女，彼又好以己所知者传诸他人，故尝聚妻女于前，教以义大利（今译意大利）语。格代因得从旁习之。有时母子偕居一室，如同学然。彼则伏案而书，或操缦而歌；此则温习地理或拉丁古文学，其乐喁喁如也。格代之父性方严，偶出一言，举家遵为法律，弗敢违忤，格代惮之甚。稍长，能自读书，其父亦因公私多冗，不遑督课诸儿。格代一旦脱乃父之束缚，窃慰悦不禁，辄出其既得之知识，以攻究己所欲学者。其父书室中藏典籍至夥，若拉丁文学，罗马古传记，义大利名家诗集，纪游集，各国辞典，与夫关涉法律、算术法律（按，二字疑衍）之书，卷帙纵横，不可数计。格代日入此室，纵观架上，有合其嗜好者，辄任意抽取而读之，以是为无上之乐。年未八岁，既通日耳曼、法兰西、义大利、希腊、拉丁五国言语，至令其父为之卷舌惊叹。邻里戚友皆曰：此儿非常人也！十二岁，更谙英语。是时虑所学易忘，尝试作一短篇文字，托言有兄妹六七人者，分寓异邦，各以所居之国之文互通音信，见者不能知为童年手笔也。彼不甚嗜数学，又虽信仰宗教，然不以神为可感者，而以为可畏者。

格代之嗜美术，自幼已然。是时为弗兰克福特邑侯者亦性好斯事，招致名画家与雕刻师多人，来居是邦。故格代尝造彼等之庐而叩之。盖嘉什巴夙喜绘画，其游义大利而归也，携来画轴极多，悬诸室中，以为斯游之纪念。格代日徜徉其间，故深解美术之趣味，且其父亦曾授以描线之法也。

加达里讷（今译佳大丽娜）最以观剧为乐。一千七百五十九年，格（代）年十岁时，弗兰克福特为法军所踞。法人侨寓者至众，于是建梨园，聘名优，以谋地方之殷旺。此间约一年有半，格代常随乃母出入剧场，由是遂好作院本。

格代之于科学，亦深于兴味者。儿时屡摘花朵，剖视其花瓣蕊萼之形状；时或取捕雏鸟，验羽毛所由生。虽曰游戏之为，而举动俨与成人无异。

十六岁时，以父命辞家而赴来普其玺（今译莱比锡），入其地大学。乃父性节俭，家人所衣之衣，率用敝料，命仆妇婢女随意缝缀之，且皆数十年前旧式。格代衣之而往，漫步于来普其玺街中，徜徉自若。路人见其形状恢诡，相与目而笑之。格代不悟，以为时人侮己也，怏怏不乐。及往观剧，而此异形之装束，与场上俳优遥遥相对，观客益喷饭，万千视线群聚于彼一人之身。至是始自觉观瞻不雅，急归逆旅，谋诸主妇，尽售其故衣，而易之以新制者。

格代之初在来普其玺大学也，约三年许，其间所学以美学为主，尝学绘画于哀瑟尔，学雕刻于司脱克。是二人者，皆专门大家也。他如哲学、法学、历史、论理学之属，亦兼攻之，而尤以论理学为其所最好探求者。虽然，才气横溢之士，未可以规制羁勒之。彼于学校课程意存蔑视，时时辍而弗习，惟日耽游乐，为樗蒲戏。又常出入于酒家，酒家有女曰安奈特，肥而艳，与格代相慕悦。安奈特之宅时为青年诸生聚会处，后来之文学大家多在此中。格代因是获与诸人订交。

一千七百六十八年之夏，患咯血症甚笃，不得已遄归故里，为摄养计，中间废读者多日。及病势稍痊，复研究冶金术，凡威林格、巴腊色斯、汪海们特、法仑廷等之书，涉猎无遗。越三年，体躯大健，再赴来普其玺大学肄业。此次所习者，以法学为主，从乃父意旨也。法学而外，遇讲授医学、博物学时，亦尝殷然往听。其所引为津津有味者，则解剖学、化学、产科学等也。暇日则习击剑、骑射，又自以不能舞蹈，交际上多不便，故就法人某习之。

博士萨尔曼，奇格代之才，为延誉于大众，由是结纳日广。彼之识海格尔（今译黑格尔），盖亦在是时。海格尔长于格代五岁，而敬惮格代如名宿，始以希伯来诗集及鄂谟尔（今译荷马）、索克士比亚（今译莎士比亚）、葛德斯密（今译哥尔斯密）之书，劝彼读之。自是弥留意文学，如葛德斯密之《荒村牧师》（即本报所译《姊妹花》）（今译《威克菲牧师传》）为格代生平所最爱读者，亦从海格尔言，初获见之。或谓其所作《野蔷薇曲》多导自海格尔之思想云。

明斯达之大教堂高耸天际，实斯脱拉斯堡之第一伟观也。格代日对此塔，而崇高畏敬之念不觉油然以生。因有感于日耳曼古代建筑术之精巧，故此间复研究建筑学。其研究之所得曾散见于大著《法斯德》（今译《浮士德》）中，他日又尝以余力专为一书以明之。

翌年之夏毕业，为法学士，年二十三岁。归里后，以辩护士为职，然不过藉是榜其门而已，彼终日之光阴仍消磨于诗歌文字也。

教育家之希尔列尔(席勒)

希尔列尔(今译席勒,下同),世界的文豪也。以其伟大之性格,深远之热情,发之诗歌戏曲,而为文学界之明星皓月,此固尽人知之矣。自教育之见地观之,则世界之读其著作者,实受其深远广博之感化,谓彼与格代(今译歌德)相并,而为教育史上之伟人,非拟诸不伦也。

希尔列尔以为真之与善,实赅于美之中。美术文学非徒慰藉人生之具,而宣布人生最深之意义之艺术也。一切学问,一切思想,皆以此为极点。人之感情惟由是而满足而超脱,人之行为惟由是而纯洁而高尚。其解美术文学也如此。故谓教人以为人之道者,不可不留意于美育。一千七百九十三年,即其三十四岁时,曾以书简之体裁著一美育论。其书大旨,谓不施美育则德育无自完全,此与希腊人所谓"人之精神不取径于美,不能达于善"者,意义相同。然希腊人之所谓美育,第就个人之修养言,若夫由人道之发展上而主张美育者,不得不推此世界大诗人矣。

希尔列尔之美育论,盖鉴于当时之弊而发。十八世纪,宗教之抑情的教育犹跋扈于时。彼等不谋性情之圆满发达,而徒造成偏颇不自然之人物,其弊一也。一般学者惟智力之是尚,欲批评一切事实而破坏之,其弊二也。当时德国人民偏于实用的利己的,趣味甚卑,目光甚短,其弊三也。知此,则读彼之美育论者，思过半矣。

希氏所作莫不含有道德的教育的旨趣者。其二十五岁时著一论，谓剧场教育之势力不亚于学校。所著九种曲，今各国中学之教德语者，俱取为教科书。是盖以爱人道、爱正义、爱自由、爱国家社会之精神，灌输于后世少年者也。就中如《瑞士义民传》，德国学生莫不熟读暗记。一千八百十三年，普国所以起自由军而抗法兰西者，实此戏曲鼓舞人民爱国之心，有以使然耳。

希尔列尔不但为广义之教育家也，三十岁时，尝于厄讷大学教授史学，为学生所敬慕。又尝研究汗德之哲学，世称"哲学诗人"。生平笃于友谊，严于自治，故虽谓为实际之教育家亦可。其诗集中，有足窥见彼之教育意见者一节：

> Glücklicher Säugling！ die ist ein unendlicher
> Raum moch, die
> Werden Mann, und die wird eng die unendliche wiege,
> Welt.
> 翳摇篮之局促兮，
> 于婴儿则广居。
> 恐他时置身世界兮，
> 或踢躇而滋戚。

戏曲大家海别尔（黑贝尔、赫勃尔）

德［意］（国）文学，自奈新格（今译莱辛）始立国民之基础，由是而入格代（今译歌德）与希尔列尔（今译席勒）之黄金时代，迭产出世界之大杰作。至克来斯脱（今译克莱斯特，1777—1811），而完全性格之剧曲于以出焉。自斯厥后，暂时蒙"罗曼齐克"之影响，而陷入"运命剧"之歧途。既而有"少年派"之跋扈，文学界从风而靡，戏曲之机运亦大衰。至三四十年代德国文学有日就卑污之势。于斯时也，北德忽崛起二大家，挥只手以挽狂澜，一曰路德维（今译鲁德维希，1813—1865，德国文学家），工小说；一曰海别尔（今译黑贝尔、赫勃尔），则戏曲作家也。前者当世知者多，而后者则较少，用述此篇，介绍于世，俾得窥其文学之一斑云。

佛利特利·海别尔（Friedrich Hebbel）（1813—1863）霍秀吞之人也，以戏曲言，则直薄克来斯脱之垒；以诗歌言，则与海迭林（今译荷尔德林，1770—1843，德国文学家）相颉颃。其对纯美之感情，仿佛海氏，而欲别抉人生之生活及性情之真相以描出之，其思想之深又仿佛克氏也。彼以文艺之根本问题为意识，且伦理观又极严密，此其与罗曼齐克之末流相异者也。其艺术观之真面非常深远，其空想力及诗之形成力非常伟大，不独为十［八］（九）世纪中叶之首屈，抑亦全德文学史上之伟人也。

今就海氏悲剧观之大意述之。海氏以为戏曲乃表人生之处置者，人生处置者非人生之本物，实个人生活行为之葛藤也。故彼之对罪科及悲剧想（按，此字疑衍）之观念，皆从此点着眼。盖谓戏曲之罪科不在人间之欲望中，而直接在其意志中也。故主人公为秀拔之努力与否，于戏曲初无损益。欲望之为物，乃一罪恶。盖个我之陷于迷蒙，由于世界者少，而由于欲望者多，而罪恶之成立，亦须个我。故真正之悲剧想（按，此字疑衍），亦个我行事物（按，疑衍）之完成。既完成时，遂没却个我之一点者也，云云。此其所持之大旨也。故从前悲剧观仅注意于人间精神之外面，而海氏则就人间内面心之实在地位注目，故其剧曲皆属于心理者。其曲中人物皆具特殊之深面目，永与读者以强盛之印象。盖能擒捉复杂之心之实在，而为戏曲推移之动机者也。此岂平凡戏曲家所得望其肩背耶？其所著戏曲甚多，兹记其名目及出版年如下：

曲名出版期

Judith（《由低脱》，《犹滴》）一千八百四十一年

Genoveva（《格陆斐法》）一千八百四十三年

Maria Magdalene（按，《玛丽亚·玛格达莱娜》）一千八百四十四年

Der Diamant 一千八百四十七年

Julia 一千八百五十一年

Trauerspiel in Sizilien 一千八百五十一年

Herodes und Mallamne 一千八百五十年

Der Rubin 一千八百五十一年

Michelangelo 一千八百五十五年

Agnes Bernauer（《阿格妮斯·贝尔瑙厄》）一千八百五十五年
Gyges und sein Ring（《吉格斯和他的指环》）一千八百五十六年
Die Nibelelungen（《尼贝龙根三部曲》）一千八百六十二年

以上之戏曲皆为名著，不及一一说明。兹第就其青年时代之三戏曲，述之如次，以见一斑。

（一）《由低脱》

海氏之为著述，多在冬期，盛夏之时则文兴索然，亦一种之特性也。彼之欲作戏曲之念，实起于一八三七年一月。是年十一月，偶游米雍亨画廊，见罗玛劳所绘之由低脱像，有感于中，遂决定以为诗材。顾此像为传说拟古之作，固不能指示戏曲动作之推移者。然海奈（今译海涅，1797—1856，德国文学家）氏于一八三一年曾题爱尔奈所绘由低脱之像曰："此妙龄之美妇，颜稍带昙，实与观者以甘美之感，其亲切之表情带一种之阴郁气，又稍含怒意，其目中宿残酷之光，同时似又希复仇之快乐者然。"云云。海氏之作此戏曲，似读此题语而有感者。其始着手在三十九年一月，而成于四十年之春。是年六月六日始演于柏灵（今译柏林）之宫廷剧场，出版则在其次年云。

此故实原出于《圣经》。由低脱者，乃别脱林国之一寡妇也。时该国为异教徒军所围攻，敌将霍罗斐尔奈斯极勇敢，城破在旦夕。此妇忧之，乃突围出，至敌营，侍其宴，以貌美，敌将惑之，因伺其睡，剚［殊］（诛）之于床，携首以归祖国。国民欢迎之，赞以诗歌，陆续飨之，过三阅月云。

就此事实观之，由低脱不过一勇敢之妇，以之为戏曲材料，似犹不足。海氏乃出以深奥之理想，与个人心理之必然性，以曲曲写出之，足令人神往焉。据其所演，则由低脱者，乃一寡妇，其前夫曰马那赛，结婚之夕，觌一种奇现象，由是六阅月间，初未与新妇一同枕席，故该妇犹为处女，诸人敬之，皆呼之为"圣女"云。其祈祷之语曰："吾之祷，乃沉于神之中者也。绝望之人则跃入于深渊，我则永远跃身于神之中耳"云云，可见海氏纸上之由低脱，较之《圣经》中之由低脱之人格为甚高也。

霍罗斐尔奈斯者，一暴戾之勇夫也。今率大军而来，包围别脱林。女以祖国之危机，在一发间，奋起欲救之，乃断食祈祷三昼夜，豁然开朗，得强大之信念，其身如具神之全能者然。于是着美服，靓妆如新妇，与侍女米尔查相将入敌营。敌将惑其美，为之颠倒。其对由低脱也，除情欲之发动以外，别无他种精神之要素，以为彼国一女子耳，故无尊敬、无恐怖、亦无真面目，恰如吾人之见小犬然者。虽由低脱告以行将杀汝，在彼视之，亦不过如笼中之鸟，啄其主人之指头，亦何伤哉！彼女既处此暴力之下，无术抗之，竟破处女之操，其肉体及精神蒙垢莫大，因此侮辱之感情，与自我之没却，遂令彼女生反动力，而如猛狮之击敌，奋勇直前矣。

此际读者当注意者，则彼瞬间之挟刃蹶起，初非由神之命令，亦非出于爱国心，乃以人毁损一己之品位，而起复仇心也。时见霍方酣眠，女挟刃于手，不得不暂时踌躇，忽见霍梦中作笑靥，似得欢乐之梦，而预想情欲之满足者。女乃不少待，直前而刎其头。吾人读此节，当知《圣经》所述，谓女全感信仰于神而出此，而海氏则不取此旨也。

既达其目的，女乃弛厥心意，怅惘而归，众人虽欢迎之，然非其本意。彼谓妾身既辱于敌，愿国人速杀我可也。观其言曰："妾之身中可留敌将之胤乎？若不幸而妊娠，则祈我神，使之为不生女（不生子之女）也。"其言亦何痛乎！

海氏述此女刺敌将之直接动机，与《圣经》不同。观其论希尔列尔之戏曲可见矣。希氏戏曲中有曰《奥尔量小女》（今译《奥尔良姑娘》）者，海氏读之，亦着（按，此字疑衍）著笔及此，因纾其意曰："神若为成就大目的而行其作用于一人，虽必使之果其使命，然不过以之为器械耳。至其目的完成，此物亦不免灭却矣"云云。

由是观之，由低脱者，亦完成自己之动作，共其灭却者也。夫霍之见杀于一少妇，或为神之摄理，女之敢入敌营而杀敌将，亦或为神之使命，然不过神完成其目的之手段，至摄理实现以后，则此手段物亦不可不灭亡。此海氏之所信仰也。《圣经》全以为神之使命，而海氏则以个人之倾向出之。盖此女虽奉神之使命，然果此使命之时，则以个人之原因为直接动机也。因特别之个人动机而成普遍之大事业者，其例不乏。观希尔列尔之《台尔》（今译《威廉·退尔》），可以知之。夫台之以救祖国为使命，固不待言，然欲完成其使命而发为实现事业时，则非借射落林檎之惨事不可。海氏此篇亦犹是例。其主人公所以借用女子者，盖欲于心理之径路收得伟大效果也。

然则彼写主人公为处女又何故乎？如希尔列尔，固亦写玉寒娜为永贞处女者，然海氏则与之大异其趣。希氏之意，谓惟纯粹贞洁之处女乃得成大事业，故特笔写此，实中古之平凡思想，用以为戏曲之契机，不免落套。海氏为近世作家，故力脱窠臼。其自言曰："破操之苦痛，处女感之尤较寡妇为甚。由低脱既为处女,则其遭敌将之强暴,污其身体及名誉,必痛增仇恶之念,而其强烈之杀机自然诱起矣。"其思想之精透远过希氏,亦可见德国戏曲之发达矣。

敌将霍罗斐尔奈斯决非如(亚)历山大王之英雄,惟形式上之一巨人而已。其欲他人崇拜一己为神,则其特殊之性格也。而海之所以取此极端傲慢人物入戏曲者,乃对其少年时所受侮辱一种之反抗耳。盖海氏亦非如霍之好以一己之本性示人者,彼此固大相反对也。

霍罗斐尔奈斯者力之权化也。而曲中表此性格之处太多,颇嫌繁冗,故评家讥之。盖借曲中人物之口,以自道其性质,俾吾人易下判断,此作家之惯态。故布脱好普特评之曰:"描写性格之冗蔓如此,虽足杀观者之兴,是亦自作者之个人性中涌出之缺点也。然实际欲以他种方法描出霍之人物,而与以感兴,亦不易耳。"

霍虽不过一暴物,然亦不愧为通常之勇者。作者欲表其伟大,故别以一人衬出之,即爱夫来姆是也。爱虽为恋由低脱之人,然其温和厚静之人格为彼女所不喜。观其所言,可知男子之怯懦而乏精力无勇气者,决不许之。其报爱也,谓如能入敌阵而杀敌将,乃可从其所请。爱欲达其目的,非不愿之,然单身而入敌阵,实如飞蛾之投焰,断无生理。其所以奋往者,欲将遂其恋爱也。生命既失,恋爱何有?明知故蹈,岂为得策。此其所以不得不踌躇也。女见其状,乃痛詈其恇怯。爱为所激,始悟欲得其爱,必先鼓勇,乃奋身入营,事果失败。时女亦既在营中目睹其恋人之遭耻辱,因欲自刎,然此时女之心中,既见爱之懦弱,又见霍之尊大态度,具男性之极致,两两相形,其私萌尊敬之念所不免也。故其祷神曰："吾乃尊敬可憎之敌,此心何迷惘耶!"由此可见,由低脱心理之多方面矣。

此剧曲性格之成功者,仅一敌将与一女子。如爱夫来姆,不过烘衬人物,其余如侍女米尔[槎](查),如阿利西亚之上长官,如马比台尔之上长官等,皆非悲剧进行时之重要人物也。观其以二三主人公负担全曲动作,似与希腊悲剧相类,然其剧曲之内容、精神、性格、契机、动机等,则全然近世作,与琐士比亚(今译莎士比亚)之剧曲无异,所谓传人生之真相者也。琐氏曲中之人物,无论为宫人,为兵士,其所写出之人格,皆世间可得发见者,无神奇荒诞之谈也。其思想、行为、苦乐,皆有特殊之个性,故能跃然纸上。又琐氏曲中之群众,非仅为西班牙流装之饰,而为包戏曲之进行一个之境遇。此境遇至后虽分写实派及自由派而用至极端,然其所滥觞,则在格代与希尔列尔。其戏曲中之所谓民[术](众)大势之场即是也。又克来斯脱之剧曲,民众大势之场已得充分使用之。然欲使读者之注意,离人物心理之葛藤,以移于周围之外境,则自海氏始也。海氏于由低脱曲中即以此旨使用民众之场,此非无味之饾饤补缀也,实本有力之理由为之,即就别脱林国水源为敌所绝,而极力写其苦渴之状是也。写此种惨淡光景者决非衬笔,盖必如此情景,乃足促彼女之决心也。此一场,其人物之明确,动作之活泼,乃读者所惊叹不置者也。

此剧曲之用语,乃豪快之散文,动作之进行,亦可谓急速大胆。其形式之谨严,文体之统一,虽有经验作者,未易与比肩也。诗人海奈大赏斯剧,尝叹曰:"当此时代而出此作,不可谓不奇,谓其较琐士比亚、克来斯脱、格拉别诸氏,为尤精进可也。"

（二）《格陆斐法》

历史中丑陋阴怪之事实，而为文艺创作之对象者，近世文艺之一特征也。其理由虽多，然其最重要者，则通例，知为恶人之性格，惹起心理派之兴趣是也。盖在善人，每有型式一定之倾向，而异分子多综合之际，所生之明确个人性格，则宁存于恶人身中而不存于善人也。

此曲中之事迹，即西洋普通流传所谓格陆斐法之故实是也。格为一女子，其夫曰几格夫利特，当从十字军时，托其妻与其家扶［于］高罗。高涎其美，欲通之，妇固贞烈，拒不可。高大恚，遂谮之于其夫，夫信之，妇与其子遂皆得罪，当处死刑。当行刑日，送之于森林，执刑者不忍杀，因与女约，令终生不得出森林一步，而私纵之。后高之罪状既明，乃杀之于加斯哈尔。妇负其子居岩穴中，哺以山羊之乳。既七年，几格夫利特出猎，途次入此森林，偶觐旧妻，知其无罪，赦之。乃未几，而其妇竟死。

海氏者，固以发挥个人性为天职者也。其所以取物语中之人物为戏曲之人物者，盖以看破格之不与高罗所致，以为高罗胸中之葛藤，即作彼之罪科者也。在国民丛书中，高虽为丑恶人物，海氏则变化之，以最大之肉欲热情，为其罪业之动机，而列作戏曲之人物焉。曲中之高罗，乃一渴于官能欲之青年，要之，不外于作者（海氏）之反省的性格而已。彼亦如海氏，苦于一己之相矛盾，一方有高洁之精神，一方则又抱情欲，不啻一手与天使把握，一手又与恶魔相携也。既有高洁之精神，故虽微细之罪恶皆感知之，而生炽烈之后悔。高罗者，即海别尔之血（中）之血也。彼既乏克己之心，又无酬得爱恋之力。海氏"善恶随时代为区别"之思想，彼亦有之，所谓罪恶从肉体之同情过强而生者是也。

要之，高罗绝非低性格之人，既非无天禀，亦非无教育，其所以陷于灭亡者，全在其情质之优柔而已。当于其篱间见格时，未尝不动热情，但其时尚知立于圣像之前而犯罪，则厥罪二重。至见格与其夫诀别时，情绪缠绵之状，爱恋遂勃然而兴，不可抑制矣。于是格一痛而晕，其夫乃属之于高，使凭于其腕，而自出阵。此时高密与接吻，是实其第一次之罪科也。此时高亦自知之，不观其祈之于神乎？曰："吾试往高塔之外侧，而取其鸟巢。若神罪之，则颠；不颠，则神不之咎也。"云云。

以心理上言之，凡人既犯罪恶一次，必不惮更为之，且其程度累积愈大。其第一罪恶不啻与为第二罪恶之权利。其每前一罪恶对后一罪恶之间，俨有发达史之关系者然。高既犯一次之罪，果益欲使其恋情满足，而续续为之。此亦人间之自然理法，不足怪耳。

高之恋爱乃肉欲之恋爱，亦目中之恋爱也。其观见格之肖像，而起爱情可以证之。此间消息，与海氏自身之性格阅历，颇有相通之处。彼为有专制精神之人，其名誉心与自负心，常较爱乐之情为盛。其最高之快乐，在存美于直观之智力的享乐之中。盖肉情而同时又有审美之情热，此海氏之特征，抑亦近世人之性质也。

格之受动道德，多不足为戏曲发展之资，故曲中不能演大役割。盖彼妇之道德乃忍耐之德也，纯粹之德也，非人间之伟大作用。其性格之可见者，因貌美而被他之作用，由受动之反抗，而与周围以小反动而已。其可生戏曲之葛藤者，殊不多也。

此乃读体戏曲，非为演之舞台上者。然一八五四年，曾一演之于维也纳剧场，大博佳评云。

就全体观之，则此作者非进步之剧曲也。其美不在全部统一，而在零星之部分。其韵文之美，实足令读者处处留情。惟以"格陆斐法"为题，不如径称为"高罗之热情史"，为正当耳。

德人之以此事实用为剧曲材料者甚多。当海氏以前，罗曼奇克派之骁将提伊克，有同名之作，又米由列尔亦有此作。然海氏痛诋米作，谓其全无价值。海之作此曲，着手于一八四〇年之春，次年完成，一八四三年出版，续篇成于五一年，五二年出版于《欧罗巴》中。

（三）《玛丽亚·马格达奈那》

本篇乃家庭悲剧，为悲剧中之最无遗憾者。剧曲名作中之可与抗衡者，仅奈新格（今译莱辛）之《爱米利亚》（今译《爱米丽雅·迦洛蒂》）而已。此外如法之低导罗（今译狄德罗，1713—1784，法国哲学家、文学家），及其后继者之作，皆不足与比肩者也。本篇纯为近世作，故与《爱米利［阿］（亚）》不同，不独发挥地方之光彩，且所谓地方之情绪，亦相应发其光彩焉。

其材料事实颇极简单，乃一少女与一青年相爱，后疑此青年，舍之，而契他男子，乃又为此男子所弃，遂自杀以脱其苦痛云。此本市井一小事件，而经海氏之椽笔演之，遂成妙文。作中诸人物之性格，皆自小市民社会之生活困难状况发展而来，而于性格之个性化，尽心理之委曲，有令人惊讶不置者焉。

　　作中女主人公，曰克拉拉。其父曰安敦，木器师也，甚朴茂，因生活困难之故，遂成一种执拗性质。彼甚重家族之名誉，而其一大重负，则营生是也。既为生存而苦斗，故其性格之坚韧如革，对一己周围之人，皆存敌视，殆成一厌世家云。

　　女既受此严父之教育，而日处于狭隘社会之中，其性情向生活之一方发达，其为善良之处女，不待言也。由是养成一种卑屈之习惯，若无论何时，皆当从事逊顺，既放弃一己之趣味，更拒绝一己之正当感情。而此种习惯，遂不异第二之天性焉。

　　女自幼即与一青年相爱，其人曰佛利特利，既卒大学业，音问渺然，不知所之。女盼之切，久而益寂，不得已，从母之劝，又与一书记曰列雍哈脱者订婚约。母亦普通善良之人，列为人虽轻俊伶俐，然颇谲诈，好弄小术，女之与列订婚，一从母劝，一则愤旧人之无情也。盖此时女之心中，方以为正当之处置耳。

　　未几，彼之青年忽归故乡，为市府之书记。女闻之，方旁皇无措，讵列知之，恐有变更，因嫉妒与肉欲之奋兴乃求欢于女。女非猥贱辈，即有情欲之感，亦得以其克己之心抑之。顾女虽无情欲，然窃念已既许身于列，则此之要求，亦为其应有权利，而亦一己应尽之义务也，不得已，乃委身焉。然一方与旧时之恋人不能全忘，而一己之义务又不能不尽，感情与义务不克两全，亦不能两舍，此女之所大不堪者耳。然其委身于列，初非两相欢爱，特视为必然之命令，不得已而为之耳。其交列也，以形不以神，所谓无心之肉交耳。

　　海氏之写克拉拉破操之一事，读者颇讥议之，以为如女之谨直，当无此举，又剧台之上有此事实，亦有不合云。虽知名之评家某氏，亦谓此事与克拉拉之性格不合，然就文学之大势考之，固亦无妨。女之为此，虽不足赏，然其为此之动机，实本于义务之念、克己之情而出。其事虽疏，其情可谅。以此言之，殆亦并无不合耳。又一八四四年一月二十三日作者曾致一书与女优克列林格，以辨其事曰：

（前略）法唔斯特中之格奈奇因，非亦妊娠之女主人公乎？此妊娠之事实，实全剧之一大关纽。若无此，则法唔斯特之剧曲皆不足观。以此曲演之于剧场，亦初无人怪之，亦何独于鄙作而目为不然乎？

是可谓卓见。故以理想上言之，似彼少女无为此误举之理，若其有之，必出于情欲之炽烈无疑，彼法唔斯特中之格奈奇因，即此类也。然现代文艺所重，不在作一定之理想形式，而在描出人间心理之个性。海氏此作即本其旨。盖克拉拉女实由精神之葛藤，即彼之性格之特性，而陷于此误者也。故两者不能齐观。格奈奇因为一种之类型，克拉拉则一种之个性也。

以上所述，乃戏曲前记。本篇之动作，则起笔于克拉拉肉交可悲之结果，今述其概略如次。

第一幕：为礼拜日之事。时女之母患重病初愈，本日着嫁时之裳，而赴教会。女独居家，列雍哈脱访之。女自二星期以来，忧愁不去怀，其对列也，初无情思，第冷淡处之而已。列近受登用试验而及第，故来报女，冀博其欢。顾其及第之由，颇不正当。盖列本不应及第，因用谲计而使竞争试验者醉倒，己乃得售。其告女也，自己［衿］（矜）其机敏，言次有得色。女以其行为卑劣，唾之。正纷扰间，而其母归。列方持一新闻纸读之，[登]（发）现其中所载一事，谓某商家之宝玉为人所盗去。女之兄加尔，近放荡无赖，父安敦忧之，颇疑此物为其子所窃。果也，少顷，有裁判所之吏员若干人来，搜索其家宅，求宝玉之赃，且告以已逮其子于狱。盖此等吏员因安尝与忤，将借此以泄愤也。

女之母病后甚弱。又闻其子之得罪，一惊而绝。父虽悲其妻之死，然其视子之被辱，尤为苦痛。海氏写其此时之情绪，凄恻逼人，不愧灵笔。其稍可议者，则女拥其母之尸而为誓，未免落普通戏曲常套耳。女遭家难如此，其心绪之劣，所不待言。斯时最快意者则列雍哈脱是也。列固与女兄无怨，然彼之娶[列]（女），在欲得金，乃不可得，方以女为无用长物，欲舍之而苦无辞。今得此隙，则与绝婚不为无由，盖以妻兄作此事为辱彼也。维彼狡童，可谓曲中最成功人物之一。

第二幕：女当母死兄逮之日，已自痛伤，而又得列书，宣言与之绝婚，其苦痛绝望殆难名状。此时女之愿，宁一己抱罪恶而死，耻见其父也。

既而兄被鞫，既辨其诬，女稍慰，而旧情人佛利特利，竟来访之。久别初逢，彼此各具一种心迹。女觏之，惊喜惭悚，一时交迫，不能如昔日之欢乐，只以泪迎之而已。虽隐约自诉其悲痛，而[夫]（佛）初不知其事，仍认为己妻。于是女如颠如狂，似嘲似笑，而示以列之绝婚书。佛见之，以为彼既绝婚，良缘决不中断，喜极而抱女。女益发悲痛之声，而谓此身不复可为君所有，以明其被污。[夫]（佛）乃渐明真相，至此盖不得不舍女而去矣。此间所写极为悲惨生动，得未曾有。

第三幕：则傲慢之列雍哈脱已与市长之侄女新订婚约。女虽与开谈判，而为其峻拒，涕泣而归。后佛利特利向列雍哈脱要求决斗。女绝望已极，遂自尽。此间所写，悲惨已极。第三幕虽最简索，而以感情真挚，故得收最高之悲剧效果焉。二人既决斗，列即死，佛则负伤后死，所留者，一安敦而已。

此戏曲之缺点，则死者太多是也。凡死者，必有当然之理，且有意味，足动人之感情，乃足称重。克拉拉无论，即佛利特利之死，亦可谓完青春丰丽婉美之性格者，若列之死殊非正当。盖如彼之狡狯，必能遁此危险，其死也，不足起人之同情，殊无谓耳。至加尔者，乃一快乐之劳动者，除生活欢乐以外，殆不知其他。然彼自有一种之冒险性质，颇不惯于其家之局促生活。故彼虽能当大任，而日常之义务转不能尽，亦一不羁之人也。彼在曲中虽居副位，然在作者亦极力描写其性格。观其酒后侉肆之光景，与忧闷刻骨克拉拉之独白，互相对比，则现一种凄怆之妙。故加尔亦殊有近代之精神者，惟无多感性而已。

此剧曲，作者原拟名《克拉拉》，脱稿后乃改今名。然克拉拉与《福音书》中之罪女，实无何等可比较之点，故转不如用克拉拉之名为当也。本篇于一八四三年十二月四日完成，大部分则成于巴黎。四十六年，初演于来普奇希，由是在江湖间声名藉［盛］（甚）。

一八三六至三九年之间，海氏居南德米雍亨时，其邻有木器师，曰安敦休瓦尔兹。其子曾有被逮之事，有一女曰别皮，其性正直轻躁，海氏爱之。剧曲之材料盖取于此。然克拉拉之性格与别皮大异，绝非取材于彼者。海氏居汉堡时，其情人爱利赛林金格则颇与克拉拉类，彼或借此写其小影耳。

脱尔斯泰（托尔斯泰）传

绪论第一

俄罗斯，一专制之强国也。法令繁于牛毛（俄律万五千篇，犹岁有增补），警察密于蛛网（每四户约置警吏一，侦民间琐事，录之簿。有外人某初至俄，访一友，越日忘其住址。或告以往询警察，某斥为诞妄，以劝之笃，姑往询之，警吏果举其友住址告，并前日某与友问答之词，亦能记忆），集会有禁，著书立说有限制，议论国事者，放窜之，刑随之，邮局设检察官，拆视民间往来信牍，虽王公亦不得免（威第长度支部时，得人书，行间多被涂抹。俄国报纸中以黑墨抹去数行者，常事也）。其所以如是者，无他，虑革命之祸，防刺杀之举也。然如此极端专制之国，而乃有一绝对自由之民，彼公然詈政府，诋国教，议法律政令之苛严，嘲备兵拓土之愚昧，而政府无如彼何，法律无如彼何，警吏无如彼何。彼所倡导之无拒主义，若转为国家对彼言之，其势力伟大若是。噫！异矣哉！繄何人斯？则脱尔斯泰（今译托尔斯泰，1828—1910）也。脱尔斯泰者，非俄国之人物，而世界之人物也；非一时之豪杰，而千古不朽之豪杰也。以之为文学家，则惟琐斯披亚（今译莎士比亚）、唐旦（但丁）、格代等可与颉颃。以之为宗教家，则惟路得可与肩伍（或曰耶教由基督莳种，路得耘耨之，至脱尔斯泰而结实。言虽过夸，然时人之崇拜脱氏，即此可见）。今搜其言行，述其事迹，为是传，词略且陋，未能状其万一矣。

家世第二

脱尔斯泰名立我·尼哥来（今译列夫·尼古拉），以一千八百二十八年八月二十八日生。其祖名比特儿·安德烈维，事彼得帝，待之如良友，以功赠伯爵〔伯爵受彼得命，质于土耳其。每俄土有违言，土皇辄幽伯（爵）于圣突尔城，故脱家所用器物，多镂城垒图于上，以垂记念云〕。父名尼古拉士义里，投身行伍间，一千八百十二年，与法兰西构兵见房，后官至陆军中佐，罢归田里。母贵族韦坤士喀耶拿之女，以淑德闻，生脱尔斯泰兄弟五人：长曰尼古拉伊，次曰德弥多利，三曰瑟尔格，四为女，曰玛丽亚，脱尔斯泰其最幼者也。家于耶斯讷亚波连拿（俄语为含笑林之义，地在莫斯科西南二百英里，距图拉市十五俄里），一村落也（村之面积约二千五百亥克尔）。昔俄女皇嘉撒陵以其地赠脱先人，遂世袭其业焉。村中乔木阴森，峰峦参错，以胜地见称。脱家门前，有一菩提树，乃数百年前物。盖脱之远祖鄂尔坤士克公爵所手植者，今以有脱尔斯泰故，他日睹此树者，将拟之于召伯之甘棠矣。

脱尔斯泰虽贵家子，而幼年遭际坎坷，三岁失恃，九岁失怙，遂与诸兄弟同寄养于萨铿伯爵夫人之家，徙居莫斯科。夫人，其姑也。三年后，不幸姑氏亦弃世，复经母家之戚曰培腊噶阿夫人者,抚养之。是时诸兄已入大学,惟脱最幼,与姊氏俱从培夫人居加萨恩(今译喀山)。以阀阅之后,世食采邑,故生计尚无不足之虞。然以童稚之年,流离转徙,亦可谓极人生之不幸也。

脱虽早失怙恃,而于其父母性行,尚能约略记忆。彼于所著《幼年篇》与《青年篇》中言及之,意若曰:予父性豪爽而真率,笃于自信,军人也,亦事业家也。生平颇耽行乐,嗜博,好与妇女辈交游,巨万资财,自得之而自失之,不复介意。言其容貌,则凛然有度,时时耸肩徐步,成一习惯,眼细似常含笑,鼻隆如鹰啄,头秃无发,唇微缺,发音不全。予今犹仿佛忆之(或云脱所著《和平与战争》中有罗斯达福者,即乃翁之化身也)。又《少年篇》中,怀母氏之语曰:予失母早,今强忆吾母之形容,已不可复得矣。所犹能忆者,吾母眼作鸢色,亲爱之情,宛自眼中而溢出。颈后有黑痣,时以柔而白之手,抚摩予身。其微笑时,若有光照耀其身旁,得其一笑,不啻永忘人世之悲哀也。

脱儿时颇顽劣,举动常出人意表,诸长辈之引为疾首者屡矣。然心情之优美而真挚,亦时时流露于外。每追念亡父母,而悲怀不释。其幼年之光阴,盖大半葬于沉郁苦痛之中者也(幼年、少年、青年三篇,虽小说家言,非其精确之自传,然读此,则脱氏儿时思想可窥一斑)。据《幼年篇》之第十九章,则脱十五岁顷,[既](即)为人生命运、未来世界、灵魂不灭诸问题,萦绕其胸际,而当时之意见,则以为人生之罪恶苦痛,亦非难于救济者也。是时既作日记,预定课程表,分修己、接人、事神三项,期恪守其义务。噫!以十余岁之少年,而其修养若是,其思想若是,则他日之为伟大人物,岂无以哉!

脱幼年有一逸事。某日,自欲练其忍耐艰苦之力,以字典一厚册压腕际，经五分时不动。又一日，自挞其肌肤，至痛极而泣。然其翌日，则转自念曰：是何为也？人非一日一时一分一秒向死而驰者乎？自是偃卧床间，读小说以取乐，索甘旨而食，如是者殆三日乃已。

修学第三

一千八百四十三年，脱始入加萨恩（今译喀山）大学（是年十五岁）。此时即耽嗜书籍，凡哲学、宗教、艺术之作，皆涉猎及之，而当时之革命论、无神论，尤其所甚服膺者也。顾于学校之正课，不甚用心。又其求学之旨归，未能一定，时而数学，时而法律，时而医学，时而东洋语，彷徨莫所适从，故成绩极劣，屡试辄黜（在文科时，曾与拉丁语教师争论见斥，是年落第。改习法科，二年仍落第，为之懊丧不已）。由来天才卓越者，其思想活泼自由，强投以枯寂无味之科学，则不能容纳焉，今观于脱尔斯泰而益信也。

脱于诸学友中，有矫然不群之概，平日沉默严肃，罕与人亲近。每有聚会之举，辄辞不赴，众咸目以怪物，或加以"大哲学家""大思想家"之诨名焉。

脱怀抱若是，故于世俗所谓学问，颇鄙夷之。嘲学科，嘲教授，嘲试验，嘲大学制度，往往奇语惊人。某日竟公然于教师之前，撕毁题纸，不待许可，昂然退出教室云。

脱在加萨恩大学三年，始终未卒业，即退学，归而闭户自修。一千八百四十八年，诣圣彼得堡，应帝都大学之试，及第赐学士（后一千八百七十一年，被举为学士院之会员）。旋归耶斯讷亚波连拿。自是至二十三岁，先后三年间，或家居经理田园，谋改良农奴之制，或游历、［独］（狩）猎，读英雄传、法人小说之类以自遣，亦尝与贵族少年游，不无好奢斗靡之习。然时时抚心自疚，彼所著《青年时代》中，盖自白之矣。

脱于学生时代，虽多沉郁懊丧之心情，然其孜孜努力以抵抗外界，而求达于道德圆满之域者，固一日未已也。后一千八百七十九年，脱有《自忏录》之作，而生涯一变，性质亦一变。时人颇异之，而不知其修德之念，早于少年植之基，固未足为异也。

军人时代第四

一千八百五十一年（时二十四岁）。以长兄汲引，得为炮兵大队之候补少尉，与兄同居一营。其屯戍之所，则高加索之山麓，台列克之河畔山。故是役也，于脱之文学生涯，实有莫大之影响焉。高加索地方，本可谓俄国文学之产地。其间雪山蜿蜒，积白万里；海波泱漭，湛碧千尺；朔风匹马，只闻肃杀之声；落日大旗，都作凄凉之色。凡在深情之少年，豪气之武夫，睹兹风物，犹足移情，而况天才磅礴，思想超妙，如脱尔斯泰者乎？噫！脱之得为世界文豪，虽谓为高加索地方之赠可也。

脱在军中，曾有一冒险事。一日，有友曰琐德者，新得一良马，约与脱易乘，作远游计，脱诺之，有炮兵亦请与俱。时伏莽未清，脱等所欲至之地，又为土番巢窟，长官虑而止之，不听。既行五俄里，果有土番二十人许，冲骑自林间出。炮兵二人中，一见虏，一见杀。脱与琐德幸返辔早，未及于难。距其地一里外，有官军戍焉，二人拟驰往依之，误入歧道。琐德所乘马颇劣，远在脱后，脱回顾失琐德，大惊，复回马，往救之。至则追骑已及。二人舍命格斗，夺路而逃，渐遇他兵，号召哥萨克一队来援，脱等始得安然归营。琐德之免祸，实脱之力也。后一夕，脱与人博，大负，书券约期偿之。懊恼之余，偃卧榻间。俄一卒至，呈琐德书，启视则为自书之借券，已裂之矣，琐德盖以是酬其德也（脱未从军前，亦嗜博，一夕大负不能偿，乃遁至一村落，节衣缩食，月仅用五元，数月后，乃得了债）。

一千八百五十四年，克里米俺一役，脱与焉。初战于希利斯滔及巴拉克伯，以勇敢称。是年十一月至翌年八月，困于瑟法斯德堡，脱坚守第四垒，防战尤力，众惊其勇。事定论功，自谓必得圣佐治宝星，然上官中有以私意憎脱者，卒不及赏。由是愤恚辞职，其时官至陆军中尉。

脱在军，尝从事歌咏，与朋辈谈笑，诙谐百出，固不失为活泼豪爽之人物。然某时胸有所触，则烦闷万状，至无端曳友人手，而忏悔己罪，曰："我，斯世之大罪人也！"不解其意者，辄以狂人目之。盖彼于军人时代，血气方刚，所［谓］（为）庸有不合者，故严肃之良心时时自责，而不禁抱此忧郁之感也。然彼之所谓罪恶，自时俗视之，固以为无足轻重者耳。

文学时代第五

脱之著作，以《回想录》为嚆矢（书分三篇，本以《幼年时代》等命名，然合之可为一卷，故以此名之）。其首篇《幼年时代》，以一千八百五十二年，寄刊于俄京之某杂志，不署名。见者奇其才，佥曰："此人他日，必以小说家名世矣。"越二岁，其次篇《少年时代》嗣出，此书实即脱之自叙传，特托名贵公子伊台勒夫为书中主人，且假设人物以点缀之，故亦小说家言也。此书描写儿时之生活与思想，而穿凿入微，恰有少年批评大人之观。俄之批评名家披利萨甫所著《教育论》，即根据此书立言，则其内容若何，可想见已。

自一千八百五十二年后五年间（即从军时代），尚有小说数种，如《入寇记》，如《瑟法斯德堡所见录》（前后共三篇，成于瑟法斯德堡围解后，其书于自己及全堡人民之生活思想，俱精写之），如《樵者传》，如《农话》（此书略叙一青年，富有田产，忽抱解放农奴之志，各假以耕具及资本，又欲进而教之，然卒无成效。盖脱家田产甚广，其去加萨恩大学而归乡里也，目睹农民生活之惨，欲改良之，不得遂志，故托之此书。农为世奴，俄国之俗也），皆其最著者也。故脱在军中，文名已大震。俄帝尼古拉士爱其才，至传命于统将曰："脱尔斯泰，才人也！宜善视之，毋俾陷危地。"（又按《哥萨克笔记》，亦起稿于一千八百五十二年，而成于游历欧洲之际者）脱不惯作诗歌，或言渠在瑟法斯德堡被围时，曾戏仿军歌体，咏巴克拉伯之败，讽主帅指挥失宜，然未署名，亦未付印，厥后不知若何喧传人口。但果否出脱手笔，无由知之矣。

辞军籍后，游于圣彼得堡，公卿士夫艳其名，争相倒屣。一时文学家，如宰格鼐夫（今译屠格涅夫，1818—1883）、巩察乐（今译冈察洛夫，1812—1891）、斯额里葛禄威第等，亦与之倾心结交。时脱年甫二十八（一千八百五十六年），而既于俄国文坛隐然执牛耳矣。居俄京六阅月，日为文酒之会，履舄交错，每痛饮达旦，名士结习，盖亦未免。然脱性本沉静，究不耐此。未几，心鄙都人士之浮薄虚伪，归故里。其明年（即一千八百五十七年），乃有欧洲之游，与长兄尼古拉士俱。

自一千八百五十七年后六年间，所著短篇小说尚有数种：一曰《雪中游》（纪一旅客冒风雪彷徨于中俄大平原之事），一曰《双骑士》（假骑士二人，巧摹两种时代之生活），一曰《三死》寓言（以贵妇人、桦树、驹三者，较其死，盖自述其人生观者，笔致轻妙，殆散文之诗也），一曰《妹与背》，一曰《波利克希加》，诸篇皆简短幽峭，殆其技巧之极品者也。又《回想录》之三篇《青年时代》，以此际续成之（此篇言主人公伊台勒甫，既十六岁与人生问题相触，日彷徨于理想之背影，心情十分烦闷，与其至友奈克里窦，常互语道德上之理想。于是二人相约忏悔，力图前进云）稍后而《全家乐》出，《哥萨克所闻录》亦出（此书所叙事迹，系一女子，名马莲者，美姿容，而性情端淑，少年争慕之。有贵公子鄂烈林，百计求女欢，顾女先已属意宰禄休嘉，弗为动。宰，哥萨克勇士也，性豪爽真挚，故女悦之。会宰他适，鄂乘间益以甘言诱女，女渐不能拒，颇相缱绻。宰归，愤女无情，面责之，女悔恨泣下。是夜适村中有寇来劫，宰奋身拒敌，不幸及于难，女嘉其勇，益哀之。鄂闻宰死，自谓良缘已谐，诣女，以贵公子口吻，侈陈一切，是时女既心变，斥曰："懦夫！"以是为收束）。后者与《回想录》及《农话》二种，虽皆小说体，然亦可谓脱自传之一。盖自责其旧日奢侈浮靡之习，观其以自然之生活与不自然之生活，隐隐对写，则虽谓之受影响于卢骚可也。至篇中精写哥萨克风景，趣味深长，引人入胜，知其受感化于境遇者大矣。脱在欧洲，漫游有年，益深掬自由主义之泉源。及归，颇以解放农奴建立学校为志（事迹见后），皆无成效。一千八百六十二年，与莫斯科人斐尔斯博士之女结婚，家于图拉别墅，由是专意著述。嗣后十五年间，谓即此大文学家月圆潮满之时代亦可。是时观察益深，阅历益富，构思益妙，运笔益熟，如《名马》寓言、如《台瑞谟伯利斯德》、如《高加索囚徒记》等名篇，不及备述。而三杰作中《和平与战争》（另名《战争两面观》，今译《战争与和平》）及《俺讷小传》（今译《安娜·卡列尼娜》）亦成于是时。此二篇与后年所作《再生记》（今译《复活》），实千古不朽之作，海内文坛，交相推重，与格代之《法斯德》（今译《浮士德》）、琐士披亚（今译莎士比亚）之戏曲、唐旦（今译但丁）之《神曲》，价值相等云。

《和平与战争》一书起稿于一千八百六十四年，陆续揭载于报［知］（纸）新闻，阅六年始告成，都四卷，每卷各七百页，盖巨帙也。初，脱欲著历史小说，名曰《十二月党》（此盖俄国党人名），甫成第一章，意不惬。偶忆拿破仑率师攻俄之事，因假之为材料，叙当时俄人之家庭生活，兼写战场景况，以和平与战斗两舞台，相间夹写，局势变化，烘染渲明，令读者有应接不暇之概，所说人物以百计，而面目各异，自非奇才，不易办此（如写罗斯达福之马，与铁尼沙之马，亦迥然有别，其工细若此）。此书虽亦历史小说，然笔致稍不同，论其实，则战争哲学也。非深入人心，以窥见其战斗之波澜者，殆莫能解其真意。自此书出，而俄国人民之战争观为之一变。俄土一役，从军记者之通信，无敢作浅陋而惨酷之功名谈者，则此书影响之大可知已。

《俺讷小传》起稿于一千八百七十四年，四载而竣事，篇幅甚巨。盖本其四十年来之阅历，以描写俄国上流社会之内幕者也。观其书名，虽似以俺讷为主人，实则就正邪二面两两对写，以明其结果之祸福，又以见姻缘之美满，家庭之和乐，尚非人生究竟之目的。篇中所写烈文之精神烦闷，盖著者自道也。观烈文之为人，勇毅而沉默，正真而强拗，虽谓脱氏性质，已隐然现于纸上可矣。

自《俺讷小传》出版后，旋有《自忏录》之作，于是忽由［名］（文）学家时代，一转而入宗教家时代。此后虽稍有短篇数种陆续问世，然于氏之著作中，尚未可推为压卷。至一千八百九十九年《再生记》出，乃与《战争两面观》（今译《战争与和平》）及《俺讷小传》，襃然以三杰作见称焉。

先是，脱闻其友哥尼语一实事，谓有一处女，为无行之男子所乱，后弃之，女流为娼，遂陷于罪恶之深渊，至犯窃盗谋杀之重辟云。脱闻之，悲愤不胜，欲执笔叙述其事，会有故未果。迨一千八百九十五年，左霍波俺教徒，以抗征兵之命，为俄政府所虐待，戮窜羁禁，备极惨毒，其妻孥等流离漂泊，死亡累累。脱悲之，因忆前事，著为是书，以唤醒世人之良心，且以售书所得金，赈恤教徒遗族。此书实捕捉十九世纪之政治问题、社会问题，而以深远有味之笔，现之于纸上者也。法国某批评家谓《再生记》之作，乃对十九世纪人间之良心，为当头一棒喝！可谓知言。故即令脱氏生平，无他杰作，而仅此一篇，亦足执世界文坛之牛耳矣。

三杰作之外，其他名篇杰构，不可备举，如《烛说》《三叟传》《黑暗世界》（戏曲）《四十年》《克罗宰尔琐达纳传》等，要皆各有价值，因隘于篇幅，不能详述之矣。

《战争两面观》事略：有褒特尔伯爵者，年少而富。其戚斐希公爵，俗物也，慕褒之富，强以女海伦嫁之。顾夫妇不相得，褒疑妻与士官德禄额有染，与德禄额血斗，自是夫妇析居。旋有志于慈善事业，赴某地，途与旧友安德烈相值，互道所志，各有不同，一主为人，一主为己。安德烈者，亦青年贵族也，抱负伟大，有俯视一切之概。迨俄法构衅，投身行伍间，血战负伤，为法军所虏。其父濮坤士克公爵不得其子消息者二月。一夕，安德烈归来，安妻方以难产而卒，不及与夫谋一面，安痛之切，勇气沮丧，誓不复为军人。遂拟结庐山中，抚幼子以终隐焉，其遇褒特尔，即在此时也。既而一千八百八十年，俄法和议成，安德烈以偶然之机会，志向一转，复出而为改革军政员。其间遂与女子讷达夏相爱，讷之兄尼古拉士，先年亦从军，安之故友也。顾安父濮坤士克，性方严而执拗，谓将命安游历，俟一年后方议婚。安临行，往与讷达夏作别曰："卿有欲言，语褒特尔可也。"其间讷家计日贫，女偕其父鲁史特往谒濮坤士克，濮窘辱之，讷惭愤，以为与安德烈之婚约终无望矣。斐希公爵之子曰哀拿托，浪子也，见讷之色而悦之，讷颇为所惑。然未几，哀拿托又负之。女痛极仰药，遇救获免，病中忆及安德烈临别之言，往商于褒特尔，属为己谢罪。褒每见讷，爱慕之心殊切。会拿破仑再举北伐之师，俄国大乱，褒为爱国之念所驱，复从军。将行，其妻海伦请与之离婚，许之。褒在军中，为敌所虏，无何，遇救归，及遇海伦，痛责其不贞之罪。海伦恚，仰药自戕，褒之主我性质自是一变，遂全以平等普遍之爱为主义矣。是时安德烈之父以中风卒。安之妹玛丽亚贤而能爱抚兄子，遘兵乱，赖讷达夏之兄尼古拉士助，始得避难乡间。二人相见，遂寄情焉。安德烈时亦在阵前。波罗的之役，受创倒于地，其侧有一伤兵，垂毙矣，询之，则为哀拿托，仇家也，然以死生呼吸，遂释宿怨相怜惜。适玛丽亚与讷达夏不期而至，讷见安大惭，谢过，安喜而恕之。安与哀拿托伤重，卒死于是。玛与讷结为姊妹，而玛则嫁于尼古拉士，讷则嫁于褒特尔。尼古拉士初时生计颇窘，后以勤俭故，产业增拓，过七年，家道蒸蒸日上。安德烈之遗孤既十五岁，居然为有望之少年矣。褒特尔以不平于时势，更约同志，立为十二月党。讷自适褒，以贤内助称，生子四人。一日，有尼之友台尼沙斐者来访，客于讷达夏，先年亦尝有恋慕之意，至是相见一笑，而全书即于是结穴。

《俺讷小传》事略：俺讷者，活泼优美之女子也。嫁于嘉立拿已八载，生一子矣。嘉年长头秃，性方严，与妻迥异，故伉俪殆不相得。俺讷之兄史别维娶妇德丽，亦不睦，常相口角，因作书招俺讷至莫斯科属为和劝。俺至莫斯科后，一夕，赴某家夜会，与少年韦伦斯克偕舞，慕之。俺归京，韦亦乘汽车尾其后。先是韦曾慕一女子名客奇，往乞婚焉。客奇本寄心于烈文，烈文者，方正之士也，常耽冥想，恶都会之浮奢，而隐居田里，慕客奇甚切。顾客奇之母屡劝客拒烈文，客亦以韦伦斯克之甘言诱惑，颇为所动。洎烈文至都乞婚，忽为客所绝，郁郁而归。一夕，某家夜会，客奇靓装而往，意是夕与韦对舞，将令满座妒煞矣，及见韦竟移情于俺讷，茫然含泪而出。旋驰往田间，诣烈文谢罪，烈许之，卒结为夫妇。俺讷既有外遇，憎夫之念益切，后与韦私生一子，堕产，势已殆矣。韦访之，值嘉烈拿于病榻之前，俺讷以死期既迫，自陈罪状于夫，且伏枕忏悔。嘉烈拿终宥韦罪，与之握手。韦惭悔，以手枪自杀，未及死。既而俺及韦俱愈，复犯奸。嘉烈拿怒而出其妻，俺乃嫁韦。然未几，即相反目，情谊日恶。俺既为神人所不容，又见弃于夫，恚甚，潜往莫斯科车站，投身轨间而死。盖与韦初晤面处也。烈文既娶客奇，伉俪甚笃，然无何，精神烦闷如故。著者于此，实自抒怀抱，隐以见人生之究竟目的，不仅在家庭和乐一端也。

《再生记》事略：有少年公爵名奈克留窦，肄业大学时，寄居于伯母之家。其家有女婢名麦绿娃，貌美而性柔顺，奈爱之，两小无猜，初未有越礼之行也。后三年，奈既为军人，以血气方盛，渐习于放浪。后过伯母家，以力污麦绿娃，给纸币百卢布而去。麦绿娃成孕，不能适人，乃流为娼。十年后，有商人毙于院中，麦绿娃犯谋财杀人之嫌，对簿公庭。陪审诸员中，有奈克留窦在焉。麦不识奈，而奈则识麦，目睹所爱之人缧绁加身，惨然不忍。继念彼亦淑女耳，陷之于此，皆吾过也，惭恨交迫，思必出其罪而纳之为妻，以赎前愆。时奈已寄情于某家女，女美而富，婚约将成矣，至是遂毅然辞之。已而麦绿娃以罪状不实，官判流配西比利亚。奈为之一再控诉，仍不得直，因弃官爵财产，易农民装，乘下等车，尾麦之后，而往配所。乃见麦绿娃，白前意，麦惊曰："妾贱人，安敢辱贵介，君已矣！请绝此念！"麦识一国事犯希孟森，遂嫁之以示自绝于奈。奈不惟不嫉不怨，且哀麦之志，而喜其所适之得人也。见希孟森，复以善视此女相托。时有英国绅士访罪囚于西比利亚者，授奈以《圣经》一卷。奈读之，大有所感，自是一意向善，谓身沐基督之光，而得为再生之子云。

宗教时代第六

脱于宗教上之疑义，盖自幼年时，既蟠屈郁积于胸中矣，自《俺讷小传》出版后，志向一变而无限烦闷之精神，遂如烈火之始然，如泉源之初奔矣。一千八百七十九年，著《自忏录》一书，而文学家之脱尔斯泰，遂一易而为宗教家之脱尔斯泰焉。是书之甫出也，其友宰尔格鼐夫病方笃，贻书规之曰："吾为文坛惜其失此一人。呜呼！吾友盍归乎来！"脱得书，一笑置之而已（后一千八百九十八年，脱著《何为艺术》一篇，至诋戏曲小说等为恶魔，文学家皆深惜之）。

脱于人生之疑问，如何烦闷，与如何而求解脱之道，于《自忏录》一书俱详之，今意译其大要焉：

吾之生也，受希腊正教会之洗礼，从国俗也。然吾身五十年来，未尝有信仰，惟持一种虚无主义耳。吾为学生时，颇附和无神论，好读卢骚、濮尔台（今译伏尔泰）之书，强列于教会仪式，而心则侮之也。年十五，吾自觉我身之无信仰，遂绝迹于教会。然有神耶？无神耶？吾未能明言之，未能反驳之。然人生之可达于完全之域，吾终信之，而自谓宜努力以赴之者也。只以客气相乘，情欲纷扰，陷吾于罪恶之中者不一而足。吾于军中则杀人矣；吾以愤怒故，约人决斗矣；吾好博而负债矣，竭农民之脂膏而得之财货，吾浪费之，而且严罚彼等矣；吾尝与败德之妇女子，淫乐曼笑；尝为夸诈之言以欺人矣；吾又尝从事著述，而实则为名誉为利益为骄慢之心而为之也。著述之业出于何故之疑问，未能予以明答也。而吾犹不悟，自为之辩曰："吾为谋文明之进步而著述也。"问当如何而改革其生活乎？则亦自答之曰："吾为进步而生活也。"呜呼！吾当时其如舟子乎！棹扁舟而浮沉于暴风怒涛之中，[间]（问）以何往，而不知其所也。自外国归，遁居田里，乃欲为农民设学校，以为教育之事，较诸文学家，可离脱虚伪之精神，而适于我躬也。虽然，吾自不知何物为必要而有益，又安能以必要而有益之教育施诸他人，则亦自笑其为无益而已矣。吾又尝从事于治家政理产业矣，然吾人窃然自疑曰："使吾有腴田万顷，良马千匹，则吾遂如何？"某时吾又以教育子女为志矣，则亦窃然自疑曰："是何为也？"所以增长人民幸福之法，吾亦尝讲求之矣，然突然自问曰："果于我有何关系乎！"吾每念吾之负文名，又默然自语曰："使吾与琐斯披亚（今译莎士比亚）、普希铿（今译普希金，1799—1837，俄国文学家）等齐名，非不甚善，虽然，是果何为也？"吾以种种疑问蟠踞吾之胸中，欲自戕者屡矣。予书室之隅，悬一绳焉，每脱衣就寝时，烦闷之极，辄欲就缢。其后遂取此绳藏之，又不使枪炮近身，诚恐吾之不能自保其生命也。……人何故而生乎？此问题非科学之所关，哲学虽承认此问题，而亦无解答之资格也。然则如琐罗门（今译所罗门，见《圣经》）、苏格拉底、叔本华等，以肉体之生活为罪恶，以生命之终为恩惠之始，其说果真理乎？吾于是舍知识而求诸人焉。观我上流社会之多数人类，其解释此问题也如何？是可略别为四类：一、无智，二、求乐，三、悟人生之背理而为祸，乃自戕其生，四、薄志弱行，虽悟之而犹甘苟活者。如吾身者，其属于第四类者耶？虽然，予未为绝望也，欲悟人生之真义，其转而求之蠢蠢众生之间乎？彼等贫也、愚也、纯朴也，然前举四类之中，彼未尝属之焉。吾不能以彼为不解人生问题者，彼不独明提出此问题，又知所以明答者也。吾不能以彼为快乐主义者，彼实以刻苦与节欲为生涯者也。又不能以彼为反抗其理性而甘为无义之生活者，彼之行为，彼之生死，实由彼等而后得说明之也。若夫自杀，则彼等且以之为人生最大之罪恶，而憎之拒之矣。噫嘻！吾于是始知吾向所轻视之人生问题，实别有真义存焉矣。约言之，即人生之真意，实筑基址于智识以上者也。据学者贤人之智识，虽谓人生终于无意义,而人类之大部分固明明出其理性以外之智识,而诏我以人生之真义也。理性以外之智识何?信仰是也。惜哉!众庶之信仰有失于不条理之信仰者矣。曰"三位一体"说,曰"天地创造"说,使吾尚未病狂,终未能承认之也。吾欲求理性所不拒绝之信仰,而求之于种种宗教,皆不得满足,则又不得不复归于次举之疑问:曰"吾将继续无意义之生活乎?抑放弃理性有委身于迷信乎",虽然,吾终以为人于推理的智识之外,别有一种智识(即信仰)以主宰人生焉。斯固无所用其疑也。……曰"无限之神明",曰"灵魂之神性",曰"人神之关系",曰"精神之一",而实曰"关道德上之善恶之观念",凡如是者,皆由人类无限之劳心,而始得达之观念也。无此等观念,则亦无生命,且人亦自不得生存矣。然以吾之不敏,竟轻视此世界人类劳役之结果,而妄欲以一己浅薄之见,欲再解释此问题,其愚不几与小儿等乎!……吾于是持谦慎之心,以求信仰,但令其不悖理而毋自欺,则不问其信仰之为何,即欲安之。顾求之于种种宗教,而失望如故也。牧师教士之徒,安所谓信仰乎?虚伪耳。夫自欺的信仰,是亦营不道德之生活者也。虽然,吾又转而观我多数人民之间,则卒由失望而进于慰悦矣。就令彼等之间,含有迷信之分子,然其所为迷信者,实彼等生存之一要素,殆离却迷信即不能着想彼身之存在也。彼等以劳动与满足终其一身,与吾辈上流社会之怠惰而徒求悦乐者,何其适相反乎?彼等虽遇疾病忧患,而以是为天之至善之摄理,怡然自足，与吾辈之怨天尤人，而不能稍耐艰难者，何其适相反乎？人之死生观，由彼等而得透彻矣。人生之非虚妄，由彼等而得解悟矣。反观吾身，其不能与彼等持同一之信仰者，究何故哉？嘻！吾知之矣！吾之误，不在思想上，而在信仰上也，非吾思想之误，而吾生涯之误也。吾欲谓我五十年来之贵族的生涯，直寄生的生涯耳。……此有一物焉，居吾人与宇宙之生命之上，而以其不可思议之力监督之，世界之生命皆从其意志而进行者也。吾人而欲悟其意志之为何，则于其意志之所命令者，所要求者，先不可不实行之。能行神命者，能知神意者也。

以上即脱尔斯泰《自忏录》之大意也。观此则脱之所以舍贵族而为农民，抛笔砚而荷耒耜者，洵有所为而然尔。

一千八百八十四年，脱公其《我宗教》于世，誉之者曰：此脱所以惠赐世界之新福音也。此书脱稿后，为俄皇亚历山大第三所见，欲改纂数语，脱曰："愿陛下以一平民自视，而后读我书，如是而犹有戾陛下之意者，请断我右臂！"

脱以为宜屏一切祈祷仪式与信仰规条，而求基督教之真髓，以《马太传》中"勿敌恶"一语，为足阐明基督精神之关键。彼谓《四福音书》之中，明明有五戒律存焉。五者何？一曰勿怒，二曰勿淫，三曰勿誓，四曰勿敌恶，五曰宜爱敌。此五者，非虚空的理想，而今世所能实行者。且欲建天国于地上，尤非由吾人之努力以奉行此五戒律，即莫自而实现之。要之，脱氏之教，实行的基督教也。彼谓其实行之也，决非难事。因设譬以明之曰：

一戏场不戒于火，人人争欲外逃，至拥塞其门，不得出。众中有大声疾呼者曰："暂退！暂退！匪是则不得救。"众闻其言，未之信也。然吾闻之而信之，则不待踌躇而从之后退，且助之呼他人，虽为众所践而毙，不顾也。何者？以可救之道，惟此一法也。夫基督之救济，实即此真正之救济耳。

《我宗教》一书，于五戒律之下，分系以说，而痛诋今世之所谓文明。如军政、警察、裁判等制度，皆欲自根本上倾覆之。其持论之奇警，足令小儒咋舌。脱所以为现世界之大思想家大革命家者，须藉此书窥见之。欲知脱氏之真面目者，俟诸他日之别译专书矣。

农事意见第七

脱氏著作中，殆无不有关于农事者。如《博克里希加记》，如《主奴篇》，如《人地篇》，如《骏者传》，要皆悲农民之境遇，而说农业之神圣焉。所著有《农话》，假一贵公子为主，言其人谋改良农事，赈救农奴，而卒无效。意谓救农民者，当救其精神，若物质的之救助，不惟无益，而反陷之于卑屈也。又《黑暗世界篇》，则描写农民堕落之状，刻画深露，盖以是警之也。

脱不惟好言农事，自亦好为农事，躯干强健，且有膂力，乍睹之，俨然一负耒荷锸之流也。一日，脱偕友散步郊外，见多人方刈草，趋往观焉，其一人疲甚，乃执其镰而代刈之。顾谓偕行者曰："吾侪筋肉非不发达，然使刈草，至一星期，必劳顿不能耐矣。伊等农民，食则粗粝，居则卑湿，而能为吾侪所不能为。吾侪对之，得毋有愧色乎！"

又一日，有衰病之农夫，贷木于脱，言将以备筑仓之用。脱慨允之，自携斧斤，入山林伐木数株，斩去其枝叶，然后曳而载之车，农夫欣然受之而去。其不辞劳瘁若是，谁复忆彼之为名士为贵胄乎？

平日起居饮食，亦与农民无异。食必蔬菜，寝用革枕，不用华软之衾褥，衣以棉布，或粗麻为之，如俄国乡农所服者。冬亦袭裘，然仅为御寒计，仍用本国式，不取欧式。其俭德有为他人所弗能及者。

脱氏家中，每日宾客满座。上至名臣巨儒，下至学生兵士，皆与焉。其中尤多者，则为农夫，盖脱尤好与此辈亲近也。但有告贷者，必晓以利害，尝曰："以金钱助人，是辱人也。"（夫人培尔斯，乐善怜贫，年中必投三四千金，为赈济之用）

脱之长子于学校卒业后，请于脱，问"他日当执何业？"则曰："汝宜力农。"其重视农业之意，即此可知已。

教育意见第八

脱尔斯泰，世界人类之大教育家也。彼之著述，彼之人格，不独为今世之模范，苟人类一日尚存，即其教训一日不泯。以狭义之教育观脱，浅之乎视脱矣。然彼之关教育之意见，亦有不得不系以一言者。

脱之教育思想，大受影响于卢骚之《爱弥耳》。《爱弥耳》曰，凡慈母不可不自哺育其子。故脱夫妇确守此训焉。又以卢骚主义之最广行者为英国，故聘女子教师于英国，以三岁至八九岁之儿辈，托其教管之。

脱谓欲使儿童常与自然一致，则必培养其爱好自然物之心，勿使对之怀恐怖之念。尝诫幼者曰："以人间之力，较自然之力，则其弱为何如乎？"又谓欲儿童之体会真理，当出以自然的娱乐的，然见有言行虚伪者，亦不惮严罚之。但于进步迟钝者，不亟呵责；于稍有进步者，宁加以奖励焉。是则以己之幼年，亦学力迟钝故也。要之，严禁强迫的注入，而一从儿童之所好，以选择学科。斯义也，虽谓即脱氏之教育意见可也。

脱甚爱幼儿，其对之也，隐然有一种魔力，如以小儿心中之键，握诸掌中然。虽未一谋面者，闻脱一言出口，则儿等恐怯之念悉泯，不惮与之恳恳接谈矣。

尝欲于乡里立一师范学校，招农家子弟，肄业其中，而自监督之。意在养成理想的教员，以为改进农民生活之预备。然其议为政府所驳，遂不果。此外亦尝著初等教科书、童谣之类。一千八百六十二年，刊行一《小学杂志》，揭载有关教育之理论，及稗史小说等。然一辈顽固之思想家，颇交口訾之也。

上书第九

正教会之于俄国，势力最大，有背其教规者，虽国君亦不能安其位。俄之严刑酷罚，虽不一端，而人民意中，则尤以破门之罪名为可畏。罹此罚者，引为莫大奇辱，虽至友亦与之绝交焉。而一千九百一年，此破门之罪名忽加诸脱尔斯泰之身。以脱人格之伟大，如彼破门之罚，曾何能损其毫末，然俄国人民则固引为骇怪之举矣。其所以致此者，固由脱氏平日反对正教会之仪式教义，而直接之原因则在上书一事。

先是脱忧时念切,上一书于俄帝尼古拉士第二,述改革国政之意见。其文略曰:悲哉!今吾国中行刺之谋,骚乱之祸,犹日出而未有已也。临之以胁迫,则人民之憎恶益深;施之以压制,则人民之抵抗益甚。循此而更进,则上下之相仇视,其将何所底止乎?陛下勿谓此等革命运动,易以政府之兵力警察力镇压之也。就令陛下之军人警吏力足以压服人民,而同胞相残,宁非大不名誉之事!况彼等军人警吏之中,保无有睹同胞之冤惨,遭良心之呵责,转而抗政府之命令者乎?谓能以兵力警察力划除革命运动之根柢者,谬见也。吾惟见其潜伏之势力,益甚于前耳矣。故今者敢于陛下及执政诸臣之前,略贡一得之愚。……夫俄国之政治方针,二十年来无稍更易,其与社会之进步,国民之现况,既大相背驰矣,而政府犹懵然不悟,墨守旧习,显违舆望。呜呼!是即革命运动之最大原因,其咎在政府而不在人民可知也。夫争斗与敌视,人人之所恶,和平与亲爱人人之所欲。彼等革命党甘牺牲一己之生命与幸福,岂戏为之哉?亦不得已也。愿我政府,去其褊狭之眼界,捐其私利之心情,然后上下合一之实,可得而举矣。鉴俄国今日之情势,窃以为亟宜改革者,有四大端:第一,优待农民,必使彼等与其他阶级享有同等之权利。其实行之法则如次:一、禁地主不得为非法之行。二、向来佣主与受佣者,别有一种悖理之法,今宜废之,而使受治于普通国法。三、向来农有赡养兵士、备车辆以运军需及担任地方警察费等义务。至为烦苛,今宜一律豁免之。四、废负债连坐之律。且所纳土地解除金,俟既符土地之实价时,则中止之。五、对农民等不得加以蛮野之体罚。凡此诸端,皆所以优待农民也。第二,废治安警察之制。以有此制,故遂令现行各法失其效力,而与官吏以纵恣残暴之口实。观于施行此法之地方，死罪渐增，严刑益惨，可以知其弊矣。第三，除教育障害，即不拘何种阶级，悉施以同等之教育是也。第四，许信教自由，即有背国教者，亦不必以国法处分之。凡此四端，匪独予一己之希望，实全国人民之所切盼也。诸弊皆革，则所谓革命运动，不待镇压而自泯灭于无痕矣。抑又闻之，人类社会者，利害相共，苦乐相关之一连锁也。为求一小部分之幸福与满足，而夺多数人民之乐利与平和，不得不谓之为悖谬。真正之平和幸福，不在一部少数之上流社会，而宁在最大多数之劳动社会。陛下而欲望真正之和平幸福乎？则刍荛之言，幸采择焉！

书上，尼古拉士第二深韪其说，激赏不置。然诸顽固大臣，则悻悻不平。就中教务院长濮背德诺斯采怒尤甚，乃传檄于正教会徒，开临时会议，议处分脱尔斯泰之策。濮背德诺斯采者，性强悍而残酷，不惟于宗教界有无上之权威，即于政治界亦具莫大之势力。其人虽为俄皇所不悦，然无力以黜之也。会议之日，由僧正安布罗久为控诉者，鸣脱之罪于众曰："脱尔斯泰伪善者也，以一己之臆断变更圣经之意义，污我国教，危我邦家。今者诐辞邪说，蔓延于国中矣，非严惩之，后患不堪设想。幸我正教，宣告其破门，俾永堕地狱，闻者悉赞成之。"议定，濮背德诺斯采上奏于俄皇，且曰："非全智全能之神，不能翻此铁案。"俄皇虽意不谓然，而无如之何也。

破门之通牒一传，举国中物议纷腾。如大学生，如劳动者，如市民、兵士等。皆裂眥扼腕，至有欲掷炸弹以毁寺院者，有欲刺杀濮氏者。即欧美国民亦纷纷驰书慰问。至教会中之冥顽不灵者，则扬波助澜，诋脱尤力。或贻书相诮曰："汝死后，其永久堕落矣！"或扬言于众，政府何不禁此伧于寺院？虽然，政府不能除之，吾必有法，使之永钳其口。或遇之于途，则指之为恶魔，至欲殴之。虽然，爝火焉足以蔽日月，蜉蝣焉足以撼大树！自脱视之，则列籍教会与否，[因]（固）何足介意哉！亦坚其所信，求其所安，坦然于敝庐之中而已矣。

家庭第十

脱自幼年时，即梦想家庭生活之幸福，尝曰："医人生一切苦痛者，家庭耳。"一千八百六十二年九月二十三日，娶夫人琐翡亚，时脱年三十四，而夫人年十八。夫人性慈良，工绘事，嗜文墨，尤长于治家。使脱得耽心于著述，而无复内顾之忧者，夫人之力也。其著《和战两面观》也，时阅八年，书成六卷，而易稿至三次，缮校之劳，皆夫人一手任之。其他断篇零简，亦尝以删润之役，属夫人云。

脱有子女十三人，夭亡者五，不佣乳媪，皆其母自哺育之。夫人每日课儿辈学业，未尝间断。又十岁以下者，其衣服皆手缝之，其勤俭若是。

某时，脱尝著贱者之衣，与工人辈为伍。有以锯木为业者曰瑟们，贫甚，一日见乞丐衰且老，瑟们哀之，畀以金三戈倍克。脱见之，忽自念曰：予愧不如瑟们矣！彼之财产仅六卢布三戈倍克耳，而以三戈倍克赠诸乞食者。予有家产六十万卢布，援彼之例，不当以数千卢布惠贫人乎？脱由是更悟私有财产之罪恶，欲倾其产以分给贫乏。夫人泣而谏之曰："独不为子孙计乎！"脱不得已，约以著述权而外，其他财产当悉委诸夫人。其后卒以己之著作权，与其所欲与者。而夫人名下之财产，则日积月累，多至百万弗以上。因欧美各国有译述脱之著作者，皆不待要求，而遗以巨额之印税故也。

脱家以晨饮牛乳时，为一日中最愉快之境。其时家人会于一堂，脱则随意谐谑或杂谈是日应为之事。然一启口曰："时至矣！"则一手持加非杯，亟入书室。其在书室时，即夫人亦不许入内。一家之中，其获有出入自由之特权者，惟其长女耳。

脱性恶喧嚣，而有时聚集家人，欢然言笑，亦引为至乐焉。每年之夏，聚族人而宴之。其时脱笑语风生，绝不似道貌岸然之辈也。又尝聚族中儿辈七十五人，与之为儿戏，驰驱距跃，天真盎然，竟使人忘其为名震全球之一老翁矣。

脱不好远离家庭，每旅行，或狩猎归来，即亟亟问家人安否，途中所见，事无巨细，必以语家人以博其欢。又优待奴仆，凡受佣于脱家者，独得自由，故敬爱主人之念綦切。其家人等，与脱之志，不必皆同，脱亦任其自由，不以己之所信者强之也。其长男即与脱意见全反，而从母之志以整理家产。次男则行父之道，卒业中学后，不复入学校，二十二岁结婚，夫妇偕营农业。三男亦然。往者萨马拉地方苦饥，特往设放赈局于各村，多至二百处。且贷农民以燕麦之种，全活者至一万二千人。与脱尤表同情者，其次女也，终身确守父说，仅食蔬菜，萨马拉之灾，亦躬往放赈，为饥民等任炊事之劳，且以衣履马匹粮食等分给贫民云。

脱家有一乳媪曰阿额萨者，年百岁矣。其先世为农奴，七十八年前，即佣于脱家，为脱哺乳。迄今日，媪之对此老儒，犹宛然以监督者自居，见客，每絮絮语脱幼时事，有自矜之色，曰："渠固可儿，然驾驭之，殊不易。"人或以脱之主义与理想语媪，媪不解，亦不答，冷然一笑而已。噫！此媪之于脱，何其与俄政府之于脱相同乎？

脱家于幽径之间，门不设扉，而有巨石柱一。门以内，则旷地一方，不植树木。惟厅事侧有老榆一株，浓郁合抱。脱自以贫民之树名之。其屋为俄国旧式，类一长方形之箱。室内毫无装饰，其上不设藻井，其下不敷华茵。书室中，悬一铁环，本以之系熏豚，后乃装运动机械于其际，镰锄锯凿之属，纷然悬于四壁焉。粗木之长几一，类乡农所用者，不谓千古不朽之著述，即于此几上为之，海内名人贵客，各以得坐此几侧为荣幸也。

丰采第十一

脱之容貌，于威严中，别含一种和蔼气象。每衣农民之服而出，长襟博袖，使见者如见《旧约》书中之插画人物焉。英人某之游记中，记脱之容貌曰："一千八百九十二年冬，予至莫斯科。初至之日，即偕某友入肆啜茗。邻座有数客方评论脱尔斯泰之著作。予因窃听之，其时瑞雪霏霏，虚白盈室。忽有一状如老农者，自外入。其人甚瘦，而身不甚长，披羊裘，躞长大之革舄。既入，脱毡笠与众为礼。时予坐，距户较远，故未能明视之。而吾友忽起立，谛视客面，若有惊讶之色。邻坐者亦默然忘我。肆之主妇忽作笑容，曼声而言曰：'脱尔斯泰君，请来此！'予于是始知客之即脱尔斯泰也。因谛视其貌，则见君广颡，浓眉，隆准，肤黝黑如剥岩，筋肉显露。行步时躯干挺直，而足甚短，若跃行于冰上者然。时方冒寒而来，故呼吸颇疾，灰色之发，蓬蓬然覆于肩，雪花宛在也。揣其年，则似六十余岁人。其态度，则豁达而粗率，纯然一乡农也。尤引人注意者，则其深陷之双目，炯炯有光，脱之人格盖全已表现于此中矣。"

交游及论人第十二

与脱最相契者，宰尔格聂夫也。宰年长于脱，先脱而得名，初不识脱，及睹《少年时代》之作，叹曰："是第一流之才人，予则过渡时代之一作家耳！"遂与之订交。其后宰所著小说中，有说私生子之事者，脱竟面众而嘲之，宰怒，殆欲与之决斗，然未几意解，交谊转密。绍介其《战争两面观》于法国文坛者，宰之力为多。及脱著《自忏录》时，宰已病危，犹贻书劝之，盖爱之切也。

脱游欧洲时，尤倾心于叔本华之哲学。时叔本华年七十，往谒之于弗兰克福特。脱所著《三死》寓言，实受感化于叔氏之厌世主义也。

今俄皇与脱未谋一面，而神交极密，帝最爱读其书，与侍臣语及脱，则喜形于色。尝欲以脱所著曲本，命国立戏场演之，会为教务院所沮，不果。脱夫人至俄京时，帝特召见之。脱所贻俄帝书，至称之以爱弟云。

脱于各文学家，尝评论之。其论普希铿也，曰："彼之笔虽致密，而过于纤巧，且用意肤浅，乏于变化，往往令读者难解。予之为文，虽求描写精密，然必期令人易解。是彼我之所由异也。"

其论若拉（今译左拉）也，曰："彼之写实主义，不过显事物之真相，非其正久艺术也。人与人之感情交通，又人生之何者无价值，何者为永久，不可不区别之。此艺术家对人类之义务也。"若拉为脱雷斐大尉之［宽］（冤）狱，愤懑不平，劾法国政府，遂见逐。脱闻之曰："是犹小事耳，亦奚必劾之？英美诸邦，其所为罪业有什百于是者矣！"

其论葛尔格（今译果戈理，1809—1852，俄国作家）也，曰："彼之小说，仅写人类之黑暗方面，而不知人人心中，各有美质存焉，助之得宜，皆可与为善也。葛氏昧于此，其未知所以教人自重之道乎！"

其论琐斯披亚也，曰："琐氏实艺术大家，然世人之崇拜之者，通称扬其短处耳。有一问题焉，求解答于彼之著作中，非不能得之。其问题何？即吾等何为而生是也。"

脱之感情思想及其精力，颇似拉斯铿，故甚推崇之，尝曰："予窃怪英人之称扬格兰士登而不已也，英国有拉斯铿，其足夸美，不更甚于格兰士登乎！"

有以英人亚诺特（今译阿诺德）之诗集赠脱者，读竟，跋其尾曰："诗诚佳，若以散文出之，则尤愈。"盖脱不好韵文，以为韵文者，束缚于无益之法律，而反损其真趣也。

政论家之为脱所推服者，美之亨利佐治。盖亨利佐治之主张废奴隶，与脱之主张解放农奴，其义一也。亨所著《进步与贫困》，脱最爱读之，尝欲取其单税主义，施之于俄国云。

脱薄视新闻记者与批评家，曰："此辈实文界之劣驷也！其所评论，无一瞥之价值。"然于史老霍之评语，则亦赞其公平确切焉。

脱于中国哲学中，最爱读《老子》，尝欲据欧洲译本之《道德经》，译为俄文。

脱与卢骚相去几百年，而其爱自然，憎文明，则甚相似。幼年时，尝以基督与卢骚之肖像佩于胸前，以志仰慕之怀云。

佚事第十三

脱诋今日之文明为伪物，故亦恶医术，谓此即伪文明之产物也，故有病不好服药。不得已而延医，则心为之不怿者累日。

又恶铁道，其著作中亦时时言及之。自言予每乘汽车，辄数日不快。故出外每徒步，即有时乘之，亦必不乘一二等车。但旅行中，亦好与同伴者殷勤相接，莫知其为名震全球之人物也。

凡近世发明之器械，亦痛恶之。谓适增虚伪文明之势力。所不恶之者，惟农家所用牛车耳。

其所嗜者为音乐，且亦工其事。执笔之前，辄抚琴奏一曲，以鼓文兴。

初时亦好狩猎，尝以野猎故，为熊伤其一腕，几濒于危。后忽悔之，不复猎，曰："如是残忍之行，而予乃引之为乐，是何故耶？"

其著作，多于冬期为之。尝终日终［衣］（夜）不辍笔，曰"怠惰者，人间恶德之尤也"。《战争两面观》脱稿后，年五十一矣，忽有志于古典学，遂习希腊语，未三月而于史家哀罗特之书，已能自读。虽精于此学者，叹弗及也。

有馈以自由车者，以为是奢侈之品，婉辞谢之。某年以养病赴巴西基里亚，见土人所畜一马，颇褒美之。主者即以马献，脱感其厚意，亦谢而受之，笑曰："归后必以他物为报也。"

脱谓以金钱助人者，与侮人无异。然萨马拉地方苦饥时，亦躬往调查，为一文缕述灾民之状，且自捐金百元，送之《莫斯科新闻》之编辑局。读其文者，咸为酸鼻，遂各踊跃输将云。其著《再生记》也，亦为抚恤教徒遗族起见。脱向谓以文字易金钱，为文人之耻，故不登录著作权。无论何国何人，皆许其自由翻刻。独此次新闻之主人麦克斯，请脱稍破成例，谓若于全篇登竣后，禁转载者数星期，则当酬以三万卢布，不尔，则仅酬其十分之四。脱初不欲，以麦克斯之迫请，乃广告其理由于众，曰："愿公等为灾民计，不亟亟转载此稿也。"又俄日之役，脱以所著书多种，托书肆售之，以所得利益抚恤军士之遗族焉。

脱于著《自忏录》后，尝至莫斯科，组织一慈善事业委员会，屡于公会堂演说其本意，众以平生尊脱故，解囊者颇多。既以所得款，经营有益各事业，然尚余金三十七卢布。欲以之悉与贫民，既而睹贫民之多不德，乃叹曰："以资财为慈善，是无益于人而反害之也。"卒以金还诸原捐者。

脱之勤德，尤为人所难及。其每日就浴也，必自运水，自焚火，盥漱所需之水，亦手汲之。又如整理书室，亦躬自为之。食时不使仆人在其侧。一日之间，罕有召唤仆辈之事也。脱恪守《圣经》中所谓"勿审"之戒律，然曾以州会之公选，一为治安裁判所之名誉判事。一日出其文牒以示人，笑曰："谁料脱尔斯泰亦曾为裁判官乎？"

平日不好居都会，偶以家人之累，暂傲居于都会，则意倦神疲，动辄生怒云。

脱力守烟酒之戒，且不肉食。以为肉食者，一使人之情欲盛旺，一使人之性质残忍也。其家人之信斯说者，惟其次女一人。

其夫人则谓菜食有害滋养，易陷人于贫血等症，极力反对之。有英国少年某诘之曰："君之菜食主义，乃不能行于一家乎？"盖讽之也。脱答曰："置灯火于升斗之下，则其光不明。今社会之不免于谬误者，以其尚幼稚也。虽然，终不能为谬误之社会屈我一己之信仰。但知罄能力之所及，以求理想上之结果而已。"

尝散步于莫斯科之城门外，见一行乞者，饥且疲，请于脱曰："愿君以基督之名，一行方便。"语次，适一警吏至，乞者仓皇遁。脱谓警吏曰："子曾读《圣经》乎？"警吏不知为脱，然睹其容仪，知非常人。谨对曰："读之。"曰："然则'食汝饥者'为基督之命令，子应知之矣！"警吏初莫能答，忽反问于脱曰："君曾见警察法乎？"曰："见之。"曰："然则行乞于途之干警例，君应知之矣！"语罢，扬扬自去。脱记此事于《我宗教》之中，以明《圣经》与国法之大相矛盾焉。

有称辩之势力于脱者，脱曰："然。虽然，雄辩者使人失理性之判断力，大可危也。"

脱于所著《何谓艺术》之中，谓粗浅之俚谣优于高尚之歌曲。然至近日，则并歌谣二者而斥之为愚。就中如军歌，尤易助长人间之罪恶，其性与酒同。虽歌谣者人人之所好，然不难由锻炼意志之力而远之也。

某年，值脱之生日，世界各国，无贵贱上下，争寄贺柬。而俄罗斯帝国图书馆所上祝词，尤为新颖，曰："馆中所藏君之著作，不惟用本国文者已也，又译为世界各国文字者，无一不备，此亦吾馆之荣也。"俄人某，作一表，记脱氏著作之已译为他国文字者，则德文二百十八种，英文百七十五种，基奇文百三十种，巴尔干安文八十种，塞尔维安文百种。此外有希伯来文，有波斯文，有暹罗文，有华文，有东文，又有以近年发明之世界通用文（哀斯培兰脱文）译之者。

俄国一新闻，属人投票，举其所最爱读之书。及检点票数，脱得六百九十一票，而大文学家如葛尔格、宰尔格鼐夫等，皆仅得百票以下。即此益见脱于文学界之价值已。

霍恩氏之美育说

霍恩（1874—1946，美国教育哲学家）于所著《教育之哲学》中论之曰："罗惹克兰支及斯宾塞等之研究教育理论也，于美育一事，弃而不顾；此不得不谓为缺憾。今于教育之新哲学中，其思所以弥之者矣。"由是观之，霍氏之于教育原理中，明明以美育为重，可知也。然氏于此书，却未详说美育之事，读者引为遗憾。或谓霍氏此书，别无独得之见，惟其取前说而排比之，能秩序整然，故足多尔。

厥后霍氏复著一书题曰：《教育之心理学的原理》。其第三篇为"情育论"，中有"审美教育"一章。此章之说极新，霍氏殆自以为独得之见乎？今先述其说之内容，而试加以品评焉。

审美教育之性质

感情生活之发展之最高者，美之理想也。审美教育者何？培养其趣味而发展其美之感觉也。趣味者何？美术价值之知识的辨别，与对美术制作物之情操的感受也。审美教育之最初目的，关于壮大之自然及人间，在能教育儿童，使知以美术物供其娱乐之用而已。其次，则贵能评量美术的价值。氏引拉斯铿（今译罗斯金，1819—1900，英国文艺批评家）之言以明之曰："凡对少年之士及非专门家之学子,不在使之自得其技术,知品评他人之技术而得其正鹄,斯为要尔。"是故为教员者,但能养成儿童俾知以智识的赏玩美术,则既足矣,其余之事非所关也。

审美教育所以为人忽视之故

以审美教育与体育、智育、德育等比较观之,则美育之为世人所忽视,亦固其宜。此其理由有三焉:(一)以其属情育之一部,故美育之于近世教育中,不能占独立之地步。如海尔巴德,即于智力及意志外,不予感情以独立之价值。此外,叔本华然也,巴尔善亦然也。要之皆以审美的感觉赅括于情操之下,而于意志论中述之矣。(二)以学科课目中所含审美的教材,以较智识的教材、道德的教材,所占范围绝小。(三)巧妙而有势力之议论,能使人于技术(按,此指艺术,下同)之重要,转至淡焉若忘。如罗惹克兰支之《教育之哲学》,于健康真理宗教道德之理想,谆谆论之;而于美之理想,则不置一辞。又如斯宾塞之《教育论》,其被影响于教育界也,殆五十年之久,而彼于审美的兴味,等闲视之,一若以文学技术为无益之举。其言曰:"文学技术占生涯之余暇之部分,故当属教育以外之事耳。"方功利主义风靡一时之秋,则美育之为其人所忽视,又奚足怪哉!

卢骚之审美教育说

卢骚之著《爱弥耳》也,其教育之一般目的,未可谓为高远。彼非欲得笃实坚固委身徇道之人物,欲学者得平和闲雅之境遇耳；非欲其进取的之计画，欲其以受动的享娱乐之生涯耳。卢氏教育之目的如此，诚未可言高远。虽然，彼于审美教育之价值，则能认见之矣。卢骚曰："使爱弥耳就一切事物感其为美而爱之，是所以固定其爱情，保持其趣味也；所以遏其自然之欲望，而使之不至堕落也；所以防其卑劣之心情，而不至以财帛为幸福也。"移卢氏此言以观今日社会之况，则诚有所见矣。

柏拉图之审美教育说

上而溯柏拉图之审美教育说，可见其较斯氏之说为更高远矣。斯氏言使吾人遂完全之生活者乃教育之所任。斯说也与柏拉图同。然所谓完全之生活，意义迥异。何则？前者仅指物质的现象，后者则于灵魂之无穷之运命亦赅而言之也。实则希腊思想所远觇于近时世界者，即所谓"美"是已。柏拉图于《理想的国家》中，有言曰："使吾人之守护者，于缺损道德的调和之幻梦中，成长为人，吾人之所不好也。愿使我技术家有天禀之能力而能辨别'美'与'雅'之真性质，则彼辈青年庶得托足于健全之境遇耳。"以言高尚之训练，殆未有逾此者也。

"健全之精神宿于健全之身体"，罗马人之理想也；而"美之精神宿于美之身体"，则希腊人之理想。吾人既欲实现前者之理想，亦愿实现后者之理想。

审美教育之重要

由上之说，则开拓儿童之美的感觉，果如何重要乎？今欲就四项详说之：（一）审美之休养的价值。（二）社会的价值。（三）心理的价值。（四）伦理的价值。

美育之休养的价值

凡人于日日为事时，不可无休养。审美的教育即为此之故，而于人间之智的生活中，诱导游戏之分子，而保持之者也。审美的感动即对美之观念之快感。而常能诱起其感情者，不外美术的建筑物、雕刻、绘画、诗歌、音乐或自然景色之类。吾人之心意，常由此等而进于幸福之冥想。而其所为冥想也，决非为吾人之利用厚生，惟归于吾人生活之完全耳。故此等诸端，实为吾人自身供娱乐之用者。一切技术决无期满足于未来之性质，惟于现在之时、现在之处，供给吾人以满足而已。是故为自身而与以快感者，即审美的快感。以此义言，则吾人即于日常之业务，亦得发见审美的要素于其中。同一事也，以审美的企图之，则感为快，不然则感为苦。吾人之灵魂，得由审美的技术而脱离苦痛。斯义也，叔本华之哲学中既言之，学者所共稔也。吾人于纷纭万状之生涯中，而得技术以维持其游戏之分子，此所以增人间之悦乐，而因之占人类生存之胜利耳。故虽谓人类之绝对的利益，全出审美教育之赐，亦何不可之有？

美育之社会学的价值

以社会学见地观之，则审美教育者，所以于完全之人类的境遇，调和人间者也。人类以科学、历史、技术为世世相遗之产业。故教育之责，即在以是等遗产传诸新时代，而期其合宜焉尔。教育者苟忽视美育，非既与教育之本义大相剌谬耶？吾人之灵魂，未达于审美的醒觉，则不［能］（具）感受之灵性。故其灵魂惟往来于科学的事实、历史的事实之范围中，欲以达人类之理想之境遇，奚其可？

美育之心理学的价值

以心理学的见地观之，则个人意识之完全发达，亦以美育为必要。意识者，不但有知的意的性质，又一面有情的性质。而美之感觉，实吾人感情生活中最高尚之部分也。偏于智识则冷静，偏于实际则褊狭，知所谓美而爱之，则冷者温，狭者广矣。人之灵魂，对偏于智识者而告之曰："汝亦知智识而外，尚有不能以知识记载者乎？"又对偏于实际者而告之曰："汝知人世所谓有益者之外，尚有有价值者乎？"真理之智识使人能辨别事物，而不能使之爱好事物。善良之意志足以匡正人心，而不足以感动人心。欲使人间生活进于完全，则尚有一义焉，曰：真知其为美而爱之者是已。

美育之伦理的价值

吾人于审美教育中，又见其有伦理的价值。欲彰斯义，诚难求详。然知其为恶德，则觉有丑劣不堪之象横于目前；知其为美德，则恍有美艳夺人之色，炫于胸中。是说也，其诸人人所皆首肯者乎？固知所谓恶德，亦有时以虚饰而惑人；所谓美德，亦有时以严酷而逆物。然见恶德而觉其丑恶时，吾之审美的灵性必斥之；见美德而觉其美丽时，吾之审美的灵性必与之；斯固无容疑议者也。不论何时何地。人间之行为常与道德的基本一致，故其内容可谓之为正。然至实现其行为之动机，则与云道德的，宁谓为审美的。要之，人间之行为，于其内容则道德的也，于其计画则审美的也。是故不为美而仅为正义之行为，终不能有伦理的价值也。

审美教育之实际问题

由前之说而知审美教育之重要矣。于是遂生一实际问题焉，曰：学校于美育一事，宜如何而后可？从吾人之要求，则亦无他，修养美的感觉，获得美的意识是已。美之感觉何以修养？曰：惟吾之耳目与灵魂，对人间及自然之事业，而觉悟其为完全之时，可以得之。譬如睹精巧之雕刻物，观神妙之绘画，闻抑扬宛转之音乐，读深邃高远之文学，山川日月，草木万物，贶我以和平之心情，畀我以昂藏之意气。于斯时也，吾人对耳目所接触者，感其物之完全，而悦乐生焉，则美之感觉克受修养之益矣。如此审美的经验，即以吾人感情的感触其所爱好之事物，而人类经验中最高尚之形式也。若于此外更求高尚之经验，其惟宗教的感情乎？然而宗教的感情，亦不外完全之美的要素，既人格化，而人间以意识的而结合之者耳。

宜利用境遇之感化

然则于学校中，开拓美之感觉，当何如乎？窃以为其最要者，在利用境遇之感化，使家庭学校之一切要素，悉为审美的，则儿童日处其中，所受感化必大矣。

宜推广技能之学科课程

今世虽以文学为美术（按，此指艺术）之一，于学科课程中颇占相宜之地位，然其余技术似不应下于文学，窃谓自今以往，亦宜注重。如唱歌，如玩奏乐器，皆宜加意肄习。如木工、金工、抟土等，宜于实用的外，更加以审美的。如于图画及其他学科，宜教以形色之要素是也。

宜改良技能科之教法

自然研究之教授法，不可仅如今日之为科学的。于读书教授法则，此后宜留意于趣味一面。初等国文科之教材，亦宜多采单简之叙事诗或神话的要素，不可过列近时之作。如是，庶可避今世言语学的文法的之弊，而于文学的形式及其理想，乃能玩味之矣。又如劝诱儿童，频往来于教育博物馆或美术陈列所，是亦其一端也。

宜创造审美的之校风

以此义言，必有自由安适及德行优秀诸点，而后可谓之为美。

宜培养审美的之教师

教师为儿童之表率,故欲举美育之功,则教者自身不可不先为审美的。故教室中之行为及日常之举动,其风采容仪不可不慎。捐时力财力之几分,肄习诗歌音乐书画之类,以为自己修养之资,斯固为教师者所不可少之要义也。

霍恩之美育说大略如右。其说平淡无精义,名高如霍氏,而其立说仅如此,似不足副吾辈之宿望。且彼自谓近人之忽视美育,一以置美育于情育之中故,而彼反自蹈其弊。又谓美育之不振,由学科课程中含美的要素者少,然美育之于学科课程中,其位置宜若何,其分量宜若何?亦未切实言之,未可谓为得也。虽然,以趣味枯索如今日之教育界,而得霍氏之热心鼓吹,一促时人之反省,其为功也固亦伟矣!今是以介绍其学说,亦窃愿今世学者知美育之重要,而相与从事研究云尔。

述近世教育思想与哲学之关系

古来学者多欲就自然人类及社会等疑问而解决之,如人所以为人之价值,存于何点乎?人何为而生斯世乎?心与物体之关系如何乎?人何由而得认识外界乎?又真伪之判决于何求之乎?凡此之类皆是也。而由此等疑问,遂生所以教人之目的方法之疑问。此乃势所必至,谓后者之解决,专待诸前者之解决可也。然吾人之于自然于人类,其未能明了者尚复不少。往往有一代所信为正确者,至他时代,复以为虚伪而舍之。殊如理想上之问题,乃随吾人之进步而变迁无穷者,决不能见最后之决定。此哲学上之研究所以终无穷期,而教育思想之所以不能固定也。人或以无确实不动之教育说,引为慨叹。虽然,亦奚足慨叹哉!教育不能离历史的条件。人类之发展促教育之进步,而教育之进步又助人类之发展。二者循环相俟,而无限发达。此理之固然耳。以下约略述之,以见近世教育变迁之次第,无不本于哲学的思想之影响者。

在近代之教育界,其初虽以模仿古人言文,为教授上最要之练习,然尚实主义起而反对之,一以实事实物之知识为贵,遂于十七八世纪之教育界大擅势力。此倾向之起原,固由于时势之变化,然柏庚(今译培根,1561—1626,英国哲学家)之经验主义,实亦大与有力也。柏庚对眩惑上古文学之徒,以现在三字警告之，大声疾呼曰：汝勿盲信传来之说，而躬就自然研究之。向来之科学，不使自然发言，特以任意构成之观念，加诸自然界，而由之以成虚伪之思想。不观于旧来之论理乎？其推测式由命题而成，其命题由言词而成，而言词则概念之符牒也。然若此根据之概念，出自任意构成，而并不正确，则筑于此基础上者，何以保其坚实乎？故吾人一线之希望，在真正之归纳法。惟由此法，而后可得正当之概念耳。此法由感觉的知觉，由具体物，而抽出定理，且由渐近完全之进步，而达于最普遍之域。向来就自然界之思考，不过预定云耳。然以事实为基础，而成立于正确之次序之结论，则可视为自然界之说明焉。是故无根据而预定之之虚伪的概念，必一扫而空之，使吾人之悟性得全脱其束缚。柏庚又谓虚伪的概念之所由生，有四端焉：一、欲以己之感觉为准，己之性质为基，而考察事物之一般倾向。二、由气质、教育、习惯等而出之个人特性。三、人于日常交际，以言词表事物，后则竟忘原物，而惟保持其符号。四、传来之种种独断说，犹存于哲学系统及虚伪的论理故也。反而言之，则构成正当概念之道非他，心常止于物之本身，而受纳其形象，如在其真。且也，不依赖教权，而尽舍得自传授之意见，一以无垢无邪之心，考察世界是已。居今之日，物质界天体界既扩张无量矣，而于知识界，犹限于古代之狭区域，人类之辱也。故必以立于观察及实行上之经验，为研究之唯一方法。又曰：人为自然之从属者，又为其说明者，其所能知、所能行，限于能由观察与思索以知之者耳。人之知识技能决不能超越之。夫知识者，力也。原因之不能认知者，则不能见结果。自然者，惟由顺从而后得征服之耳。要之，尚实重理之倾向，独立的研究及多方的知识之要求，于柏庚著作中往往见之。

在教育界，直接受柏庚之影响者，廓美纽司（今译夸美纽斯，1592—1670，捷克教育家）也。廓氏虽有强固之宗教的倾向，然以为人性非腐败，而具有知德及信仰之种子者，欲发展之，俾得登天国。此其准备，可求之于现在世。氏以为教人之法，首在观察自然界，而从其化育万物之法则。如曰：自然以春季为动植生育之时期，故一生之教授始于幼，一日之教授始于晨。自然先实而后形，故教授亦体之，必先认识而后记忆。自然以普遍为基础，而后进于特殊，故必定学术之一般的基础，而后移于特殊之教授。自然必有次序，故教授亦不可躐等而进。自然必有根底，故教授不当求知识于书籍，而当求之于实物云云是也。

实学之倾向，于十七世纪之教育界，其势力既渐强，于是持宗教主义者，不但不能防止之，又自服从之。观于佛兰楷（按，1663—1727，德国教育家）之学校，多授实科，以练习实用的技能，及其后信念派之创立实科学校，可以证也。但此种新倾向，非仅受柏庚一人之影响，亦由物理、天文、地理上之新研究，促人生观世界观之变化，有以致之。其在法国，则拉普烈既谓教授者以得自实地观察之知识为必要，又如孟德尼（今译蒙泰涅，1533—1592，法国伦理学家）、夏尔伦，亦力斥注入知识徒劳记忆之教授法。故教育及教授界，既机轴一新，特经柏庚、廓美纽司之鼓吹，而其势力更隆盛尔。至于重理贵法之倾向，所由发达，则吾人不得不归之特嘉尔德（今译笛卡儿，1596—1650，法国哲学家）。

法国学术界之怀疑的精神，于孟德尼、夏尔伦既表见之，至特嘉尔德而尤著。孟德尼以为一切科学，有不能利于人生行为者，宜排斥之。吾人非为科学而学科学也，为欲完理性、正思想而利用之也。脑之善锻炼者，优于脑之充满者远矣。夏尔伦亦谓［科］（博）学之与知能，不但相异，且不相容。富于智者无学，长于学者无智。人之价值，不在记忆丰富，知识赅博也。知自己，从自然，能保持一身之自由，而于道德上发见真正之满足，有此智能，则价值存焉矣。导儿童者宜善诱其好奇心，常活动其耳目作用，以为培养心力之用。且勿仅由依赖之情，及敬慕之意，不择何事，而盲信之。必凭一己之理性，以探究一切事物，而自选择之。不能选择，则以使之怀疑为得。要之，谓疑惑宁优于盲信是也。特嘉尔德之说，与是略同，谓向之所信者，宜尽疑之，且凡为疑之对象者，宜尽除之。曰：感觉屡欺人，故吾人不得信赖之；即理性，吾人亦不能以无条件而信用之也。何则？难保其不陷谬误也。醒觉时之思考与梦寐中之思考，其区别果何在？以前者为正确，其理由究何在乎？从氏之说，则使向之所信为确定者，悉退而立于不确定之地位。然特氏又谓此不确定者之中，却有一确实不可动者，即怀疑益深，则此怀疑之我之存在，益不得不确实。疑也者，不外思考之一形式。故可曰："我以思考故而存在也。"是吾人以单简之直觉，于疑问自身所得之真理也。我虽疑一切，然其思考之不止，明甚；思考若止，则纵令其他一切存在而我之存在与否，未可信矣。故当知吾人之本体，在思考之上。自我确实，则为一切认识之根据。吾人所明确认知，恰如我身之存在之事，斯可谓之为真耳。氏从此根本思想，而于方法论中，谓知觉理解之力，人皆同等，其所以区别之原因，则由养成之法不同。又谓人各有自由思考之权利，人之所信者即其所自决者，故学习上最宜重个人之自由。至方法上之规定有四：一曰，明确之法则。即明确认知者外，不可采以为真是也。二曰，分解之法则。即处置难事时，剖大为小，逐次分之，至分无可分而已是也。三曰，总合之法则。即从由简渐繁之次序，以导思考之绪是也。四曰，包括之检查。即广而计之，期于确无遗漏是也。由是观之，特氏于排盲信而贵自思之一点，与柏庚同，又于重实事实物之知识，亦略与柏氏近。惟特氏不置重实质的知识之自身，则与柏庚迥异。氏盖以实质的知识，为增进心力之手段，以使人能达于自求真理之域，为其主要之目的。教育论者之置重形式的陶冶即此义也。

卜尔罗怀尔之学风及教育，明由特嘉尔德之思想而出。此派一反蔼瑞脱派教会偏重古语之弊，而本由既知及未知之原则，取普通经验上之事实为题，先以国语讲谈之，以国文记述之，而后使之学拉丁语，期养成其恰当之判断力。又其使之学古语也，其旨归不在偏于形式，而专以模仿为事，特欲从古学者之例，善能发表其正确之判断与适切之思想而已。如弗理约利、斐奈伦、罗尔兰之徒，皆从特嘉尔德之思想者。弗理约利曰：在文艺复兴时代，有委其一身以学习希腊拉丁语，至仅为言语故而泛览一切学子之书者，斯诚可谓奇人矣。若辈以为欲利用古学者，在谙诵古人文字，如其所言而言之，是实误甚。古之人择适切彼等之事实，而以正确愉快之方法，善表之于言语。吾人亦当择适切吾人之事实，如古人之法，而以吾人之言语叙述之。此即善学古人者也。［茀］（弗）理约利此言，实足表示新人文主义之根本思想。故特嘉尔德之思想不但助成近世之实学的合理的倾向，即谓人文主义亦由是而得改造之根据可也。

方法之过重，此新教育家之一般倾向也。拉德楷（今译拉德克，1571—1653，德国教育家）既谓各种言语，当以同一之方法处理之，廓美纽司亦谓一切科学及言语，当以同一之方法教授之，至欲编定教科书，使教者奉为定范。今谓此倾向之增进，亦承特嘉尔德之思想而来，非臆说也。至是，论者竟以为不问教师优劣，但同用一书籍，同一方法，即可同获成效。如贝斯达禄奇（今译裴斯泰洛齐，1746—1827，瑞士教育家），谓良善之教法，惟一而已，简易其教法，则凡为母者皆可以教其子云云，即此义也。要之，轻视教师之人格技能，与生徒之个性，而循严密之方法而进，则不问养成何等生徒，皆可如愿以偿。此合理主义之教育家所均谓然也。

以感觉为高尚之心的发展之基础，更说实地的观察感觉的经验之必要，且稍加以功利思想者，洛克（按，1632—1705，英国哲学家）也。洛克否认天赋的观念之存在，以一切知识为获得者。虽人人所一致认定者，然非自始而存于精神。又即矛盾法、相同法等，为论理上之根本定理，然人非自始而有之。观于儿童及无意识者之绝无意识，可以知也。个人及国民间，其道德心、宗教心，不相一致，然则有何理由，可信为先天的存在者乎？要之，人心之初，如一幅洁白之纸，其有观念及其思考之材料，惟由对外界事物及内界活动之观察而得之。故人知之根源非他，一则感觉，一则内省。由是以得单独之观念，及其合之也，而后全体思考及知识系统，乃以成立。此与结合字母而组织为言语，无以异也。

洛克本此思想，而述教育上之注意，曰：满足儿童之求知心，此最必要。人惟有此心故，而后能知世界。故吾人对幼者之发问，宜本亲切之情，与以正确之答。又必语以他人求知之法，以刺激之。又曰：凡学习，不宜以之为课业，而宜以为名誉、娱乐、休养上之事，俾为对他活动之赏励。如此，则儿童欲自进而受教矣，游戏之际，以使之多学自然为善，如刻字母于骰，俾幼儿弄之，则自然记忆字母，兼知拼法是也。至见读书力之发生，则与以简易而有味之书籍，又务择其有插画者。物之观念，由实物或其写象而得之，非由言词而得之也。洛克于言语教授，谓宜以国语为先，至外国语，则宜先法语而后拉丁语。又谓言语教授上，须注意其内容之价值，既养其言语之能力，兼畀以科学之知识。如就无益之知识技能，而徒劳记忆者，不可也。是故彼谓图画一事，当由实用的见地而练习之。又以诗歌音乐为无用，曰：诗歌与放荡同行，苟不欲其儿放荡者，决不可使之为诗人。若夫欲就音乐而得普通之技能，则不独多耗实力，又其练习之上，有导儿童于恶社会之危险。要之，吾人之生活也甚短，事物之获得也甚难，而吾人之精神又非能永劳无间者，故不可不节其时与力，以向最有益之事物，而于最捷最易之道，以求得之也。

卢骚之教育思想，其由洛克而出，明甚。彼于《爱弥耳》中，首重实物之知识，以先学其符号为不可，曰：必使于十二岁前，不知书籍为何物，而惟就自然之书籍读之。夫然，故卢氏亦重感觉之练习，曰：一切能力，其发生最早且成育最先者，感觉也。故不［可］（不）及早完成之，仅练习儿童之活力者，未为足也。宜利用各感觉，使由一感觉而得之印象，更由他感觉以试验之，测算之，比较之。吾人认识之广延，关于观念之数，其悟性之正确，则以观念之纯粹且明了也。比较观念之技能，称之曰理性。感觉的理性，乃由种种感觉之相合，而构成简单的观念者。而真正之理性，则由许多之简单的观念，构成复合观念者。欲后者之发达，则不可不先求前者之进步。又曰：儿童自其身之四周，而得感觉的印象，须育成之，俾至于为观念。然由感觉的事物，突然而移于悟性的事项，则不可。智力最初之活动，在感觉指导之下，故舍世界外无书籍，舍事实外无教授也。儿童不可仅习言语，其知某事之为何事者，非由汝以之语彼，而彼之自了解之也。不可使彼学习科学，而宜使彼发见之。若汝不与彼以根据，但使之由威权而生信仰，则彼既不能自思，终为他人思想之玩弄物而已。

洛克、卢骚之思想，经泛爱派之手，而感动于德国教育界。至由此思想，而有何种倾向之发生，以下试陈述之。

感觉主义也（以感觉经验为重），合理主义也（以自由之思考、独立之判断为重），自然主义也（排斥人工的方法，循自然之进路），此三者，至十八世纪，令德意志之精神界为之大动，而"哲学时代"或"启蒙时代"之名生焉。伏尔夫（今译沃尔夫，1679—1754，德国哲学家），其最初之代表者也。伏氏以自然之法则有神圣之起原，且由吾人之理性而始得发见，始得理会者也。凡事实中，有难构成明了的概念者，勿就而论之。苟无证明，则何事亦不可信。惟有永远的一般的价值者，乃有纯粹、真实、健全之质。其他一切，皆无价值而不必要也。彼又谓宗教之为宗教，必于理性上无矛盾点，不问何时何处，皆可认为真实，又不问何人，皆得而信仰之者。彼以理性为知识及生活一切范围之最高判决者，又最高主宰者云。此种思想，在当时之宗教界，大招非议。各大学于伏氏哲学，皆痛斥之，旋逐氏出普国境。及弗礼特力大王即位，始召还，仍为大学教授。于是启蒙的倾向之胜利，乃由之确实矣。

启蒙时代之第一特点，在力戒盲信盲从，而务于一切范围内，以求赅括一般之理论。其于教育界也，则有芝拉普氏，著《教育学试成》，以期一般的教育理论之成立。彼谓独立之考察，及良心之自由，最有势力。若不待证明，而遽采传来之意见与信仰判断者，则偏见以生，而心镜为之晦矣。泛爱派之教育，盖皆由此思想而出也。又启蒙时代之第二特点，在个人主义。即对寺院、社会、国家之制限及区别，而维持个人之权利。以国家诸制度，为束缚个人者。是故启蒙时代，自然倾于世界主义。又由个人的倾向之关系，遂生自己保存及自己幸福之希望，曰：世界之存，为吾人之生存与幸福故，凡足助利益之增进者，即其为道义的者也。是故泛爱派之教育家，专以增进生徒之最大幸福，为教育之目的。排斥严酷之教法，而专以友爱之情，接近生徒，务令为学于愉快之中。又于卫生体育上，注意周密。为欲应实地生活之必要也，则置重近世语，教授实科，使练习实用的技能，以拓利用厚生之道焉。至置重感觉经验之意见，于启蒙时代亦甚著。如泛爱派，即主张自然的教法者，谓宜从儿童自然发育之次序，以排列教材，由易及难，由近及远，且须预立一定之方案云。至于缺感觉之基础之概念，超出经验之世界之理想，为美术之本体之理想界，则彼等轻视之。以为人之天性，皆能发展，而其发展之也，以善于培养故。教授学术者，须足以扩充其识见，丰富其记忆力，锐敏其判断力，若仅刺激其想象力，则危险矣。巴瑟德（今译巴西多，1723—1793，德国教育家）于其学校之宗教科，唯统括诸宗派一致之点，而用之，名以自然的宗教。又谓构造的童话优于事实的谈话，而对诗歌文学美术则淡然视之。当时之倾向如何，从可知已。

泛爱派之意见，其接触于卢骚之思想者甚多。巴瑟德于其初步教科书，既多引《爱弥耳》之说矣，但竟谓泛爱派全自卢骚思想之结果而生，亦不可。班罗希论两者之关系曰：由卢骚之《爱弥耳》，而使十八世纪之德国教育界生伟大之事业。但人谓此书之价值，在其发表之理论。予谓不然。彼之理论，不足使永续的教育系统因之成立，于法国然，于德国亦然也。惟其时独断的宗教，既经德国哲学者加以激烈而巧妙之攻击，且于精神界，经伏尔夫、莱马克（今译拉马克，1774—1829，法国生物学家）一辈之手，而宗教的宽容思想，既有所准备于前，此书适乘其后而出，所以大有价值也。要之，《爱弥耳》真正之效果，在以既存在既有力之见解，移向教育方面之一点耳。顾仅仅如此，未足促实地教育上之改良也。欲从合理的思想，而一反当代之所为，别立教育组织，必有富于计划之人，始能为功。其人必有胆力，敢辩护其改革的理论；有伎俩，能使君相士庶，皆赞成其新奇之企图；又有确信，能实行其思想，而不至中途挫折。如巴瑟德，即其人也。

一时大擅势力之实学的合理的倾向，至十八世纪末，复渐减其势力，即于哲学界，于美术界，亦对之而生反动焉。向视为认识的能力之理性，今则加以限制，从理法而出之造作，今则加以轻视，而谓内部之有机的发展，自有可贵重者在。盖合理主义，专于有用无用之程度，计事物之价值。其所常致问者，曰：此于增进幸福之上，果有几何效力是也。彼等于国家、权利、科学、技术、哲学、宗教等，皆由此标准考察之。然新思想则异是，彼以事物自身之有价值者，为最高者，而不置利益于目的中。因以为吾人之价值，非以其知其能故，亦非以其为人类之行为，而实际有所作为故，惟以其存在故耳。申言之，即以人之自身，本有目的，故贵重之也。而使人于其自身，所以得有价值者，一以为在于道德，一以为在于人类的天性之发展。前者于汗德（今译康德，1724—1804，德国哲学家）之严肃道德主义发表之，后者于新人文派之思想显示之。

汗德以为人常进步而不已，今日开化之人类，其在太古时代，生活与动物同。一切心的能力，今视为人类所固有者，实则经时渐获者耳。而如此发展，即吾人自身活动之结果，非出诸神秘也。人既有动物的禀性，兼有天赋的理性。由其发动，而人类价值之存在，始表现焉。氏又以为人之完成无限，故其发展无终局，个人自身，虽不得遂完全之发展，然于人类的种族或于社会的团体，得进于改善之道。但人类进步之度已高，而个人之初生也，犹存粗野之状态。故人类有待于教育之力也。

以汗德为一教育论者观之，则彼力主教育势力之大，曰：生物中有以教育为必要者，惟人而已。人惟由教育而始得为人。故教育之事，宜时时谋其改善，必使时代各有进步，以谋人类之完成。又曰：教育之背后，有完全人性之秘密。设能由教育之助，使人性常善发展，至有适于人类之形式，则愉快为何如哉！望人类的种族之未来幸福者，以是为其筦钥矣。汗德既于一方面，最重个人意志之自发的活动；又于他方面，含有今日所谓社会的教育之思想，以为教育之目的有四：一、在调和人之动物性，以抑制其自然的粗野之倾向。二、在增进其才能，俾有足赴一切目的之能力。三、在培养其智识，俾能应时处世，而为自己之目的，使用他人。四、使知人为道德的，由是而达其最高之目的。最后一端，则汗德所最注重者也。从彼之伦理说，则道德云者，非由利益幸福等客观的标准，而当求之于意志之自身，曰：有能应种种目的之才能，未为已也，又必有选择善目的之意志。而所谓目的之善者，即既为各人所承认，又可为各人之目的者是也。

  汗德于其哲学，由二方面以观人类，于其教育也亦同。即一，以人为现象，为从自然之法则者。二，以其具一定能力即实地的理性。而以之为睿知的，为立于自然法则之上，而离脱自然的强迫者。人之预定理想，为实现其理想而活动，此当视为实地的理性之活动。人于此点，盖全在自由之状态者也。故氏之论教育之理也，区为"自然的教育"与"实地的教育"二面。于前者中，以人为从自然之法则者，于后者中，则以之为自由之本体。而氏于自然的教育一面，所述养护及训练上之注意，实采卢骚及泛爱派之思想。彼就心的能力中，以悟性、判断性、理性为最高尚者，而感觉、记忆、思想等能力，则为此高尚性之发展之补助。又以为吾人之心，一面为受动的本体，一面为自动的本体。而即以此哲学的心理的意见，适用于其教授论之上，曰：外物虽生种种感应，然附以整理之条件者，心之自动力为之也。其条件，乃心之先天的所有者，而种种表现由悟性而联关之之形式，亦吾人之先天的所有也。汗德由此思考，故惟承认教授之形式的价值，而以苏格拉底之教授法为最适当，曰：汝勿徒授知识，而当用意于所以开发之术。

  汗德之视理性也，一以为理论的能力，一以为实地的能力。前者虽限于现象界，而后者则向他世界，而决定人之意志行动。官能的人类，由愉快或不快之情，而导之于动物的冲动与偏性等，因而倾于利己，使己与他生物不能相容。如斯状态，与本为理性的本体之人类之运命,至相冲突。故人于意志行动,必有一必然的且具普遍的价值之要素,以保持人类之一致。要素何?实地的理性是也。此理性,与官能的冲动反对,由无上之命令,使人排自爱及幸福之动机,而纯然欲善。故吾人之意志,不由经验的事物决之,乃超越自然界之法则,而脱离其制限者也。如是思想,虽使道德益进于尊严,然欲由是解决德育问题,则不免甚难。谓为道德之基础之意志,有超绝的自由之性,而不从经验之法则,不受外界之影响者,则品性果如何陶冶乎?所谓教育势力,能使道德的性格以次发展云云,不几成无意义之言乎?汗德屡以德育为至难解决之一问题,又谓人之改善,以其心情之突然变动,而生更新之状态故。由是观之,汗德实自觉其哲学的心理的思想之结果之困难者也。然氏于他方面,亦深信德育之可能,以为道德的陶冶,当使之从道德的规范而行。不从道德的规范而出之习惯,经年渐失。然道德的规范,足以规定其心性。若吾人之行为,从其所信为正当者而进,则是既有坚确之品性者也。故教育者,于教授道德的规范,最宜致力焉。

　　汗德谓当时之教育说,仅与人以实地上之忠告,为大不可,欲变机械的教育术为一科学,而以学术的研究之。故纵令彼之所论,与其哲学思想往往不免冲突,然于其心理的伦理的根据,则固能保持勿失也。况当汗德哲学风靡一世之秋,诸家之欲本其思想以组织教育学者,一时辈出。如尼爱摩尔、休怀尔兹其最著者也。即至现代,而新汗德派,尚不惟于哲学界伦理界见之,于教育界亦见之焉。

　　由合理的实利的倾向之反动,更进而见诗的倾向之勃兴。此倾向一以自由为主,置自然于法则以上,谓世界有不可以理解之者，且于其不可解之点，有真可贵重者在。如威凯尔曼（今译文克尔曼，1717—1768，德国美学家）、兰馨（今译莱辛，1729—1781，德国美学家）以为美术非从法则而造作者，乃由内部而生育者，天才者出，自能以正确之步武，发见正道。如海尔台尔，就自由之人类的性质，说其尊严与美。又如格代（今译歌德，1749—1832，德国大诗人）谓诗的造作，非由勤劳而得，亦非由理法而立。凡此皆是也。此时之人，于论国民的生活，亦谓为大国民者，非生活于勤劳及理法之中，美术之于人，虽无直接的必要，然实其生活上所必不可缺者也。此倾向与启蒙时代之关系，巴尔善论之最详。

巴尔善曰：启蒙时代，与海尔台尔、格代时代，有根本的区别，称前者为机械的，则可称后者为有机的。在启蒙的精神，以合理的且机械的思考之，而其起原，则在数学的物理学。由格里辽（今译伽利略，1564—1642，意大利科学家）、霍布士、特嘉尔德、斯披洛若（今译斯宾诺莎，1632—1677，荷兰哲学家）而发之新萌芽，经洛克、拉依白尼志（今译莱布尼茨，1646—1716，德国哲学家）、伏尔夫而发展，遂至见启蒙的精神之成立。以为人若视世界，为建筑家之工作，则是先由神明，案出实在，次则由其全能之意志，而使之成立者也。彼于历史的世界，亦以合理的机械的说明之，谓言语、宗教、法律、国家，皆由悟性而案出者，造作者，即美术的制作，亦不外就目的及方面之合理的研究而已。而是时实地教授之状况，亦颇适应其理论。大学及高等学校有教授官，教人以作诗建筑绘画之法，举示其有用之材料及方便，且使生徒等，自为技术的练习焉。然至于次时代，则于一切范围皆舍此工作的思想而不顾矣。海尔台尔、格代与罗曼的克及推究哲学，皆谓从目的之制作，非真知实在之法式。彼为造作之原之自然及人心，有非工作家之计量之考察之且实行之者，所得而比拟焉。曰"有机的成立及生育"，曰"内部的开发"，此即所以观人类的历史界及神明之世界之法式。想象上真正之务作，非以人力为之者，由天才而受胎、而产出者也。若夫以工作的考察之、成就之者，则小细工之类耳。……因判定事物价值上之变化，而理论上美术上之思想亦随之而变焉。至新时期，既不由必要上评量物之价值，谓作业不过为某目的之方便故，不足以决定人之价值，其决之者，吾人闲暇时之自由游戏也。此与雅里大德勒（今译亚里士多德，公元前384—前322，希腊哲学家）重闲暇之作业，命意相同。此时之人，于哲学、诗歌、技术、宗教，皆以使人心力自由活动之一点，视为心的生活之最高内容，即自身本有价值之内容，而谓此内容不能由利益以计之，亦不因之而生何等利益，故附加一属性焉，即谓最高者之本体，乃无用者是也。……此时代，以为人类心的天性之十分发展，自有绝对的价值，吾人本体之完全的构成，于其美之精神认见之，而由质素之自然的风气，与智情意之最高尚最自由之陶冶，两相结合，而始得之者也。如是思想，尝于希腊时代一表现之。从希腊国民之人生观，则自由之人，非目的之方便也，非职业之奴隶也，不可为仪式及规约所束缚，亦不可为信仰之形式与修学之强迫所制限也。以我为自由之我，与世俗对立，而以存在内部之完全形象印于其生活及本体之上，是即真可谓为人者也。此等人物，可于希腊伟人中求之，政治家之培里格烈斯、诗人之琐福克烈斯（今译索福克勒斯，公元前496？—前406）、哲学家之柏拉图（按，公元前427—前347），是皆受最高之陶冶，而有自然的圆满性之人物也。由斯以观，则人道的陶冶，实即以希腊为模范焉耳。

此新思想，由兰馨、海尔台尔、格代、希尔列尔（今译席勒，1759—1895，德国大诗人）、芬博德之徒，而鼓吹于时，于是"人道教育"一语遂为教育之理想矣。古语、诗歌、哲学、历史、地理，遂为一重要之学科矣。彼等谓上古世界（就中如希腊）实立人类心的发育之基础，而于其精确完熟之嗜好，及使用言语之最美技能，足为永久之模范。故吾人之考察上及言语方法上，须仿此模范而构成之。于是视古代书籍为美学之真源，为永久之纪念矣。启蒙时代，以人为合理的生物，惟以时地之关系，而偶然相隔相分者。然新人文主义则反之，以一国民为一特殊之有机的本体，于其一切活动，可认见固有生活法之贯通，如言语、宗教、诗歌、风俗习惯及人生观，俱有国民的之特别倾向。故直以他国民之生活移植于本国者，有害也。故其所置重者，不徒在模仿古人。如霍禄邱士（今译贺拉斯，公元前65—前8，罗马诗人）之歌而歌，如基开禄（今译西塞罗，公元前106—前43，罗马演说家）之言而言，不足以为名誉也。应现代之时势，从国民之思想，而以今世言语记述其事，使见之者以为基开禄辈复生，亦必如此，斯真足贵重矣！是故在此时代，其教上古文学技术（指艺术）也，欲发扬人道，而使人得人之理想也。其教历史也，为明人类开化之迹，使人知敬爱其所当敬爱者，与憎恶其所当憎恶者而已也。其教地理也，亦然，欲示地球与其国民之教化及风俗习惯，互有关系故也。

新人文派之思想，对彼启蒙的实利的之人生观，实为一有力之反动，而二者之争执，迄于今日，犹未已也。至人文的倾向之直接的效果，不亟及于中等以下之教育者，是以其性质为贵重之学科，故在所不免。当时之格母拿吉姆及大学，虽既从新倾向而决定教育之方针，然于普通国民之教育及教授上，犹未显见变化者，良有以也。然其后人道教育之精神，亦既以渐推广，不仅擅势力于社会之一隅。故于普通教育上，已有本是为理想者，如贝斯达禄奇，即是从此倾向，而谋实地教育之改良者也。

以上所述，不过教育思想与哲学之关系之一端。至最近世，因哲学思想之发达，而其关系益复杂，有未易殚述者矣。

希腊圣人苏格拉底传

苏格拉底事迹，散见其门人柏拉图之《问答篇》，与芝诺芬（今译色诺芬，约公元前 430—前 354）之《纪念录》（今译《回忆苏格拉底》）。顾二书所载间有不同。如柏拉图言，则苏格拉底重思想者也，理想的之人物也；如芝诺芬言，则苏格拉底重实事者也，平民的之道德家也。柏拉图常自以其理想，假其师之名而出之，故其说或不如芝诺芬之得真。然芝诺芬历史家也，非哲学家也，故亦有不善解其师说者，未可尽为训。今以芝书为主，以柏书为助，而略传苏氏梗概，其庶无大误乎！若夫苏氏一生之性行学问，固非读全书不足以尽之矣。

苏格拉底，希腊之雅典人，纪元前四百六十八年生，或云纪元前四百七十年生。父曰锁福罗尼斯哥，业雕刻术，为人诚实，颇有贤声于时。母曰法讷烈底，业产婆。家贫。苏格拉底幼时，受普通教育于家庭，亦尝学雕刻术，冀绍父业，然非其所好，稍习即弃去。其学哲学也，说者不一，或言曾师事巴穆尼底（今译巴门尼德，约公元前 540—前 470）。巴穆尼底者，以转变之理说万物者也。然苏氏似仅读巴氏之书，未尝亲受业于其门。又当时诡辩派诸名儒，如普罗达哥拉斯（今译普罗塔哥拉，约公元前 481—前 411，希腊哲学家）、葛高斯、普罗底戈等，苏氏亦未尝师事之。苏之所以为学，实恃一己之力所得之者也。大抵苏氏幼年曾学自然哲学,然以其说之不完全,遂辍而不讲。斯说固信而有征者矣。

苏娶克商琪培为妻。克商琪培性悍,而苏善忍受之。一日,其妻盛怒,倾水泼苏,自顶至踵俱湿。苏坦然语曰:"迅雷之后,必有急雨。"其天性之温和盖如此。或问苏:"何故娶悍妇?"曰:"御马者先御悍马,然后善其术。吾欲御人,是以娶之也。能忍而御其妻,则亦处世而无怨尤矣。"

苏格拉底壮年尝三从军(纪元前四百三十一年波奇达亚之役,纪元前四百二十二年狄里匈之役,纪元前四百二十四年安福婆利之役),以武勇著。体坚实,善耐劳苦,他人叹弗及。军中粮绝,经日不食,不自知其饥渴也。严寒之日,他人非袭重裘,以毛蔽踝,未敢外出,而苏则单衣跣足,行于疾风大雪之中,见者至自愧无勇。其居军中也,多异闻逸事。一日盛暑,苏自朝立于庭中,若有所沉思,自作问答状;及午,兵卒有携枕箪眠于树阴者,见苏仍鹄立不动,窃异之,曰:"苏格拉底非自晨既立于此者乎?"如是至暮不去,入[衣](夜)亦不去,及其去也,朝暾已在林间矣。有少年曰阿克毕第者,苏之友而后年之门弟子也,尝负伤,苏救之。阿克毕第感其义,及论功,为言于上官,乞赏苏格拉底,苏辞不受,卒归功于阿克毕第。其后七年,雅典军败,退向狄里匈,苏格拉底殿,毅然不稍却。柏拉图假阿克毕第之言以记其事曰:"其时予(阿克毕第自谓)为骑兵,而苏为步兵。及退军,予犹见彼,与为礼,观其从容指挥,慎思周虑,觉英迈之色转有过于临战者。"

苏格拉底之勇毅匪独于战阵见之也,其为评议官、为司法官,亦持正不阿,守义不屈,所言者必躬行之,所既行者,虽强之而不改。纪元前四百六年，为元老院议长时，曾以事与众议全戾，卒不为之下。其丰裁之峻厉可想见矣。

苏氏中年以后，始集弟子讲学。雅典之人闻之，相引以为异，观者如堵。盖苏氏面目奇陋，鼻低而上向，睛凸唇厚，腹大如五石瓠。见者辄目笑之，故居民争欲瞻其丑状也。然苏氏貌虽不扬，而其思想之高尚，其行为之坚固，其辞令之明达而条理，实有出人意表者，此所以［趁］（趋）聆其教者若水之就壑欤？苏氏教人不索酬，故犹有议其所教为无足取者。

苏格拉底有子三人，其恃何者以资生，今不可考。然观于苏之居家日少，又观于其妻权势之强，则意者衣食之费皆其妻任之。苏氏所自以为职者，［破］（则）在力破当时学者之妄，而教导后进，纳之于智德之轨耳。一言以蔽之，曰：意在改良雅典之道德是也。

苏格拉底巧于立言，故有误以诡辩派目之者。虽然，苏格拉底非诡辩派，且当时之诡辩派正彼之所深恶而痛绝之者也。初，诡辩派之肇兴也，本以崇尚德义为旨，教后进以持身涉世之道。其所讲者，道德也，哲学也，雄辩学与修辞法也。其所以增长人知而为功于希腊者，良非浅鲜。然以承其流者之不善，至苏格拉底时，而名实已相远矣。若辈以口给自夸，以修饰自喜，以好名射利为主义，党同伐异，傲然往来于雅典之市，此所谓俗儒也。苏格拉底独以救时济世为怀抱，乐育英才，匡扶真理，至以身殉之。视彼诡辩派，夫固日月之于爝火，江河之于沟浍矣！

苏格拉底之教人也，和易可亲，不示人以矜岸之概，其所言者又皆切实易行之事，浅近可解之理。微论男女老幼贫富贵贱，有愿学者，未尝拒之也。阛阓之中，通衢之间，皆其设教之地也。其所教者有宗教，有教育，有政治，有军事，有美术，有论辩法，有处世之术、摄生之方，要在使国民得为国民之道而已。其教法纯以问答出之，大抵先消极法而继以积极法。其始也，佯为不知而诘之；其既答也，则迎而导之，转其向而叩之；及言者悟所说之矛盾，则虚骄之气以挫，而自耻其无学；知耻则知奋，知奋则向学殷；于斯时也，醒之以知识，有心悦诚服以去者矣。人以苏氏之母之术喻苏氏之教法，曰"产婆法"。盖不自外而注之，而自内而导之，其助人以生产思想，与助孕妇之产子无异也。苏格拉底以一种实验论为主义者，故其法纯用归纳。苏氏之归纳法固不如后世柏庚（今译培根）之精确，且其范围亦专于人事而不及于自然，虽然，未可以是咎二千余年前之先哲也。

苏氏诰诫门人之言多新颖可喜者，试举一二事以见例焉。一日，苏格拉底与门人欧几第穆论判断正邪之法。苏曰："人能无诈乎？"欧曰："人固多诈。"曰："行诈者正乎？"曰："不正。"曰："为恶而害人者正乎？"曰："不正。"曰："鬻公民为奴隶则如何？"曰："是亦不正。"曰："为大将者攻敌国而取其土地，虏其人民，则如何？"曰："是则正也。"曰："为将者而欺敌，正乎？"曰："正。"曰："蹂躏敌军，掠粮糈牲畜，亦可谓之正乎？"曰："是亦正，然加之于朋友则为恶。"曰："然，吾知之矣！行为之正者，亦有时而不正。正邪之所以变，由于对敌人与对朋友之不同也。且问子：'假如师败气馁，而为将者诈称寇至以鼓舞军心，正乎？'"曰："正。"曰："婴儿畏药，其父母欺之，以为羹也，然服之而疾愈。其亲之伪言，正乎？"曰："正。"曰："有友患而欲自戕者，夺其刀，俾不至于死，正乎？"曰："是亦正。"曰："吾子自思之，从子之论，则人之交友，不必常守直道。而有时可用诈术。"于是欧几第穆颇自觉其说之不安也,心为之皇惑。苏格拉底更问之曰:"以故意欺人者与无意欺人者,孰最不正?"欧几第穆惊所问之出于意表,谢不能答。苏格拉底晓之曰:"吾子数易其意见,此所以自穷也。今有教人以真理者而前后殊其词,子谓之何?告迷途者而既曰'之东',又曰'之西',子谓之何?"曰:"此愚妄无知之徒也。""愚妄无知"是欧几第穆之自白也。

格罗坤者有为之士也,而性轻躁,年未弱冠,欲以一己之力左右雅典政府,所至演说,痛诋政府,意气逼人。有以持重之说谏者,勿听也。苏格拉底惜其才,而谆谆教之,卒以悛其行。问于格罗坤曰:"吾子有统治雅典共和国之意乎?"曰:"有之。"曰:"子所志远矣大矣!他日功成,则令名且遍于国中而及于海外。"格罗坤闻之,适中其自负之心,则岸然以喜也。苏格拉底继语之曰:"欲见敬于众者必不可不有利于国,吾子欲有利于国,将谓以(何)事始?"格罗坤默思有项,未及答。苏谓之曰:"非欲富其国乎?"曰:"然。"曰:"国何以富?其增岁入之谓乎?"曰:"然。"曰:"然则吾国之岁入几何?其取之也何自?物价之骤变,操何道〔之〕(以)救之?吾子其究心有年矣,盍以语我?"曰:"未能知也。"曰:"子向主节流说者,然则岁出之额必知之。"曰:"亦未能知也。"曰:"不知岁出入者,是未可与言富国之术也。"曰:"富国亦自有术矣,不如灭人之国而夺其利。"曰:"是固善也;虽然,必其强于敌而后能之,不然,则未有所得而反有所失。今欲用兵,必较两国之兵力,而决胜负进退之谋。盍语我以吾国海陆兵士之数?"曰:"是不能答。"曰:"忘之乎?平日必为表以记之,且视之。"曰:"未有也。"曰:"不知国之兵力者,是未可与言用兵也。且不与子言战而言守。今吾国之堡垒孰扼形胜耶?守卒几何人耶?其有待于增设者耶?"曰:"不然,余欲毁其垒而尽去其兵,是假口国防而徒剥削土地者也。"曰:"寇至何以御之?且子谓其剥削土地,目击之耶?"曰:"想当然耳。"曰:"想当然者未可据以立论,俟精察而得之,而后言之政府未晚也。"又转语而诘格罗坤曰:"吾意子必未尝身至银矿,故不知产银所由以减之故,然乎?"曰:"然。"曰:"银矿之间不宜摄生,故吾子不得往,不然,必既勘究之矣。虽然,若谷食,则吾子之所知也。今雅典之产谷以供民食,盈绌若何?苟欲储所盈者以备干潦,则其数若何而后足一年之食?"曰:"至其时自知之,今无暇留意及此。"曰:"不知供求之率者,不能治一家也。吾雅典之民万有余家,一旦而留意察之,诚不易易。虽然,子之叔父,其家业非日就衰敝欤?是正吾子觇试长才之日也,不能治一家者何以治一国?而子顾欲握雅典之政权,岂未能任舆薪之载者而能举千钧之重欤?"曰:"使吾叔父从吾言,则家政既治矣,其如彼不从何?"曰:"子不能见信于其叔,而谓欲见信于国民欤?吾子善思之!愿大而力不逮,则人蔑视之;己所不知,不如不言;轻举妄动贻后世羞者,古今比比然也。子之欲尽瘁于国家则善矣,然不可不有实力,有实力则功成名遂矣。"

苏格拉底之教法如此。是以能使辩者口塞,慢者气沮。故其时名流硕士殆无不与辩论,而未有能胜之者。然苏氏非徒以攻击他人为旨,其折人也,亦非徒以善词令故。盖其意诚而情笃有以使之然也。阿克毕第尝赞其师于宴会之际,时苏亦在座。阿曰:

吾欲赞苏格拉底,而若无以拟之,则以雕像拟之。

苏格拉底其将以吾言为谑也。苏格拉底，其市所鬻之瑟立洛耶？瑟立洛者滑稽之像也，而神也；其弄笛之玛西亚耶？玛西亚者半人半兽之像也，其弄笛也，天地为之动容，万物为之变色。苏格拉底所为笛，则言语而非器械也。闻其声者，或不自闻而得自他人者，皆若醉若狂，若自快若不自快。吾尝欲充耳而去其前矣，而其言语之吸力制我而不使动也。吾闻言而内疚，忽忽焉若此身之自九天而坠九渊。然攻其说，而不自知已为其说之奴隶也。吾一日不见苏格拉底，则人世功名之念泞然兴焉，故吾不欲见苏格拉底，见则欲遁。吾不能从其命而为之，故见之则神志瞀乱也。吾尝闻辩论于培里噶利之徒矣，然感动之力至微。培里噶利，可拟之鼐斯特安德诺耳。伯刺希达，可拟之亚希列武耳。若苏格拉底，则人无得而拟焉，拟之者惟瑟立洛与玛西亚也。

从苏格拉底讲学者，其人不一：有老者幼者，有工有商有兵，有文士，有处女。其性行亦不一：有气骄者，有志决者，有严谨自持者，有放诞行乐者，有热心时事者，有冲淡寡营者，有天真烂漫如婴儿者。其中如柏拉图，则孔门之有颜渊也。今略举诸弟子事实，亦以见苏格拉底之伟大已。

欧克勒的者，美加拿人，性好哲学，诸家之书多所流览。慕苏格拉底之名，将负笈而从游焉。会雅典与美加拿不睦，禁美加拿人至雅典，违者锢之终身。欧克勒的不以禁令为畏，伪为女装，日跋涉二十英里之遥而叩苏氏之门。及有所得，归而思之，遂创美加拿学派。后苏格拉底遇难后，诸弟子多避难美加拿者，欧克勒的厚遇之，盖以报之也。又有阿里斯奇博者，富人也，性躁急，其学说以求乐为旨归，世称克猷列奈学派。克猷列奈（即埃及）者，阿里斯奇博之故里也。苏格拉底戒之曰："吾辈教育少年，而欲其成就伟业，则莫如授之以艰难辛苦，以养其坚忍克己之性质。吾闻诸海希鄂德（按，公元前8—前7世纪，希腊哲学家）矣，曰：'为恶之道，近而平坦，故人多就之。为善之道，高而远，故非劳其力者不能至，非造其极者不得食报。此天之所定也。'又尝闻诸哀比赫穆矣，曰：'神视下民苦劳之度，以定其赏之厚薄。'"

安齐斯迭蕭者，初师事葛高斯，后设帐授徒。及闻苏氏之名，遂撤皋比，自请为弟子，又命其门人亦从学焉。安齐斯迭蕭之为学，主于坚苦自克，其初谒苏氏也，衣敝衣，有自矜色。苏讽之曰："吾自汝衣之破绽中，而窥见汝之好伪矣！"安齐斯迭蕭之弟子中，有曰狄鄂格奈者，奇人也，尝白昼携灯，徘徊于市；又尝蹲踞盆中，傲然与亚历山［德］（大）大王相语。一日为海寇所虏，将鬻为奴。寇问何能，曰："吾能治人。如鬻我，必择诸欲得主人之家。"柏拉图招之饮，则昂然入室，以污足践华裀，曰："吾以足压柏拉图之骄慢也。"柏拉图曰："子之骄慢乃倍于我。"其人天性诡异如此，后亦从安齐斯迭蕭而受业于苏。

芝诺芬未师事苏氏时，一浊世美少年也。偶遇苏氏于途，苏问之曰："欲沽美食，于何求之？"芝告以其所。又曰："欲为善人，于何求之？"芝踌躇不能答。曰："然则从我而学耳。"于是芝诺芬遂执贽请业焉。

苏格拉底主知德合一之说，其言曰："夫人未有不欲其身之善者。人之欲善，无异其好乐而恶苦也。人惟欲善，是以能善；

既曰能之，则可求而得之。故欲实行道德者，在知道德之于人之为善。其为不善者，以不知善之为善也。"或问于苏格拉底曰："何以有明知善恶而行戾于言者？"曰："是未可谓真知也。知己之利，而不求其利，吾未见其人也。"虽然，自今世言之，则苏氏此言，义犹有未尽者。夫道德上之所谓善，与人身之所谓善，不必其同。人非必知道德之善而好之乐之也。故有知之而不能行之者矣。必道德上之善与人身之善一致，而后能如苏氏之言耳（原按：苏格拉底之知德合一论与阳明之知行合一论，似同实异）。

"知己"一语，苏格拉底格言中之最置重者也。欧几第穆问苏格拉底以善知事物之道，苏移地福义神社之榜语以告之，曰："在知我。"且曰："知我者，非仅仅自知姓氏之谓也，返求诸身，而知其宜于何事，夫如是之谓知己。知己则知所以利己者，而推己及人，则又知所以利人者。己利人利而功成矣。治国者亦然，不自知其国力者，自亡之道也。"

苏格拉底信神者也，以意匠论证明神之存在。尝谓雅里斯德第穆曰："谁为子所赞美者？"雅举诗家鄂谟尔（今译荷马）、雕刻家濮留克立特、画家瑞武格希以对。曰："子谓技术（按，指艺术）中何者价值最贵？其能造无精神无动作之雕像者乎？抑有能造有精神有智力有运动之动物者乎？"曰："不待言而知其为后者也。"又问曰："于此有不知目的而为之者，与能合目的而为利于人世者，孰为偶然之结果？而孰为睿智之结果乎？"曰："亦不待言而为后者也。"曰："始作人者，授之以五官，又随其目的而备物以应其求，是故目有可得而视之色，耳有可得而闻之声，皆与人为利焉。此非为人世谋，而出意匠以作之者乎？"

苏格拉底尝说天地万物之善美，与人间身体之构造，而推论造物主宰。又尝说其善与爱，然所以为证明者固不完全，仅由事实之半面立论，而与世间事物之矛盾、冲突、害恶等，未思及之也。苏格拉底信灵魂不死之说，又以为世有一种灵体，不可见，不可闻，不可思议，名之曰："太蒙。""太蒙"者所以呵止不善之言行之声也。

苏格拉底之说固亦近于宗教，虽然，非欲攻事物之深奥，而窥宇宙之秘密也。彼嘲当时之理学家，目之为狂，曰："研究自然现象者，岂其能行云施雨变化气候乎？"要之，苏氏所究者人事，所尚者道德，是故希腊哲学之向以探讨外象为主者，至苏氏一变而求诸内，遂以开柏拉图及雅里大德勒（今译亚里士多德）之先声，而为希腊哲学之祖。基开禄论之曰："若苏格拉底者，是挈天上之哲学而致之地上，以分馈于人者也。"

苏格拉底之学主在实用，故尝教人以孝弟友义。为其长子兰普禄克烈谆谆说事亲之道。有兄弟不睦者，苏氏和解之，告以兄弟为不可求之宝。又尝说益友之义。其待人也诚挚，过则规之，善则劝之，有不幸者慰藉之。其教人也，重体育，以为勇健之精神必栖于强壮之身体，曰："由运动以强其身者，对国家之本务也。"苏每晨必散策于外，或至运动场习体操。天性活泼，五十岁，犹舞蹈以自娱。又常学琴（雅典名琴曰："利拉"）于昆洛云。

或问苏格拉底："奚不为政？"曰："吾之责既重于为政矣，教导少年自尽其责，非所以致力于国家乎？"教育家之自任为自重，盖当如此。虽然，苏氏非有卑视为政之意也，观其与小培里噶利所言，多涉军旅之事，治民之道，知其悲祖国之陵迟，而忧时济世之怀，有未尝一日去者矣。

方是时，雅典国政日非，奸党专恣，怒苏格拉底之直言攻讦也，遂诬以乱俗惑众，且指其倡导"太蒙"之说为倾覆国教者，拘之，论以死罪。苏格拉底昂然立于大廷，自明所说之为真理，不肯枉意求免，谓人曰：

> 呜呼！邦人兄弟！吾实爱汝敬汝。虽然，吾与其从时人之命，毋宁从神之命，一息尚存，吾必昌言吾说，而不懈其实行也。且夫我雅典，文明之邦而智识之渊薮也。居是邦者乃徒锢心于名利，不顾真理，不求知识与精神之进步，岂不以为耻辱乎！邦人兄弟！德义者不可以财帛求之，而公私诸善之源泉也。吾之教人如是。说者必以是为败坏人心之道，则余滋罪矣！呜呼！邦人兄弟！尽汝辈以阿纽德斯等之所欲，待我苦我，骨碎肌裂，而我不枉正道也。死亦何所畏！苟无未来世界则已，有之，则我至其间，得与古之英雄握手对语，其快也奚若哉！神必不舍善人，吾深知死之优于生，故"太蒙"不阻我之死也。吾所望于诸君者，苟吾子孙不遵吾教，不尚德义，而惟贪黩与虚伪之是事，则邦人其以罪我者罪之。今也，余与诸君永诀之时至矣！死生异路，孰优孰劣，惟神知之。

观于苏氏此言，其伟大而不可逾，坚卓而不可拔，虽千载以下，犹觉万丈光芒，直射人目也！

苏格拉底定罪之翌日，律当行刑，会翌日为垤罗斯祭期，须停刑三十日，故苏格拉底系狱以待死。此三十日中举止如常，神情静肃，其谆谆劝戒他人，未尝倦也。距行刑之前二日，克里敦劝其脱狱，且云："易为计。"克里敦者盖苏之老友，又其门人也。苏不纳，曰："未得许于雅典人而逃狱者，可谓之为正乎？以为正，则从命；不然，则死于此耳。昨日以前，犹自谓循真理，一朝背道而驰，所不忍也。克里敦君！今将示子以真理之不变矣！"至行刑日，其友人与弟子等皆入狱吊之，独柏拉图以病不能至。及妻孥来与之永诀，涕泣不能仰，苏嘱人劝之归。盖以是强制情怀，不愿见家人之悲痛也。是时苏格拉底既脱桎梏，心身畅然，抚创痕而说乐生于苦之理。其次更论德义、讲哲学，无异于平日。克里敦问家人后事，苏答之曰："吾子善守德义，如顷所语于子者，而身体力行之，则所以惠于吾与吾家人者多矣。若夫悖德义之道，则其他非所望于子也。"

已而狱吏告时至，以毒进。苏格拉底神色自若，举药一饮而尽。诸客各以衣掩面，哭失声，举室营扰。苏格拉底徐谓客曰："公等何为如是？将德义之谓何！始吾命妻孥归家，正虑此耳！吾闻之，神命人以从容就死，故当从其言。愿公等勿作妇女态！"自是未几，渐觉体不能支，以布掩面而卧。忽复揭布谓克里敦曰："吾鬻一鸡于阿士克列比俄神社，未偿其值，愿子为偿之，勿忘！"语次，目瞑。时则纪元前三百九十九年某日之夕也，年七十二岁。

芝诺芬曰："世有以坚确不拔之精神，为真理而死，如吾师苏格拉底者乎！吾师死，而其名垂于天壤，争光于两曜矣！然则吾师之死，其幸也夫！"芝氏《纪念录》之终篇又论之曰："苏格拉底敬天［威］（畏）神者也，非神所命者不为；义人也，故不利于人者不为之;仁人也,故利于人者无不为之;勇者也,故能自制而屏嗜欲;智者也,故不假人力而别善恶。处事则断,知人则明,劝善规过,数十年不稍辍。是故苏格拉底实诸德具备之人物也。故吾谓苏格拉底,人世之最有幸福者也!谓予阿所好,盍以他人之行较之。"

希腊大哲学家柏拉图传

柏拉图，雅典人。父曰雅里斯敦，母曰培利克却奈。或谓其世系出自濮瑟敦之神，经葛德洛、美兰特斯等若干世，而及于柏。其母则立法家梭伦之后，亦濮瑟敦神之远裔也。先世有名人，若克礼底亚，号为三十专制家之一，亦于柏为同族云。传者又谓其母培利克却奈感于亚波罗之神而生柏，斯则古史家言，荒唐不可信者矣。柏以纪元前四百二十九年生于雅喀拿，一说则谓纪元前四百二十七年生。原名雅里斯脱各烈，柏拉图其诨名也。希腊语谓"阔"为柏拉图，是或以肩与额之阔而得名欤？抑以其见识之广大而得名欤？柏氏有兄弟二人：曰亚底曼德，曰格罗坤；有姊妹一人曰卜德甯。

柏拉图幼年受教完善，颇究心于体育。其体术之精，至能与褒的俄斯及地峡之擅长游戏者相争竞。盖希腊人之风尚使然也。然心鄙时人之只尚武勇，而他无所知，故于诗歌、音乐、修辞术亦潜心研究。旋自恨所作叙事诗不逮鄂谟尔（今译荷马），悉毁其稿。洎识苏格拉［第］（底）后，叹戏曲为无用，更举旧作诣狄俄纽沙神社焚之，由是终身不复言戏曲。

年二十，始受业于苏格拉底之门，嗣后十年间皆师事苏氏。及苏遇害系狱，诣法庭辩其冤，乞许其师纳镪赎罪，而自与同门诸子为之证人，审官不容其说。

苏格拉底卒后，柏氏乃从学于海拉克勒德（今译赫拉克利特）派之哲学家克拉邱陆与巴穆尼底派之哲学家谐谟格奈。旋与同门诸友访欧克勒的于美加拿。自是遂至非洲之克猷列奈，而学于数学家第奥多禄；又至义大利（今译意大利）而学于毕达拉哥拉斯（今译毕达哥拉斯，约公元前580—前500）派之茀禄老斯及欧留德。一说则谓柏氏此时尝偕欧利毕第入埃及，就学于预言者。然观于柏氏之书，未一述及埃及事，则斯说固在疑信之间矣。

柏氏既遍游名山大川，恢拓其眼界，又获与诸宿儒交游，聆其言论，而造诣日精，不独于苏氏之学深有心得，又参以新义而大成之。然要其为学之大体，则恪守苏氏之说，未敢有以渝也。会亚细亚乱事起，道途梗阻，不得已归雅典。于是四方志士皆不远千里，风从云集，请业于柏氏之门，至有女子伪男装而至者。柏氏欲竟其师之宿志，以委身教育为任，设学校于海考第模之森林，名其校曰"阿考第密"。来学者概不索酬。今欧洲之专门学校犹称"阿考特密"，盖肇称于是。校之四周皆植枫及橄榄树，苍翠蔽空。其间有神社，有塑像；极观瞻之美。清泉一泓，环流校外，细响潺潺，盖最宜于静思冥想之地。是以［十］（千）载而下，诗人学者访古至海考第［穆］（模）之森林，未尝不仰溯前徽，而悠然神往也。

闻阿考第密风景之幽邃，读柏拉图《问答篇》而见其文字之优美，几疑柏氏设教，第专就哲学问题而骋雄词、表空想已耳。不知其所讲论者真理也，非虚饰也；研究也，非娱乐也；论理的也，非文学的也。柏氏尝榜其门曰："非已通几何学者不得入。"

柏氏三至细细利。其初适也，年既四十岁，曾往眺厄特讷火山而归。时君临休克萨拉者，曰德俄纽削斯一世，以专制为政，于希腊诸邦中最擅势力。王问于柏曰："今之最膺幸福者谁欤？"意欲柏氏之谀己也。柏氏答曰："莫如苏格拉底。"王不怿，曰："政治家所宜为者何事？"曰："在善其国民。"曰："其次为何？君谓听讼公平者为小事耶？"盖王固以善听讼称于时者。曰："然，小事耳。听讼公平者如治衣而补其缺。所谓政治家固自有远者大者在。"又问："专制之君其可谓勇者耶？"曰："否！是怯懦之尤者也，日虑人戕其生，虽剃刀之微亦惮之。"由是更以进德修身勿顾私利之义谏于王，王怒曰："子之言，老耄者之言耳。"柏不屈曰："王之言，暴君之言耳！"王怒，将杀之。王之义弟曰第奥恩者，哲学家而柏之弟子也，说王免其罪。适斯巴达使臣卜里斯来，王遂以柏氏交卜，卜将鬻之为奴，为克猷列奈人安尼凯黎所知，购而归诸柏之友。友集金以酬安，安不受曰："思柏拉图者，非仅其友也。"德俄纽削斯闻柏氏无恙归雅典，心窃不安，命人致言于柏，勿声其罪。柏漠然答曰："安有暇与德俄纽削斯计较者！"

　　柏氏之再至休克萨拉，则在德俄纽削斯一世故后。盖柏氏于著作中自抒政治法律之创见，为德俄纽削斯二世所悦，允假以殖民地，俾实施而试验之也。假地之约甫成，而第奥恩谋叛，柏以师弟之谊，致受嫌疑。幸德俄纽削斯二世敬其人，获返雅典。后柏氏三至休克萨拉，则为第奥恩与德俄纽削斯二世调解衅隙，然其说不行，几濒危难，遂决意归国。

　　柏既归雅典，乃屏居阿考第密，专以陶育后进为志，不复他为。讲授之余，则从事著述，如《问答篇》一书尤其晚年所恃为娱乐者也。年八十三，卒于飨宴之席，或云实八十四岁，亦有谓为八十一岁、八十二岁者，不可考矣。雅典人以至尊之礼，葬之于阿考第密，铭其墓曰：

> 惟亚克斯烈比与柏拉图，皆亚波罗神之子孙：一则救世人之形骸，一则疗吾辈之灵魂！

柏氏之学传于雅里大德勒（今译亚里士多德）。雅里大德勒之于柏，犹柏之于苏格拉底也。柏氏故后，其侄司别武希波继为阿考第密之长，司亦柏之弟子也。

柏氏之书今传于世者共三十余种，或云四十余种。其间有确出柏氏手笔，毫无疑义者，亦有明系伪书者，有真伪不可辨者。近世批评家或更指向之所谓真书，亦为赝所（混）。彼等或比较其生平之著作，而以优者为真，劣者为伪；或以其思想之矛盾，而指其远于己所想象者为伪；或以其不合于苏格拉底之说者为伪；或又以雅里大德勒中所未载者为伪：然是皆臆断之说，其不足信凭，无论也。

希腊大哲学家雅里大德勒（亚里士多德）传

雅里大德勒（今译亚里士多德）以西历纪元前三百八十四年，生于斯塔忌拉。斯塔忌拉者，希腊斯德拉穆尼克湾之一良港也，希腊人多［植］（殖）民于此。其地距马基顿（今译马其顿）国境不远，又近马基顿王阿门塔斯之首府彼尔拉。故此地之民多往来于马基顿及其首府者。雅氏所生之地虽不在希腊国内，然其家族实纯粹之希腊人，常贱他国之风俗，而重本国之思想，守本国之礼仪，其意常见于雅氏之著书中。某学者以雅氏之文体，其优美远不及柏拉图，谓此实受他国之影响之证也。然雅氏之文体之缺点实不以此故，即（一）氏富于科学的精神，而柏拉图之精神则诗歌的也；（二）今日所传雅氏之著书，皆其遗稿，而非成于一人之手者也。

雅氏之父名尼哥麦克斯，马基顿国王阿门塔斯之侍医也。故其幼时常与父出入宫中，受王子斐利白之知遇，二人者年相若也。雅氏少时即自父受动植物学及种种格物上之知识。至纪元前三百六十七年，氏年十七岁，其父尼哥麦克斯没。父友某为雅氏之保护者，监督其教育，使雅氏往当时学问之中心之雅典府，以卒其业。雅氏从之，直入柏拉图之学舍，研究学术，二十年如一日。氏所以得专心于学，而无生事之忧者，实以其父之遗产颇富故也。以勤学故，同门呼之为"读书家"，其师柏拉图呼之曰："学舍之精神"，又足以知其智力之卓绝也。相传氏夜间读书，必手握一球，而置铜盂于其下，若睡则球坠于皿中，戛然有声，醒而复读如故。及纪元前三百四十七年，柏拉图没，氏与学友名芝诺拉底者，去雅典而适小亚细亚之阿台尔尼斯，此即其父友所常居，又其学友海尔米亚斯之属地也。

抑雅氏于柏拉图之死后，所以即去雅典府者，以氏于柏拉图在时，已不尽服柏氏之学说，且时时批评之，故不能代柏氏而为同学派之首领。又，代柏氏而为其派之首领者，柏氏之甥斯彼西仆斯（今译司别武希波）也，其学识断非雅氏之匹，故不利于雅氏之在雅典。此后居阿尔台斯（按据上文，应为"阿台尔尼斯"）者凡三年，与学友海尔米亚斯王之侄（或云其妹）名普地亚斯者结婚。未几，海尔米亚斯王为波斯人所杀，不得久于其地，乃与友人芝诺拉底归雅典府，又与其妻移居亩梯列奈之地。居二三年，马基顿王斐利白招氏为其王子阿历山大之傅，此即后日之阿历山大王，时年才十三岁也。至纪元前三百三十四年，斐利白王被弑，阿历山大即位时，凡五年间，从事于其职。阿历山大之受教于氏也，其性质上大得雅氏之影响。至其明年，阿历山大热心于东方远征之准备，无受教之余暇，雅氏乃复归雅典府，专从事于学理之研究。此时得阿历山大王之厚遇，于雅典府设雅氏之雕像，且赠以研究学术之资八百他伦德（约值金货百万圆）。此说固不足尽信，若果有之，可谓古今无类之奖学金也。雅氏归雅典时，前柏拉图之学舍尚存，然其首领斯彼西仆斯既没，友人芝诺拉底代之而为同学派之首领。其学舍在雅典西部阿克特穆斯之森林中，故时人称其学派曰"阿克特美亚"。雅氏乃立学舍于雅典之东部亚波罗祠宇之侧，与柏拉图学舍相对，而开哲学之讲筵。以氏常讲学于此地之逍遥所，故时人呼其弟子曰"逍遥学徒"；或云雅氏讲学时，常好逍遥步行，故有此名，未知孰是也。雅氏流寓雅典，既非此府之公民，故不关系于府内之政治，十三年间，但以研究学术为务。今日所传雅氏之著书，大抵此时之作也。或谓雅氏此时曾贻书于东方远征中之阿历山大王，然其说颇无证据。而王之远征也，颇自矜其功，又习东方专制之风，其气质一变而为残忍放恣，与雅氏之交日疏。雅氏之甥喀尔利台奈斯在王军中，一日王以小愤杀之，足以知大王与雅氏之交非前日之比已。然雅典府民不知此事，尚以雅氏为大王之所亲厚者，又大王之暴政皆雅氏之所与闻也，苦大王之暴政者，恒向雅氏鸣其不平。雅典府民之视氏为马基顿党，非一日矣。纪元前三百二十三年夏，阿历山大王没于东方军中。府民闻之大喜，府内之排马基顿党大得势力，遂代马基顿党而执政权。于是雅氏一身之安全不能自保。且自［能］（诡）辩家衣蒲格拉底及其徒党与柏拉图派之学者，素不满于雅氏之批评，遂乘此机而肆攻击之锋。雅氏终受对国家大不敬之控告，遂于纠问之前一日，去雅典而往欧维亚之喀尔吉斯。盖以当时雅典之法律，先纠问日而他去者免其纠问。雅氏又恐蹈苏格拉底之故辙，不得不急去。至氏所以往喀尔吉斯者，因其祖先尝居于此，颇多氏之属地，又为马基顿军队之屯驻处故也。氏虽暂居此地，然欲待马基顿党之再得势，复归雅典，而从事于学术之研究，故以其藏书及家具，委之高第弟子台哇甫拉图斯。然于纪元前三百二十三年，即去雅典之后一年，没于喀尔吉斯，永为不归之客，享年六十三岁。雅氏之死，或以为服毒药自杀，然不可信；或以为氏夙有胃疾，至是以胃疾死，较为近之。雅氏之遗产凡金货二万五千圆，遗言尽传诸亲族云。氏有子女各一。女与其母同名，名普地亚斯。子后妻贵女侯彼利斯之所生，［多］（名）尼哥麦克斯。妻与子得其遗产之大半。生前之妇仆，各与以自由，其未成丁者，至成丁时解放之。皆雅氏之遗令所载者也。就雅氏之容貌风采，有种种之传说：或谓氏目小而股瘠长，大声而嘶，皆无确证；或谓其常好美服，嗜美味，又壮年之时品行不方正，皆全无根据之传说也。

突尔列尔氏就雅氏之性行断之如左：

> 古来政治上或学术上与雅氏之意见异者，往往非刺其品性。然就其著书考之，则决不然，氏之为品性高尚之人物，明白而无可疑也。
>
> 又，雅氏之学问之特色，在其学殖之该博，判断之独立，观察之锐敏，思辨之阔大，议论之齐整，古今学者中殆无与之比肩者，独近世德国之拉衣白尼志（今译莱布尼茨），于此等处稍近似之耳。

此论可谓得其真者也。

就雅氏之著述，其传于今日者，其目录如左：

（一）名学上之著书（凡六种）；

（二）自然科学之书（兼博物学书、心理学书等）；

（三）实践哲学之书（伦理学及政治学）；

（四）形而上学书；

（五）文学之书（诗歌论及修辞论）。

以上各书之外，雅氏之著作甚多，然不传于今日。于西历纪元前二百年，距雅氏之没百年之时，阿历山大利亚图书馆所编纂之书目，凡书百四十六种，皆标以雅里大德勒之著作，然此等书无一传于今日者。雅氏之他书所以传于今日者，实哲学史上之一大轶事。兹述其经历之大略如左：

雅里大德勒之生涯得分为三大期。第一期自十八岁至三十八岁，此二十年间，雅氏在雅典之柏拉图学舍研究之时代也。第二期自三十八岁至五十岁，即居于府外之时代。第三期自五十岁至六十三岁，再居于雅典之十三年间是也。第一期为雅氏学术准备之时代，然此期所著论文批评等颇多，列记于阿历山大利亚图书馆之目录者，大抵此期之著作也。第二期乃欲构成哲学之系统而搜集材料之时代，非著[手]（乎）于著作之时代也。第三期则雅氏构造自己哲学系统之时代，世所传雅氏之书皆此期中之所作也。顾雅氏之书，其文体上与他缺点颇多，又无一完结者。此当由雅氏仓卒出雅典府以后，不能续其著作，而此等书皆不过其草稿故也。此不完全之草稿与其藏书，雅氏没后，皆由其高弟台哇甫拉图斯监督之。于是台氏与其同门校订其遗稿，而编雅氏之全集，然其目的非欲梓而公诸世，但欲保存其著作耳。其后殆三十五年，台氏临死，以雅氏之藏书及遗稿付诸亲爱之弟子奈留斯。奈氏携归其故乡小亚细亚之斯开普西斯。适俾尔额穆斯国王设王室之图书馆，发令征民间之藏书，奈留斯恐雅氏之遗稿之为所夺也，与他书共藏之于土室。由是此遗稿隐于土室者凡百五十年。然其后雅氏学派中之雅典人名阿彼林肯者，购访土室中之遗稿，持之而归雅典，实纪元前百年之顷也。未几，雅典为罗马人所占领，于是遂入罗马之图书馆。当是时，驻罗马之希腊学者，如基开禄之友体兰尼哇及禄毒斯之安特禄尼克斯者，得政府之许可，而校订其原稿，以出版雅氏之哲学书。今世所传雅氏之书大抵据安氏之所校订者也。由今日学者之所论定，其真属氏之著作如左：

（一）名学（凡五种）；

（二）形而上学；

（三）物理学（凡五种）；

（四）伦理学；

（五）政治学；

（六）雄辩学及诗学。

德国哲学大家汗德（康德）传

自来哲学家，其一生行事大抵寥寥无可特纪者，汗德（今译康德）尤然。终其身，足未越凯尼格斯堡一步，受普通教育者于是，受高等教育者于是，为大学教授者亦于是。自幼至老死，与书籍共起居，未尝一驰心于学问之外，宜其无甚事迹授后世史家以纪载之便也。然自汗德建设批评学派以来，使欧洲十九世纪之思潮为之震荡奔腾，邪说卮言一时尽熄。近代硕儒辈出，而视其所学，殆未有不汲彼余流者。故汗德之于他哲学家，譬之于水则海，而他人河也；譬之于木则干，而他人枝也。夫人于伟人杰士，景仰之情殷，则于其一言一行之微，以知之为快，不惮征引而表彰之。汗德传之作，乌可以已乎？且汗德不惟以学问有功于世也，其为人也，性格高尚，守正而笃实，尚质朴，食则蔬粝，居则斗室。严于自治，定读书作事之规条，日日奉行之，不稍间懈。方其为大学教授之时，天未明而兴，以二小时读书，二小时著讲义，既毕仍读书，午则食于肆。不论晴雨，食后必运动一小时，然后以二小时准备次日讲义，以余时杂读各书。入夜九时而寝。三十年间，无日不如是。尝语人曰："有告予过者，虽濒死必谢之。"其砥行力德若此，则夫读其传者可由之以得观摩兴感之益矣。

汗德名伊默尼哀（今译伊曼努尔），一千七百二十四年生。

其先世自苏格兰来，今苏格兰多有以汗德为氏者，其一族也。汗德之父以售鞍辔之属为业，始徙家于凯尼格斯堡。初生三子皆早殇，汗德其第四子也。凯尼格斯堡之乡人奉耶教而自为一宗派。其派之人，多温厚和蔼，解宗教真义者。汗德之母，及后所师事之休尔兹，皆属此派。汗德之性行笃实，盖受感化于是者多也。年十岁，入高等学校肄业，初有研究神学之志，且欲专攻古典，嗜读拉丁书籍，常试作拉丁文字，第于希腊文则逊之。一千七百四十年，入本乡之大学，于数学、物理学，为所最好。其间亦尝听神学讲义，自说教者二三次，然固不欲以宣教师为职也。居大学日，尝于学业之暇，教授私人，以助学费。一千七百四十六年，其父［殇］（殁）后，又尝受近地富家之聘，为塾师者八九载。然迫于境遇，非所志也。一千七百五十五年，以友之荐，得为无给讲师，初专讲物理学，后乃兼讲哲学。未几，膺监理图书馆之聘。一千七百七十七年，进为哲学教授。其为讲义也，义奥词玄，闻者骤不易解，且语音低，殆不易听取。然时亦以明辨称，且间以谐语，令人忍俊。一千七百八十［七］（一）年，所著《纯粹理性批判》上梓，初以词旨未明显，且多用新字，评者颇诋之。逮书出后十二年，而各大学乃争用之为讲义。学生负笈来游其门者络绎不绝，誉之者至推为古今哲学家之冠。然汗德不自以为荣，修德力学，淡泊如故也。时或言汗德所说道德与路得教会之教旨抵牾，因是见非于政府。此间尝著一书，论宗教与哲学之关系，其前卷载在柏林杂志，后卷为政府所禁。汗德请于大学之神学部，卒获许刊行其书焉。政府滋不悦。普王斐礼特力威廉二世与之为约，谓嗣后讲学，勿涉宗教。汗德大悉，而［未］（末）如之何也。由是只主讲哲学及物理学。

一千七百九十七年，遂辞教授职。是时体渐羸，智力亦衰，健忘，有所著述，亦无甚新义。一千八百四年卒，年八十。

汗德躯短小，体质脆弱，而生平未遘重疾，卒享遐龄，善摄生则然也。终身鳏居，性冷淡，不嗜音乐游戏等事，以笃于好学，少习成性故也。其为学也，非必专于哲学，若天文，若物理，若历史舆地之书，莫不涉猎及之。亦尝攻古典，读新闻杂志，谈政治，则皆为慰藉计也。著作至夥，不可备举，而《纯粹理性批判》《实践理性批判》《判断力批判》等，则今世海内哲学家所相与奉为宝典者也。

论曰：古今学者，其行为不检，往往而有。柏庚（今译培根）以得赂见罪；卢骚（今译卢梭）幼窃物，中年有浪人之名：论者重其言，未尝不心非其人也。若夫言与人并足重，为百世之下所敬慕称道者，于汗德见之矣。然其生前犹有毁沮之者，至使不能安于教授之位。及其殁也，真价乃莫能掩焉，则甚矣舆论之不足言也！

德国哲学大家叔本华传

叔本华以千七百八十八年生于德之唐栖克（今为波兰的但泽），其人意志刚强，性质略近执拗，盖有精神病而遗传于其外戚者。父母俱豪商所出，一千七百七十八年，其父四十岁而娶，时其母甫二十岁也。新婚后，尝拟偕游欧洲各土，以妇病，不果。及叔本华生，父名之曰"亚撒"（按，Arthar，今按德语之音译，为阿图尔），以此名为德英法各国所通用也。有妹一人，性情肖乃母，善记忆，耽文学，而亦有偏庚之质。叔本华五岁以前，随母居于鄂利法别墅，地在唐栖克之西约四里。饮食教诲皆其母一人任之，父惟以休沐日一归家而已。一千七百九十三年，徙家汉堡，先后居十二年。九岁时曾随父一游法国，二载而后归，故操法语至熟，几并本国语而忘之。归汉堡后之四年，佚居无事。年十五，始有志为学，以请于父。父生平轻视儒者，故不好奖励学术，命于游历与就学两事中自择其一为之，则以愿游历对。一千八百三年以后，遍历荷兰、法兰西、奥地利，其间勾留于英国者六阅月。以英人过严谨，不适其嗜好，仍归里。一千八百五年，曾受佣于某商廛，三月而辞去。会其父发狂自杀，母乃留叔本华于汉堡，而挈其妹别往法麦尔。至是，叔本华嗜好文学之性情乃大著，交游日广，与格代（今译歌德）诸人日相往来。然以子身独处为苦，心常怏怏。又以无父母约束故，时有浮躁之行。母不得已，仍召归身旁，而托友人某教以希腊及拉丁语。二年余，尽通其义。一千八百九年，母乃割其父遗产三之一以与之，由是获拥巨资。入格庆肯大学肄业，专攻哲学，尤好汗德〔今译康德〕、柏拉图之书，昕夕不去手。然时时感慨人生，隐抱厌世之思想。后二年，赴柏林，搜讨各种学术。初于哲学一种，喜听斐希台休来哀摩谐之讲义，心诚服之。然未几，忽反对其说，转加蔑视。见当时之柏林实为无裨学问之地，故郁郁不适。屡赴病院，以讲求人世之道德及身体之健否，为自慰计。其时举国上下方以抗拒拿破仑为说，故叔本华亦为所动，曾欲投效充义兵，然不久复寝其志，竟归法麦尔附近。著论一篇，呈之厄讷大学，以学位为请，遂得受博士之称。是即《充足理由论》，盖叔本华生平第一次著述也。

一千八百十三年，再至法麦尔，与母氏同居者二三月。母子性质相殊，故颇不和，此后遂终身不复与母相见。此次叔本华之寓居法麦尔也，实为其学问上一大转变之时。一日，与朋辈谈及印度哲学，始立意研究之。此后去法麦尔而徙居德烈斯丁，遂终日以著述哲学为事，兼讨求美术（按，指艺术）。一千八百十八年春，著述告成，与某书肆订约付梓，以细故争执而止。是年之冬，始别与他肆约。书既梓成，爰游义大利（今译意大利），义国各地足迹几遍。旋得其妹来书，知经商不利，致己身之财产全失，乃怅然失望，愤其妹之措理不当。其后十余年间竟与之绝音问，第其后仍稍稍收回财产云。

斯时叔本华以家业尽隳，颇有欲为大学教授之志。先后谋诸哈迭堡（今译海德堡）、格庆肯、柏林诸大学，终于柏林大学应试中程。遂就教职，与海额尔（今译黑格尔）一时并立。其讲义痛斥海氏哲学，不遗余力。然叔本华生性躁急，不耐精剖详说，故卒无成功。一千八百二十二年辞职。再游义大利，途次罹病，愈后而右耳为之聋，行旅不便，仍归柏林。柏林为其事业失败之地，故虽栖迟客馆中，而终日抑郁，有触辄怒。一日，自他所归，见一妇立于己之居室前，厌见之，迫逆旅主人遂之去，告以后勿复尔。他日归，则妇立室前如故，大怒，推妇倒地。妇负伤，控之有司，有司判为有罪，责令此后十五年间养赡该妇。盖自一千八百二十五年至一千八百三十一年，实叔本华生平最不得志之时也。此间亦尝欲恢张其哲学之势力，然时人方动于海额尔之说，举世靡然相推重，故己之哲学终无刮目相视者，以是弥增厌世之感。一千八百三十一年，柏林疫疠盛起，卜居夫兰克福德（今译法兰克福）以避之。自是遂不复他徙。时闻母妹在波恩市，境遇殊窘，始贻书相问慰。叔本华固生而有贵族思想者，高自位置，菲薄常人，兼以己之哲学不见重于时，诸事又皆失败，故殆视时人如仇敌，不与人交往，人亦无与之亲近者。

一千八百三十九年，脑威（今译挪威）学士会征文，题曰：《人之自由意志能由自觉以证之否》，叔本华著一论答之，见者惊服，畀上等赏，遂推为该国学士会员。是年丹麦学士会亦以《道德之基础》命题征文，然于叔本华所著不甚称赏，且斥黜之。叔本华大怒，以为皆海额尔派为之也，益攻击海氏不已。直至一千八百四十三年，时人始稍稍读其书，其诸著作中已有至于再版者，英人复译印之，颂扬者日众。故叔本华晚年以往，亦稍能自制其感情而优游安居矣。

叔本华生平至以卫生为重。冬夏之间，晨兴以七八时，既兴，则先拭体盥目，自制咖啡而饮。饮后则读书。午后辄游王家图书馆，纵览群籍。夜则食于市肆。读书甚迟缓，而常好希腊拉丁等古典，与印度哲学，及一切文学之书。且好读原文，必原文不能解者，始手译文。读书而外，喜观剧，或自弄笛以为乐。亦时携所蓄犬，散策于郊外。壮岁，品性颇不修，曾有欲娶女优为室之事。只以性情异于常人，不为妇女拭所爱悦，故转而嫉视女子，至谓女子者特为生活所必需，而非有可尊敬之价值，竟鳏居一世以终。生平多寄宿于逆旅，无所谓家室。年近五十岁，始稍稍购家具以饰其居室。居夫兰克福特时，曾徙易旅店者数次。室中列小几，几上一侧供释迦像，旁置拉丁译本之《优婆尼沙土》经文，时时讽诵；又一侧则设汗德像：盖其所最景仰者也。

叔本华颇长于言语之才，音朗而词快。年七十，犹矍铄如少壮。其时戚友多致祝词者，自亦大喜。不图一千八百六十年，俄然罹病，呼吸维艰，遂成不治之症。二十一日，犹强起朝食，及医师来诊，则凭几而气绝矣。遗言以其财产赠诸柏林之恤贫会，又以遗稿之版权畀门人弗罗蔼列斯大德。著述甚多，不能备举，举最要者有五：（一）《充足理由原则论》（一千八百十三年）；（二）《意志及观念之世界》（一千八百十七年）；（三）《自然中之意志论》（一千八百三十六年）；（四）《伦理学之二大根本问题》（一千八百四十一年）；（五）《随笔录》（一千八百五十一年）。

德国文化大改革家尼采传

十九世纪末之德国之大哲学家兼文学家尼采,名腓力特威廉,一千八百四十四年十月十日生于留镇附近之兰铿。父某,田舍之牧师,有恭敬温顺之德。尼采生日,与德皇腓力特威廉同日,故名之曰腓力特威廉,为纪念也。

尼采之(先)世,故波兰之贵族也,谓之尼芝开。尼采常自云波兰人,而非德意志人。有兄弟三人,其一早死,其一即尼采之妹哀利萨倍德,与尼采共作亲睦之家者也。

尼采之家故多不幸。一千八百四十九年,尼采才六岁,其父以脑病死。后育于祖母及后母之手,故尼采幼时,家中唯妇人而已。其一家之权力萃于严肃之祖母、温顺之母妹、恳切之叔母之间。尼采生长于是,故能洞见女子之缺点,他年轻蔑女子,或本于此,然其然否亦不能定也。

一千八百五十年,尼采迁居于那温堡,入其地之小学校,以被教于老成之祖母与叔母之手,故常有大人之风。一千八百五十八年,入波尔塔之中学校,渐有放纵自尊之气概,不喜与普通之人受同一之待遇。在寄宿舍时,亦罕与人交,唯与保罗德意生(今为印度哲学之大家)及地斯尔德尔甫男爵亲善。以勤学故,遂为此校之特待生。然未几渐不满于学校之课业,厌规则,嫌束缚,终舍学业而沉溺于音乐。故卒业试验时,数学之成绩甚为不良，惟优于希腊拉丁之语学，遂以"怜悯及第"之特典予以卒业。可知尼采于中学校时代已现文学上之天才者也。此时与友朋等开研究会，以研究文学为主，又随意多读古典及文学，又研究音乐。时适有俄土之战，尼采表同情于俄人，作诗以颂之，尊强者之意见已现于此时矣。其卒业之论文，书希腊诗人地哇额尼斯（今译狄奥尼修斯，公元前？—前8，希腊诗人、历史学家）之说，地氏固唱贵族主义之道德，谓贵贱之别即善恶之别。尼采晚年之思想实本于此。此时尼采与德意生之交情甚为亲密云。

一千八百六十四年，尼采卒中学校之业，入仆恩（今译波恩）大学，研究言语学及神学。未几，专从事于言语学，尤笃嗜音乐。入大学时，与普通之学生同入学生总会，然以众学生多饮麦酒，好佚游，尼采厌此"麦酒唯物主义"之恶习，遂断然脱学生总会之籍。此亦半由其议论过激，不见容于同学故也。尼采后追忆此时之事，谓少年若嗜麦酒与烟草，则德意志之国民不能发达，则其恶当时学生之风气，可揣而知也。

未几，其师利采尔去仆恩，而为拉衣白地希之大学教授，尼采亦从之。居二年，就兵役，入炮兵联队，不废学业，军事之暇，常研究所好之古典。时人谓之"天马伏枥"，非溢美也。然尼采之自由之精神常苦军中之严肃。未几，复除兵役而反就学。

一千八百六十八年，再归拉衣白地希，不入大学而独习。此时尼采之思想渐倾于哲学。一日，偶于旧书肆，得叔本华之《意志及观念之世界》一书，灯下读之，大叫绝，遂为叔本华之崇拜家。此时有致德意生书，谓虽大苦痛之中，读叔氏之书，亦得慰藉云云。明年，尼采自其师利采尔之推荐，为瑞士之白隋尔大学教授，时年二十五岁，亦未得学位，实未有之奇遇也。五月，自拉衣白地希大学赠博士之学位。未几，即进为正教授。此时尼采之得意，可由其书翰知之。

尼采虽以盛年为教授，然以勤于其职故，人人颂之。然一则为福，一则为终生之不幸，彼以勤劳大损其身体。至一千八百六十九年，普奥战争之起也，有从军之志，然以瑞士为中立国，不得已而为视疾扶伤之事，益害其身体。又归而就教授之职。未几，尼采始公其第一之著述，此即《由音乐之精神所产之悲剧》一书是也。此书一出，其奇拔之见解与卓越之思想，大振于学界。然其研究法与从来言语学者之研究异，大受学者之非议，遂有禁学生至白隋尔大学听尼采之讲义者。然尼采不屈，犹唱导自己之研究法。千八百七十三年，更著《非时势的观察》一书，攻击当时流行之学者斯德拉斯氏等，又非难当时之文明，极崇美术与文艺。要之，悲剧论称扬"美术的文明"，而斯德拉斯论贬斥有害之"学究的文明"者也。二论皆识见警拔，笔锋锐利，昔之攻击之声，渐变而为赞颂。于是尼采始自觉自己之天才。尼氏既自负其能，又不慊于当时之学者，欲罢教授之职而从事于著述者数矣，为友人所劝，卒不果。至一千八百七十六年，更续《非时势的观察》之书，论历史，颂叔本华，崇拜音乐家滑额奈尔（今译瓦格纳，1813—1883，德国音乐家）。尼采始闻滑氏之音乐，大感服之，及为白隋尔教授，近滑氏之居，遂为亲友。

一千八百七十七、八年以来，尼采之思想全移于正反对之位置，即称颂前所极口诋骂之学究，而贬美术家。此亦由交友之关系使然也。初，尼氏感叹滑额奈尔之音乐，以为发挥最上之美术者，谓德国之文明，因学者故而卑劣，故不解高尚之美术，使滑氏亦遂见弃于世。及音乐渐发达，世人对滑氏之关系一变，尼采遂疑滑氏忘美术固有之本分，而取媚于世。至滑氏以宗教的趣味引入音乐，又大诋毁之。滑氏亦不屈，二人之交遂不终。读尼采后日所著之《尼采之于滑额奈尔》，可以知其概矣。

尼采之友，除滑额奈尔外，则保罗利、伽瓦尔格、白兰地斯、克龙、德意生等是也。尼采与彼等之交际，不似与滑氏之变动。保罗利夙奉英国之经验哲学，尼采由保氏而窥英国学说，遂一变其思想，此时与保氏极亲善。后弃英国流（行）之主义，其交亦疏。白兰地斯之于尼采，但为书翰上之交际。克龙，尼采之弟子，大崇拜尼采，佐其出版事业者也。德意生性情温顺，与尼采虽有时不和，然以亲善终。

尼采之思想自一千八百七十八年以来起一大变化后，因病数休大学之讲义，养病于意大利等国。其明年遂辞教授之职，距尼采之就职殆十年矣。辞职后，居那温堡，每遇四时之变，辄移居于温和之地。一千八百八十二年，病少闲，力疾从事于著述，至是尼采之思想又起一大变化，著书数种。以积劳之故，又损其体。至一千八百八十九年正月，全为精神病者，受母与妹亲切之视疾，终不能恢复旧时之精神。至一千九百年八月二十五日卒，年五十六岁。尼采之病之渐剧也，一日，方出，卒倒于多林道上，医断之为非常之麻痹。自是尼采不能自觉，虽母与妹，亦不能知其意。一日，其友德意生访之，见其呼母为伧父，又不能认总角之友。德氏于是执手而述当年所话叔本华之事，彼唯解其一语曰："叔本华生于唐栖克。"德氏又述当年与尼采游西班牙之事，尼采曰："咄！西班牙！当年彼德意生常游此。"德氏即曰："我即德意生也。"尼采早不解其意，但相对凝视而已。至千八百九十四年十月十五日，德意生持花环往祝尼采之生日，彼暂置于手，即弃而不顾，此尼采与德意生之最后之相会也。

尼采之罹精神病，其原因如何，颇有异说。据诺尔陶之说，则尼采之著述皆在精神病室时之所作也，即谓尼采素有精神病。此实与事实相反。据崔尔克之说，则其著述不必限有精神病时之作，然其思想之内已有精神病之原质。萨禄美之说则反是，谓尼采旷世之天才，彼愤世人之不能解彼，遂退隐而发精神病。公平论之，则尼采之病当在此两极端说之中，即尼采虽久病，然精神如故，此明白之事实。尼采亦自惊罹如此病，而精神及知力全无异状，其言虽不足尽信，然不能视为全误也。

然则尼采精神病之由来如何？或疑其父以脑病死，而视为遗传者。然其父之脑病乃偶然之结果，非遗传症，又兄弟一族皆无此疾，故未足信也。由额斯德之说，尼采先有不眠症，渐入神经病。夫此病固本于气质，而气质固自得诸遗传，且尼采之平日多病，亦未始非精神病之一因也。

然则尼采自何时得此病欤？梯列尔曾由尼采之著述研究之，谓其文章思想完备而有秩序者，乃康健时之作；其文失秩序与含极端之议论，又文章前后之关系不明者，病时之作也。从此标准，则一千八百八十四年所著《可悦之科学》之第四篇，条理甚备，至千八百八十五年之第五篇，已有精神异常之迹。又一千八百八十五年所著《善恶之彼岸》，条理紊乱，思想错杂，已有病之征兆。由此观之，则自一千八百八十二年至八十五年之间，视为已有病兆，似非不稳当也。

再就尼采之病源，又有一说。即由利尔之所言，尼采从战役时，有目疾甚剧，其妹在前，亦不能见之。此目疾可视为脑病之一征候，则又似本有此病者也。

尼采之著述虽不容于当时之学界，然亦有大赏叹之者。其友德意生之同僚，有一少年讲师，一日，问尼采之近状，德意生告以其家计之不裕。此讲师曰："我等力所能及者，当补助之。"德意生赞之，然疑其以一讲师之身，未必有此力。居二日，其人致德氏书及二千马克，嘱匿名而赠尼采，此实德意生所不及料也。尼采得此知遇，大喜，不欲以此金投之家计，更以此为他书之出版费。然此书广售于世，偿其出版费且有羡，遂以此金反某讲师，某讲师拒之，乃以制尼采之油画，悬之尼采文库，盖可谓文坛之美事云。

倍根（培根）小传

法朗西斯·倍根（Francis Bacon）（今译弗兰西斯·培根），以一千五百六十一年正月二十二日，生于英京伦敦。父名尼格拉士倍根，时为掌玺官，士爵也。倍根十三岁，入康伯利大学，夙有颖誉，时批评阿里士多德（今译亚里士多德）之学说，曰："阿里士多德之哲学，不过教人以空论耳。固毫无益于人生也。"在大学三年，后随驻法公使为随员，至法京巴黎。是时巴黎为豪奢荡逸之地，游者多化之，独倍超然物外，一无所染，留彼三年，仍讲学不息。后因父丧，匆遽归国，乃著《欧洲现势论》，其初作也。当倍根幼时，女皇伊利沙伯屡幸其家，爱其聪颖，至呼之为小掌玺官。是时首相巴赖息尔为其伯父行，倍根可阶以仕进，然因触巴赖息尔忌，故求官不得。因暂不仕，修法学，为副律师。又以素好哲学，故每得暇辄研究之。是时其平生第一大著《学风革新论》，始起稿焉。

一千五百八十二年，始出法庭。八十五年为墨尔根国会议员，其名乃彰。惟以性好奢华，享用多逾分，故负债山积，进退维谷。幸受知于权门爱萨克伯，欲借伯斡旋之力，得大律师位，又为巴赖息尔所阻，遂不果。倍根大失望，伯欲慰之，因举己之别庄特伊铿罕相赠，其值约一千八百镑。综计倍根所受于伯者，尚不止此。后伯有异志，为倍根所觉，力谏不从，遂绝交。

至伊利沙伯女皇晚年时，世人渐重倍根，初举为密德萨克斯国会议员，随被举为女皇顾问官。时爱萨克伯国事犯事件起，女皇震怒，倍根虽为之斡旋无效，终处死刑。至宣告伯悖逆之文，亦成自倍根手，盖倍根受女皇之命而作者也。

是时倍根所作小品论文，积至十篇，因集为一册，以一千五百九十五年刊行于世，即今日所流传之文集 *Essays*（今译《培根论说文集》）一部分（一千六百十二年，复加若干篇于其中，罢官后更增补修正之，是即今日所流传之 *Essays* 也）。一千六百零六年，倍根年四十五岁，与豪商及夫沙之［好］（女）阿河利斯巴安汉结婚。前此伊利沙伯女皇崩，查姆斯第一即位，大信用倍，始授倍根以土爵，继命为检事总长 Solicitor-General，为大律师，为掌玺官，为大司法官。一千六百十八年，叙拜龙男爵。后三年，复晋为圣阿尔班子爵。是时其毕生鸿著之《新机关论》（今译《新工具》）始上梓，即一千六百二十年也，是篇易稿凡十二次。时有嫉倍根之名誉威权者，举其阴事发之，凡受贿之罪二十三条，于是为贵族院所劾。倍根不能辩，既伏其罪，因褫职。时一千六百二十一年（莎士比殁后五年）也。褫职后更科以四万镑罚金，且下狱。惟以王故，得免罚金，居狱二日，即释出。

其后倍根遂退居特伊铿罕别庄中，一意从事读书著述，以及实验科学等。将其旧著之《亨利七世纪》及 *The New Atlantis*（《新大西岛》）、《学风革新论》中《自然史》之一卷，大加改削，是一千六百二十六年事也。

倍根之巨著《学风革新论》（*"Instauration Magna" or Great Institution of Grue Philosophy*）共六篇。其第四、五、六三篇，皆

断篇未成章。第一篇本名曰"Portitiones Scientiarum",专论当时学问之状况,及其衰颓之原因,于一千六百零五年,改名为《学问发达论》(The proficiency and Advancement of Learning),以英文出版。其后复增补订正,以一千六百二十年出版,更易其名为拉丁文曰 De Augments Scientiarum。第二篇即《新机关论》(Novum Organum),专论演绎论理法之谬,及归纳论理法之重要。且解明其原理,曰:"人类者,自然之臣仆也,自然之解释者也。故自然界之法则及秩序,苟非己所能动作及己所能瞑想及观察者外,不能知也,不能行也。"又曰:"从来人类皆欲由自己之观念造宇宙,且于自己之胸中求其造之之材料。然若不专以经验与观察为基础,则必流于空论,终无由得左右物质之大法"云云,是殆刺粗卤之演绎论理法之弊者也。

按倍根之归纳论理法,乃英国实验科学之大本,而其所著《新机关论》,其著书中最要之部分也。彼于是篇中,不惟规定归纳法之诸法则,且详论论者之所以易陷于误谬之由,并言其矫正之法。虽阿里士多德曾规定论式,设三段论法之准则,以预防似是实非之推论,然至倍根,则更进一步,而发见论理误谬之原因,不独在言语上,且论者之胸中亦有之。而详言其原因者,即有名之"四偶像论"是也。虽其解不一,然据某氏之说,则其目如左:一,墨守一家一族之习惯,重无稽之传说,而不顾其他,以是之故,遂生谬见。其二,执某政党或某宗旨,又或拘于己所得意之书,以批评、观察某事,以是之故,遂生谬见。其三,因己之境遇或职业,即胶执己之专门,而不能知以外尚有世界,以是之故,遂生谬见。其四,死守一学派或一学说,更不信其他,以是之故,遂生谬见。

第三篇为"Phoenonena Universi",是篇专在搜集事实与经验,且教人以整理分类之法。盖事实与经验者,乃归纳法之主也。是篇中之"风之由来"及"生死之由来",均为拉丁文,自然史 Sylvarum 为英文。其全书之第四篇 Scola Intellectus,第五篇 Prodromi,皆未成篇。第六篇 Philosophia Secunda 则纯未下笔,今无需详言。

倍根因始定归纳论法,乃倡导学风革新,故大博盛誉,且得若干实利。实则彼之说,太偏于实用,彼盖纯以厚生利用为诸学问之目的者也。彼之言曰:"知识者,实力也。"(今译"知识就是力量")是一语最能表其所持之意见。彼之意盖以为知自然(即造化)之理,即得利用之力者也。戴鲁氏评之曰:

> 倍根之为人,气度极宏,识力极大,常以实践实利为心,称阿里士多德之才,而谓其哲学无益于人世之进步。盖倍根者,爱实用之人也,非爱思索之人也,其目向地而不向天,向实在之事物而不向虚无之事物。故彼于其己之哲学,称之为"新机关",则彼眼中视一切学问,均为改造人间之器具可知。

据此评,则倍根非大思想家也,乃大应用家也,大修辞家也。彼之论说,殆皆以绝妙之词,表白极大之常识者也。至其学识之博大精核,虽一代之巨子亦不能与之争。今尊之为英国经验学派之先导,当亦无人能驳之也。

倍根崇敬拉丁古文学殊甚,其卑近世之国语,至曰:"是等近世语,早晚必随书籍以共亡。"是以彼每著一书,必译之为拉丁文，盖恐英语亡后，其书亦随之湮没也。然而彼之拉丁文若著，除《新机关论》外，其余虽多，近世殆无人读之。

要之，倍根之所以为后世俗人所重，皆由于彼之 Essays 之故，是书总计五十八篇，极有文章家之真价值，义即"随笔"是也。然与近世所谓之 Essay（论文）迥异其趣，与我国所谓随笔，亦迥不相同。盖我国所谓随笔，乃随笔书之，无所谓秩序者也。是篇则字字精炼，语语圆熟，条理整然不紊，在在可称之为散文之诗。至其词藻之美，比喻之巧，无一字之冗，极简净之致，犹其次也。故有人曰："倍根语语皆格言也，敷衍彼一句，即可成为一大篇。"是语诚然。

倍根之文，可代表当时秾丽散文之极致，虽以彼之冷静圆熟，犹不免有几分美文之病，是可见当时诗的时世影响之大矣。

英国哲学大家霍布士（霍布斯）传

　　霍布士（今译霍布斯），名脱摩斯，与父同名。英国威德遐省之玛姆斯佩烈人，时称"玛姆斯佩烈先生"。父脱摩斯为牧师于蔡尔顿及惠斯脱波德，性躁易怒，传言尝与人斗，为所辱，遂远遁不知所终云。其叔名法朗西者，以制手套为业，官市长，脱摩斯亡失后，袭惠斯脱波德牧师之职。法朗西无子，钟爱小脱摩斯，抚育之如己出，惊其资禀颖异，叹曰："是儿他日必为名儒，宜善教之。"小脱摩斯之母，系出农家，其性行传者不详，一千五百八十八年四月五日，或言五月五日，生小脱摩斯。时西班牙方率海军攻英，英败，全国大乱，其母惊愕，故早产。霍布士自传有曰："予母实孪生，予与恐怖是也。"故霍布士生平，遇事多恐，恶闻征伐之事，畏死。尝自言曰："脱世界为予所属，而有延予一日之命，以易予之世界者，予宁舍世界而求生。"

　　霍布士幼慧，四岁既能读书、作文字、解算术。六岁，习拉丁、希腊文，初学于教会学校。八岁时，从拉其玛游。拉其玛精希腊语，奇霍之才，特聚二三俊秀之儿，开夜塾以教之。霍年十四，[既]（即）能以奥理毕德之诗译为拉丁韵文，见者称叹，不能辨为童年之作也。明年，其叔供资斧，俾学于鄂克斯福大学（今译牛津大学）。时烦琐派哲学甚盛，心焉慊之，既有矫正学风之志。一千六百八年卒业，受文学士学位。以学长威克孙之荐，获知于贵族嘉文第希，礼致其家，俾督教长子威廉。嘉文第希者即后年之第冯夏尔伯爵也，笃信霍之为人，始终无间言，会计之事亦使主持之。霍于威廉，谊则师弟，情则朋友，以和蔼相处，不严持礼节，虽讲学亦必在乐趣盎然之余。霍居嘉文第希之邸二十年，后虽暂去复归，而终身亲交如故。自言其生平之幸运，莫此二十年间若。盖事务闲暇，得自研究学术，且嘉文第希家富藏书，可资流览。霍此时最嗜读古文学及历史，每言政治之与历史至有关系，欲谙政治，必通晓古今盛衰兴亡之故。其持论如是。盖隐受感化于嘉文第希者多矣。逮其数游欧陆，与大陆学者交游，而思想为之屡变。一千六百十年，伴威廉初游法、德、义（按，指意大利）诸国。当时习尚，谓贵家子弟非从名人游历，不足增拓知识。嘉文第希故以是托之。及其归也，仍为嘉氏执事。一千六百二十八年，嘉文第希伯爵殇。无何，其子亦相继殇。伯爵遗嘱，岁赠八十镑酬之。旋有克里弗敦者亦贵族，耳其名，聘霍为师，偕其子游巴黎，居一年有半，始归。是为再游欧陆。

一日，得欧几里得之几何而读之，投卷叹曰："研究学术之法，莫正确于几何学者。"自是始研究数学，欲移其法以攻法政之理，务在阐真去伪。几何学之于霍，实与物动说相并。而为其学说之根柢者也。

嘉文第希有幼子，年十三，自霍去，其夫人改延他人课读之，见不胜任，追忆霍不置。一千六百三十一年，复招霍主其家。居三年，伴嘉氏幼子游历法、义等国。是为三游欧陆。此行获与格里辽（今译伽利略）、额生地（今译伽桑狄，1592—1655，法国哲学家）、美尔生奈（今译梅森，1588—1648，法国数学家、哲学家）之徒相知，益动嗜好自然科学之念。其初谒格里辽也，叩之曰："仆欲移几何学之研究法，以攻政治道德之说，能有效否？"格深赞之。美尔生奈语人曰："霍布士可畏，当代第一之哲学家也。"一千六百三十六年冬，归国。嘉氏幼子以继产事，与母有违言。或潜于其母，实霍唆之。霍不得已讼诸有司，以白无他。霍既去嘉文第希家，而师弟之间情谊不解。是时年五十有余矣。以置身闲暇，弥得研钻学术，时与美尔生奈之徒驰书辩议。从友人纽迦斯尔之请，欲为一书，公其哲学思想于世。会有内乱，不果。且身被嫌疑，不得已去之巴黎。是为四游欧陆。居巴黎日，续著前书，以自娱遣。其书分三部：一、物体论，二、人类论，三、国家论。中以知觉说视觉说，为其思想之中坚，而物动说则其基础也。物动说者，谓若外物皆静，或有动无变，则亦不能有感觉。感觉者由物体之运动而生，辨别之因，必求之于运动之差异。传言，先是嘉文第希在日，尝与客讲学，偶问及感觉，座客莫能确答者。霍以为世人自命哲学家，而于切身之感觉不知为何物，耻莫过焉。由是一意思索，自言其游历法、义时，车辙马迹之间，未尝一日不冥想此事者。其所以攻究数学、自然科学，亦欲阐明物动之理也。

一千六百四十七年，皇子查尔斯第二召为侍讲。或言霍之著书立说，有害宗教及国家，王怒，黜之。一千六百六十六年，下议院有谗霍为倡导无神论者，将加以罪。幸有持正之士排解而免，实则霍之一生固笃信国教者也。

一千六百七十九年，罹中风症，卒于嘉文第希家，年九十二岁，终身不娶。

其全集，后至一千八百四十五年，由莫烈斯俄校订上梓，都十六卷，计英文十一卷，拉丁文五卷。霍布士与柏庚（今译培根）齐名，二人交最莫逆。世故谓霍氏之说多受感化于柏庚。夫霍布士以柏庚用于格物学之研究法，用之于伦理学、政治学，其为学也诚相近。然柏庚长于归纳，霍布士长于演绎；柏庚长于思虑大事，而性卞急，未底于成，辄弃去之；霍布士性和缓而善忍耐，其思想狭，常欲以一主义贯彻万端：其性情相异如是，必谓霍布士之思想皆导自柏庚，未尽信之说也。

英国教育大家洛克传

约翰·洛克以一千六百三十二年生于英国普勒斯滔邻境之威灵顿。父为法律家，或言军人，夙奉新教。洛克幼学于家庭，稍长，始入惠斯特明斯达学校。年二十岁，至鄂克斯福大学（今译牛津大学）肄业。当时烦琐派之哲学尚盛于时，洛克不满其说，后得特嘉尔德之书读之，大悦，由是始有志于哲学。此间如额森特（按，疑即伽桑狄）及霍布士之著作，亦其所好研究者也。一千六百六十年，为鄂克斯福基督教会之教师，教希腊语及哲学、修辞学。其初颇欲为宗教家，嗣以王权复兴，旧教势炽，始罢其志。又以体羸弱，欲为医，故于医学、化学亦攻究及之。一千六百六十五年，奥泰文奉使柏兰丁堡（日耳曼列邦之一），洛克以书记官随往。逾年，归鄂克斯福。适嘎弗培利侯爵延之治疾，因与侯相识，其后交谊日密，遂馆于侯家，督课其子弟，兼为侍医。且侯常以政治之事咨询之。一千六百六十八年，随诺尔森巴兰德侯爵游历法、义（按，指意大利）诸邦。洎嘎弗培利侯为政府，乃擢用之。一千六百七十三年，侯罢相，洛克亦去位。二年后，至法兰西养疴。一千六百七十九年，嘎弗培利侯再入内阁，召洛克归。未几，侯又遭贬。一千六百八十三年，侯避难亡国，洛克从之，更名姓，遁居荷兰，借著述自娱。此间曾以拉丁文之书翰体，著《信教自由论》第一册，一千六百八十五年出版，其二三册则归国后之作也。一千六百八十九年，英人迎奥连治侯威廉即王位。其次年，王召洛克，重用之。当时之政策与英国立宪政体之基础所由巩固，实洛克之力居多。是年所著《政治论》出版。其明年《智力论》亦出版，此书盖其自表哲学上之见地者也，先是一千六百七十年顷，侨寓法兰西时，既从事著作，一千六百八十七年竣事。其全书要领曾译以法文而载诸某杂志，至是始刊行之。一千六百九十三年，更著《教育意见》。一千六百九十五年，著《基督教合理论》。洛克之宗教说既为当代神学家所诋，遂于其哲学亦攻击之，甚至鄂克斯福大学禁阅《智力论》云。

　　洛克终身不娶，晚年寄居其友美显谟之家。一千七百四年十月二十八日卒，年七十三岁。其论教育也，重在养成人品，以为习惯良善，知德兼备，立身斯世而能自尽其义务者，此所谓品性完全之士，而教育之目的即在造成此类人物而已。故其于德育，置重自治，以为学者贵能由判断善恶之能力，以自立其身。此笞罚之所以必禁，而名誉之欲，羞恶之心，所以不可不培养也。其于体育，则主锻炼主义。所著《教育意见》，于衣服饮食起居动作之末，悉详示所宜，盖多本其医学上之见解而言之者。此书序文中，首引罗马人邱培纳之名言曰："康健之精神必宿于康健之身体。"盖深明体育之为重也。其于知育，则尚实用主义。盖既言教育之目的在培养有益社会之人物，则非足裨生活之智识，不当接受，亦自然之结论也。洛克以为儿童所当学习者：一、图画；二、读书作文习字；三、地理；四、数学；五、天文；六、几何；七、历史；八、伦理及普通法律；九、自然科学；十、手工及商业。若夫音乐、诗歌与希腊、拉丁古语，无当于世用，而世人方苦心攻究之，可谓演滑稽之技者矣。又以为智识之本，自直观而来，必凭借实物以指示之，又必引起自动力，俾学者之进步可不假扶助而得之，故尝痛诋强记之弊。其论施教之区，则谓公共教育不如家庭教育之得力。惟下流子弟当别立职业学校教之，以资他日谋生之道。此盖自其崇尚实用之见地而来者，而后世之实业学校实滥觞于是矣。

英国哲学大家休蒙（休谟）传

休蒙（今译休谟），名的辟德，以一千七百十一年四月二十六日生。父曰休蒙约瑟福。母曰嘉撒林，慧敏而淑，法库奈尔之女也。初，约瑟福偕其妻侨寓苏格兰之厄丁波罗，生的辟德于是。后袭其父领地，遂家于白尔威克舍，以门外有山泉，故名其邸曰南威尔斯。居室朴陋，望之若田家。约瑟福早没。遗子女三人，的辟德其次者。时嘉撒林尚年幼，独以教养子女自任，训迪有方。休蒙他时之立名成学，实得力于乃母也。

休蒙年十二岁，肄业于厄丁波罗（今译爱丁堡）大学。无何，以故，不及卒业而退。自是数岁间，仍居南威尔斯旧宅，杜门读书，矻矻穷年，自以为乐。一千七百二十七年七月，曾驰书其友曰："仆欲为一哲学家以终。迩者得维尔喀留斯（今译维吉尔，公元前70—前19，古罗马诗人）及基开禄之著作，如原文而读之，觉爱不忍释也。"时年才十六耳。其间尝以母命，研究法律。休蒙固天才超异者，借令终为政治家法律家，亦必功成名遂。然自知于天性不合，为时未几，遂辍业，曰："必于哲学上昌明一真理，乃偿吾志。"寻以运思失度，一千七百二十九年九月顷，体大羸弱，幸摄养得宜，阅六载，始健壮如初。嗣后三年间，专攻英、法、拉丁之文学，寻习义大利语，遍涉猎哲学之书。

当弱冠时,既尝为文自数其思想,然虑早岁著述之未安,故暂已。拟游历各国,借经商以资历练,因为贾于普利斯滔之市,顾非善懋迁者,卒损失。又方患体弱,而其地不宜卫生,决计隐于法国村里,屏绝俗冗,委身学术。一千七百三十四年秋,取道巴黎,卜居于兰穆。无何,徙居拉弗烈凯,滞居者二载。寓法之日,著《人性论》二卷。一千七百三十七年,谋付剞劂,携归英伦,就商于友。二年后,友为梓行之,而匿著者名,酬休蒙以金五十镑、书十二册。初,休蒙意此书出后,必为士论所诋,不意毁誉无闻。间有评骘者,亦仅泛语,以是怅然失望。然志不为屈,续撰后篇,托之他肆刊行。一千七百四十一二年间,屡为文,论有关政治道德之事,载在周报,复都为一集刊之。由是嗜读者渐众,令名大振,而谤声亦作。一千七百四十四年秋,厄丁波罗大学以教授心理学伦理学一席,需人承乏,休蒙托友课之,而时人既目为异端,朋辈中亦多訾毁之者,故不遂。其明年有侯爵某,读休蒙之文而重之,招致其家,为座上客,岁酬厚币。侯夙患病,或言非易地安居不可。休蒙劝之出游,而与之偕。侯之执事者以不利于己,憎休蒙多言,加无礼焉。恚而辞去。其寄迹于侯爵之家,未逾岁也。会以友荐,为军法裁判所之辩护士。有友曰圣克烈亚者,受职大使,将赴欧洲大陆,要与俱。休蒙辞辩护士之职,而从之。是役也,考察各国内情,多有所得。至德意志,慨然叹曰:其人勤奋诚直,善相联合,他日必为新兴之国。后世史家服其卓见云。中途闻母丧,奔归南威尔斯故里,时一千七百四十九年也。其归也,国人多思瞻其新著,爰取前日匿名之作,易署己名。一千七百五十一年,所著《道德原理论》上梓,休蒙自谓为得意之作,而见者反淡漠视。翌年，刊行有关政治之著作，则誉美之辞遍于境中。异国如法兰西亦移译之。方一千七百五十一年，曾著《天然宗教问答篇》。又一千七百五十七年，亦为文议论宗教，以友人谏，不及付梓，虑触时忌也。顾休蒙为人，性磊落而温蔼，虽其哲学上之议论，主持怀疑说，力非宗教，而其与交游者则不乏宗教中人，皆终其身无违言。一千七百五十二年顷，格拉斯哥大学将聘入主教伦理学，休蒙有志应之，以为宗教家抵排，复不果。旋得为大学法律科之图书馆长，岁食俸四十镑。馆庋书籍仅三万余卷，而实苏格兰图书馆之规模最大者。中以历史书为富，休蒙因是得攻究之，复为史学家之著述。一千七百五十四年，其第一卷上梓，世罕道其名者，阅岁，仅售四十五册而已。或慰之，谓勿沮丧，更撰第二卷。久之，果渐风行。至第三卷以下，则遝迕争购，赞其文辞之雄杰者不绝口。最后二卷，至有以金一千四百镑易其原稿去者。

一千七百六十三年，侯爵海特霍尔德为法国公使，延休蒙掌记室，许之。休蒙天性质朴，雅不好法人之轻佻，而法人则重其名，多与之结纳，一辈哲学家尤倾折。贵胄中至有能背诵其书者。已而海特霍尔德有故归国，以休蒙权摄公使事。休蒙虽儒者，而长于治事之才，措理要政，罔弗得当。后海特霍尔德将言之英廷，擢膺显秩，辞不受。一千七百六十六年，归厄丁波罗。其间尝以修改史稿事，一赴伦敦。无何，仍返故居。

英王嘉其有功于学术，赐金劳之。至是休蒙家计既丰，年岁亦迈，故不复出。惟家居以教育兄子辈为事。一千七百七十五年罹疾，伏处养疴，而手不释卷如故。逾岁病卒不瘳，卒年六十六岁。遗嘱举其家产分赠兄、妹及兄之子。以百镑充乡中建桥费，以二百镑谢计学大家亚丹斯密,而以刊行遗稿事托之。休蒙生平慷慨助人,有质疑问难者,或告贷者,皆厚意待之。虽持论夙与己不合者,闻其著书,则喜而读之,仁厚之士也!故后,搜刊其全集者至伙,而以格林及克罗斯二人所手订者,为最可信云。

近代英国哲学大家斯宾塞传

一千九百三年十二月八日，英国名儒斯宾塞逝，年八十有四。学界之光一时暗然，海内闻者扼腕太息。斯罹病久，其前年八月，既卧床不能兴，畏闻音乐，不好与人言语。凡阅览书报，脑力皆不胜，惟使人读而闻之。盖精神羸弱所致也。

今译斯宾塞名赫巴特，一千八百二十年四月二十七日生于达比市。父，威廉佐治为小学教师。斯幼禀庭训，未能入学校肄业。后依伯氏脱摩斯家，伯氏监督甚严。年十七，习为土木事，工作之暇，辄旁究社会哲学之问题。又以当时思潮注重于科学上进步，故从而探讨之。一千八百四十二年，著一论，题曰《政府之固有范围》，寄刊《伦坤福密斯脱报》，见者击节叹赏，由是名大噪。二年后，敷衍前说，成三小册，梓行于世。其文谓社会势力之潮流，与其社会进步之状态，皆当准据法则，故不可不从科学的研究之。迨四十年后，著《个人对国家论》，所说犹与前日同，可见其执念之坚定已。斯知己之于文学，能力不必逊他人，故舍土木之事弗为，欲以思想家及新闻记者终其身。旋徙寓伦敦。一千八百四十八年后，入《经济学报》社，佐理编辑事，六年而辞去。一千八百五十一年，著《社会静学》。后四年，著《心理学原理》。一千八百七十年再版时，大加改订，以列诸"哲学丛书"内。一千八百六十年，著《综合哲学》，欲萃厥精力，以组织哲学系统。谓凡各种学问，苟研究之，其真理必相一致。宇宙间常有一种永久进步之定则，人患不知之耳。《综合哲学》之发刊也，预举总纲告于众，计：《第一原理》一卷，《生物学原理》二卷，《心理学原理》二卷，《社会学原理》三卷，《道德原理》二卷。如此宏篇巨制，常人所望而却步者，而斯独矢大愿，发大力，虽有资财之窘迫，体躯之疲惫，相为扞格，而毅然不挠，卒以三十六年之岁月全部告成。其志之决，功之伟，求之古今学人中，讵可多得哉！

斯固非富有之家，刊行巨帙自非易事，因用按月偿价之法，招徕购者。又以其友美国人某君，出资为助，始克遂其志。厥后声价日增，购者踊跃，遂无复艰阻之虞。其《第一原理》成于一千八百六十三年，盖以论形而上学及科学之根本原理者。斯氏自言曰："凡对一现象，而见其为真理者，推之其他现象，亦莫不为真理，故谓此书为研究其余科学之序言可也。"《生物学原理》成于一千八百六十四年。越七年，始将《心理学原理》改正重梓。至《社会学原理》首卷则成于一千八百七十四年。旋以精神过劳，不能执笔，故拟缓刊后卷，而变其出书之次序。先著《道德原理》前卷，以一千八百七十九年公于世，名曰《伦理学前提》。至一千八百八十五年，而《社会学原理》第二卷成。此后四年精力顿减，患慢性神经病十八阅月之久，不能为一事。旋退隐于布利敦。病愈后，为摄养计，以每日执事三小时为限。故余书出版较迟。一千八百九十一年，乃复从事著述。二年后，梓《道德原理》第二卷。又三年，即一千八百九十六年秋，而《社会学原理》第三卷蒇事。

于是全书告成，自为之序曰：

余之濡笔以著《综合哲学》也，三十六年于兹。回顾当时，敢于为此难事，不得不窃自惊叹；至于今而竟成厥志，则又不得不引以为异也。余家计不逾中人，乃以兹事故，丧失资财殆尽，加以病疴相寻，其间作辍者再。时人见之，必讥余立计之左。虽然，有志者事竟成，冒险之行，不必其终于失败也。余老矣，犹见此书之成，则虽有百千不幸以窘余身，而此心已欣慰有余矣！

书成之日，国中学者联名而上祝辞。英相格拉斯敦亦赞之曰："若斯宾塞者，可谓有过人之材，而自制力最强者也。"

斯氏之论教育，世称实利派，与人文主义相反，盖以养成实用人物为宗旨者也。其论智育也，以为智识之当求者五：一、生理卫生之知识，所以助身体之强健也。二、读书、算术、理化、博物、工艺、社会学之知识，所以为营生之资助也。三、生理心理之知识，乃为父母者所必需。四、历史、法制之知识，乃为国民者所不可少。五、关涉美术（按，指艺术）之知识，则所以使人享高尚之乐也。其论德育也，则曰：凡行事足以助社会之进化者是为道德，故宜假自然之赏罚，使儿童知因果报应之理，自不敢为不德之行已。斯氏置重实际若是，故学者或窃窃议之。然其言实足以矫正时弊，所裨益于英国教育界者，[厥]（决）非浅鲜。斯氏未曾一入学校之门，诸大学赠以学位，皆辞不受。终身不娶妻。暇惟击球为戏。论者尤服其有恬淡之风云。

荷兰哲学大家斯披洛若
（斯宾诺莎）传

　　斯披洛若（今译斯宾诺莎），以一千六百三十二年生于荷兰。其先世为犹太人，家于西班牙，后避罗马教之难出奔。当时荷兰不禁异教，因家焉。斯初受业于莫泰来。莫泰来，犹太教之法师也。斯从之研究犹太教及犹太文学，尤以中世以来犹太人所著哲学为主。其学盖取犹太教之思想，与自雅里大德勒（今译亚里士多德）而来之思想，熔合为一者也。当时学者通用拉丁语，而莫泰来不谙拉丁语，斯因就医者恩底学之，无何，辄精其业，且由是稍通自然科学。传言恩底有女，工音乐，精拉丁语，乃父他适，辄代父教斯。斯颇［暱］（嬻）女，后以他少年馈女珍饰，至夺其爱云。斯说未足为信。考恩女与人结婚，时已二十七岁，事在一千六百七十一年，而斯之去荷京，在一千六百五十七年，其时恩女仅十一二岁，而所谓某少年者更幼于斯七岁，谓与斯同时眷恩女，断无其理。且证以斯之为人，则前说尤诬甚矣。

　　初，斯疑犹太教旨之不合，既解拉丁语，得纵读近世哲学科学之书，益滋惑焉。犹太之教士学者等，以斯好攻异端，一日遣人诣斯之居，与论神学，因执其言为据，召而尤之。若辈知斯他日必成名儒，可为其教之光，故不欲深究，谓之曰："若但偶莅教会，伪为信吾教者，且保护若，不尔，则罚以严刑。"斯固恶为不义事者,坚拒之。一千六百五十七年,犹太教人遣一壮汉,深夜入其家,拔剑相向,迫之去荷京,而后以除教籍宣示。斯乃避难于荷京之近郊,居友人雷丁之宅者凡五载。友为荷兰某宗派之基督教人,其同派者胥方正质朴之士,故斯甚敬重之。自是易原名巴尔孚为培奈的克斯,二者同义,前犹太语,后拉丁语也。自是潜心力学,尝摘发特嘉尔德哲学之短,欲自出意见,成一家言。荷兰之学者重其名,争诣其门,与论特嘉尔德之哲学,及闻斯之说,益惊服。富家子某怜斯之贫,欲资以金,辞不受。后某壮岁而夭,谓家人曰:"必举我遗产赠斯先生。"其弟以言于斯,斯不能却,然仅受金少许,其廉介不苟如是。

一千六百六十一年,从[兰](雷)丁徙居,越二年,又徙居海格镇之近傍,则以其地多交游也。此间殚力著述。将公其学说于世。一千六百六十五年夏,一游荷京,谋付之梓,以匿名干例,不果。后复著一书,论神学,阅四载而书成。大意谓宗教之仪式,中有关国民之道德者,国家必监督之,以保国之秩序;至宗教之思想,宜任各人自由,则兼利国家,兼裨宗教矣。书以一千六百七十年出版,不署作者名。明年,政府禁售其书。罗马教中人亦群起攻之。一千六百[九](七)十三年,自海格镇附近移居于镇,侨寓一画师之家。一千六百七十三年,哈迭堡大学敦词厚礼,聘之为哲学教授,以体羸弱而不谙教法辞,盖恐一旦居教职,易召宗教上之争端,且无暇研究学术也。

一千六百七十五年,复一赴荷京,谋刊著述,而谣诼烦兴,斥之为蔑视神明者,惧祸,复携稿归,叹曰:"予生前,其葬此书于敝箧矣!"自是肺疾渐增,一千六百七十七年二月二十五日卒,年四十四岁。斯生平未一受事于他人,惟以制透镜为生,技精,故理化学家争购其物,且多借是纳交于斯。顾所入微薄,赖俭约自奉,仅免冻馁,居恒敝衣粝食,见者弗能辨其为学子也。性温蔼,寡言笑,终身惟一次发怒。为学专精,尝三月不外出,寝食俱于书室云。

  论曰:自世有视学问为职业者,以为学成名立,则利禄之道在是焉,此学者之所以为时人所贱也。夫为学一事,治生又一事,二者皆人生当尽之务也。各学其所学,而各治其生,则社会安,文化日进矣。不然则谓学者之为业,用力逸而得酬厚,天下之人必皆乐为学者,不将令举世为游惰之民乎?抑闻之,职业之最尚者,必其独立而不依傍人者也。若受事于人,则不得不牵于势,而或至枉其本意。斯披洛若以积学之儒,而下伍工师,礉然独立,不以贫为虑。呜呼!其操行之高洁,可以风已!

法国教育大家卢骚传

江·嘎克·卢骚,法国人,一千七百十二年六月二十八日生于瑞士之瑟奈乏,制时表者之子也。幼失恃,其父又性情放逸,夙尚共和主义,不以教育子弟为事。故六岁顷,得尽读其母所遗小说,猥劣淫靡之作亦不免及之。论者谓卢骚他日品性不纯,实坐此害。其力诋少年读书不慎之弊,亦正由阅历中来也。卢骚自幼深于感情,尝观悲剧,至泣下,终身遂不入剧场云。十岁顷,其父以事离瑟奈乏,因寄养于叔氏家。以患贫故,尝受佣于寺院,又尝为辩护士司记室。寻改习印刷之技,因盗食师家林檎,又迟归受惩,惧而遁。由是流浪四方,与下流伍,时有作奸犯科之行。偶至安奈的邑,邑有孀妇曰瓦凌希者怜之,招寓其家,旋从之赴突林。由是改入新教,是时年十有六矣。入教会学校肄业,不惯羁束,未久辄辍。再习印刷术,又不成。[仕](依)于哥文伯爵。一千七百三十二年,仍归瓦凌希家,与瓦共居察恩巴利者六年。此间潜心向学,讲求音乐、文学等,又尝读洛克、拉衣白尼兹(今译莱布尼茨)、特嘉尔德(今译笛卡儿)之哲学书,思想日进。然以性乖僻,渐为瓦凌希夫人所不悦,将谢之去,乃荐为毛理家之塾师,辞不允。旋别瓦凌希而独游巴黎,时则一千七百四十一年也。

初至巴黎,以所著喜剧院本,才华绝代,为见者所激赏,一时文人学士多折节与交。逾年，从孟达克为秘书官，使范尼斯（今译威尼斯），驻一载有半，与孟不洽，再归巴黎。卢骚为旷代天才，固宜其跅弛不羁，而所如辄阻若是。一千七百四十九年，第约翰专门学校悬赏征文，题为《学艺日新能否有裨于道德》。卢骚著一文以应，曰：如今世之学艺，非惟无益于世道人心，又从而害之，学艺日进，适使道德日退耳。阅者以其说新颖而精当，击节叹赏，如约酬之。自此文出，卢骚之名大噪，而訾议之声亦起矣。一千七百五十二年，疾笃，几自揣不复起。病愈，又遭窃，益困顿，至衣食几不能给。是时卢骚已无复用世之念，故户部巴尔克征之，不应。惟偶著戏曲，为自遣计。一千七百五十三年，铁仞大学悬赏征文，卢骚又著一论，痛言人类之不平等，而谓宜返诸自然。恶者目为邪说诐辞，攻击不遗余力。奥台尔曰："如卢骚者，可谓竭一身之力以陷世人于禽兽者也，闻其言者必好两翼飞而四足走矣！"卢骚既见忌于时人若此，故不能容身巴黎，遁归瑟奈乏故里。里人重其名，欣然迓之。寻闻奥台尔亦来瑞士，去所居不远，思避之，得其友哀比讷夫人之助，结庐于深林而居。逾年，再至城市，其《忏悔录》《民约论》《新豪杰》《爱弥儿》诸书，盖先后成于是时。《忏悔录》述一生言行思想，而自下褒贬，不稍讳饰者也。《民约论》则力攻君主政体，而他年法国革命之导火线也。《新豪杰》为一小说，意在指斥快乐，而实多不道德之说，然穿凿人情隐微，精妙绝致。《爱弥儿》亦一小说，假一人为主，而自述其教育之法者也。诸书皆着想奇拔，善剔抉当时弊根所在，而文笔之纵横排奡，又足以达之。故其说浸灌人心，直有劲风靡草、怒涛决堤之概。及其归巴黎也，向之诋之者益愤怒不相容，法国议院亟下令捕之。教会亦逐其出教,盖卢骚此时既去新教而入旧教也。卢骚惧祸,遁往瑞京。而瑞京似亦深恶之,迫令出境,且遣吏搜得其《爱弥儿》原稿,付之一炬。于是之普鲁士,普王谓其倡导异教,逐之。又之彼得岛,欲研究农学、博物学,以力耕自给,然未几又为岛人所不容。更之英吉利,英儒休蒙凤与相善,颇厚遇之,然其后仍相忤。时巴黎故友有驰书召之者,因潜返巴黎,以匿名著书为事。友谋以资助之,拒不受,遂与绝交。其后往依支拉颠侯爵,侯爵待之善,自是不复他徙。时年既衰,以忧愤,得狂疾,厌见宾客。一千七百七十八年六月三日,俄卒,或误传为服毒死。后年法国革命,人民迎其遗骸,归藏凡典院中以荣之。

卢骚少时,与巴黎酒家婢太丽飒烈狎。太丽飒烈性呆,卢骚耻以为妻,惟矢誓终身不相弃。举子五人,皆不自育而送之救贫院,后悔而求之,则仅余一子,他不知所终。越二十三年,终娶太丽飒烈为妻云。

卢骚之教育意见大都自洛克而来,而充之以自然主义者。以为人性本善,其陷于恶者,外界为之也,故教之之道在置诸自然之境遇,屏绝外缘,任其自然发展。后世如巴瑟德,如贝斯达禄奇,如弗烈培(今译福禄培尔,1782—1852,德国教育家),所以为教育大家者,实亦由《爱弥儿》一书有以激成之。汗德(康德)读书散步,日有定时,及得读《爱弥儿》,则爱不释手,至数日未外出,亦可以想见此书声价之重矣。

论近年之学术界

外界之势力之影响于学术,岂不大哉!自周之衰,文王、周公势力之瓦解也,国民之智力成熟于内,政治之纷乱乘之于外,上无统一之制度,下迫于社会之要求,于是诸子九流各创其学说,于道德、政治、文学上,灿然放万丈之光焰,此为中国思想之能动时代。

自汉以后,天下太平,武帝复以孔子之说统一之。其时新遭秦火,儒家唯以抱残守缺为事,其为诸子之学者,亦但守其师说,无创作之思想,学界稍稍停滞矣。佛教之东,适值吾国思想凋敝之后,当此之时,学者见之,如饥者之得食,渴者之得饮,担簦访道者,接武于葱岭之道,翻经译论者,云集于南北之都,自六朝至于唐室,而佛陀之教极千古之盛矣。此为吾国思想受动之时代。然当是时,吾国固有之思想与印度之思想互相并行而不相化合,至宋儒出而一调和之,此又由受动之时代出而稍带能动之性质者也。自宋以后以至本朝,思想之停滞略同于两汉,至今日而第二之佛教又见告矣,西洋之思想是也。

今置宗教之方面勿论,但论西洋之学术。元时罗马教皇以希腊以来所谓七术(文法、修辞、名学、音乐、算术、几何学、天文学)遗世祖,然其书不传。至明末,而数学与历学,与基督教俱入中国,遂为国家所采用。然此等学术,皆形下之学,与我国思想上无丝毫之关系也。咸、同以来，上海、天津所译书，大率此类。唯近七八年前，侯官严氏（复）所译之赫胥黎《天演论》（赫氏原书名《进化论与伦理学》，译义不全）出，一新世人之耳目，比之佛典，其殆摄摩腾之《四十二章经》乎。嗣是以后，达尔文、斯宾塞之名，腾于众人之口，物竞天择之语，见于通俗之文。顾严氏所奉者，英吉利之功利论及进化论之哲学耳，其兴味之所存，不存于纯粹哲学，而存于哲学之各分科。如经济、社会等学，其所最好者也。故严氏之学风，非哲学的，而宁科学的也，此其所以不能感动吾国之思想界者也。近三四年，法国十八世纪之自然主义，由日本之介绍，而入于中国，一时学海波涛沸渭矣。然附和此说者，非出于知识，而出于情意。彼等于自然主义之根本思想，固懵无所知，聊借其枝叶之语，以图遂其政治上之目的耳。由学术之方面观之，谓之无价值可也。其有蒙西洋学说之影响，而改造古代之学说，于吾国思想界上占一时之势力者，则有南海□□□（按，康有为）之《孔子改制考》《春秋董氏学》，浏阳□□□（按，谭嗣同）之《仁学》。□（康）氏以元统天之说，大有泛神论之臭味，其崇拜孔子也，颇模仿基督教，其以预言者自居，又居然抱□□□□之野心者也。其震人耳目之处，在脱数千年思想之束缚，而易之以西洋已失势力之迷信，此其学问上之事业不得不与其政治上之企图同归于失败者也。然□（康）氏之于学术，非有固有之兴味，不过以之为政治上之手段，《荀子》所谓"今之学者以为禽犊者也"。□（谭）氏之说，则出于上海教会中所译之治心免病法，其形而上学之以太说，半唯物论、半神秘论也。人之读此书者，其兴味不在此等幼稚之形而上学，而在其政治上之意见。□（谭）氏此书之目的，亦在此而不在彼，固与南海□（康）氏同也。庚、辛以还，各种杂志接踵而起，其执笔者，非喜事之学生，则亡命之逋臣也。此等杂志，本不知学问为何物，而但有政治上之目的，虽时有学术上之议论，不但剽窃灭裂而已。如《新民丛报》中之《汗德哲学》，其纰缪十且八九也。其稍有一顾之价值者，则《浙江潮》中某氏之《续无鬼论》，作者忘其科学家之本分，而阑入形而上学，以鼓吹其素朴浅薄之唯物论，其科学上之引证亦甚疏略，然其唯有学术上之目的，则固有可褒者。又观近数年之文学，亦不重文学自己之价值，而唯视为政治教育之手段，与哲学无异。如此者，其亵渎哲学与文学之神圣之罪，固不可逭，欲求其学说之有价值，安可得也！故欲学术之发达，必视学术为目的，而不视为手段而后可。汗德《伦理学》之格言曰："当视人人为一目的，不可视为手段。"岂特人之对人当如是而已乎，对学术亦何独不然。然则彼等言政治，则言政治已耳，而必欲渎哲学、文学之神圣，此则大不可解者也。

　　近时之著译与杂志既如斯矣，至学校则何如？中等学校以下，但授国民必要之知识，其无与于思想上之事，固不俟论。京师大学之本科，尚无设立之日，即令设立，而据南皮张尚书之计画，仅足以养成咕哔之俗儒耳。此外私立学校，亦无足以当专门之资格者。唯上海之震旦学校，有丹徒马氏（良）之哲学讲义，虽未知其内容若何，然由其课程观之，则依然三百年前特嘉尔之独断哲学耳。国中之学校如此，则海外之留学界如何？夫同治及光绪初年之留学欧美者，皆以海军制造为主，其次法律而已，以纯粹科学专其家者，独无所闻。其稍有哲学之兴味如严复氏者，亦只以余力及之，其能接欧人深邃伟大之思想者，吾决其必无也。即令有之，亦其无表出之之能力，又可决也。况近数年之留学界，或抱政治之野心，或怀实利之目的，其肯研究冷淡干燥无益于世之思想问题哉！即有其人，然现在之思想界，未受其戈戈之影响，则又可不言而决也。

由此观之，则近数年之思想界，岂特无能动之力而已乎，即谓之未尝受动，亦无不可也。夫西洋思想之入我中国为时无几，诚不能与六朝、唐室之于印度较，然西洋之思想与我中国之思想，同为入世间的，非如印度之出世间的思想，为我国古所未有也。且重洋交通，非有身热头痛之险，文字易学，非如佉卢之难也，则我国思想之受动，宜较昔日为易，而顾如上所述者何哉？盖佛教之入中国，帝王奉之，士夫敬之，蚩蚩之氓，膜拜而顶礼之，且唐、宋以前，孔子之一尊未定，道统之说未起，学者尚未有入主出奴之见也，故其学易盛，其说易行。今则大学分科不列哲学，士夫谈论，动诋异端，国家以政治上之骚动，而疑西洋之思想皆酿乱之麴蘖；小民以宗教上之嫌忌，而视欧、美之学术皆两约之悬谈。且非常之说，黎民之所惧；难知之道，下士之所笑：此苏格拉底之所以仰药，婆鲁诺之所以焚身，斯披诺若之所以破门，汗德之所以解职也。其在本国且如此，况乎在风俗文物殊异之国哉！则西洋之思想之不能骤输入我中国，亦自然之势也。况中国之民，固实际的而非理论的，即令一时输入，非与我中国固有之思想相化，决不能保其势力。观夫三藏之书已束于高阁，两宋之说犹习于学官，前事之不忘，来者可知矣。

然由上文之说，而遂疑思想上之事，中国自中国，西洋自西洋者，此又不然。何则？智力人人之所同有，宇宙人生之问题，人人之所不得解也。其有能解释此问题之一部分者，无论其出于本国或出于外国，其偿我知识上之要求而慰我怀疑之苦痛者，则一也。同此宇宙，同此人生，而其观宇宙人生也，则各不同。以其不同之故，而遂生彼此之见，此大不然者也，学术之所争，只有是非真伪之别耳。于是非真伪之别外，而以国家、人种、宗教之见杂之，则以学术为一手段，而非以为一目的也。未有不视学术为一目的而能发达者，学术之发达，存于其独立而已。然则吾国今日之学术界，一面当破中外之见，而一面毋以为政论之手段，则庶可有发达之日欤？

论新学语之输入

近年文学上有一最著之现象，则新语之输入是已。夫言语者，代表国民之思想者也，思想之精粗广狭，视言语之精粗广狭以为准，观其言语，而其国民之思想可知矣。周、秦之言语，至翻译佛典之时代而苦其不足；近世之言语，至翻译西籍时而又苦其不足，是非独两国民之言语间有广狭精粗之异焉而已，国民之性质各有所特长，其思想所造之处各异故。其言语或繁于此而简于彼，或精于甲而疏于乙，此在文化相若之国犹然，况其稍有轩轾者乎？抑我国人之特质，实际的也，通俗的也；西洋人之特质，思辨的也，科学的也，长于抽象而精于分类，对世界一切有形无形之事物，无往而不用综括（Cenerafization）及分析（Specification）之二法，故言语之多，自然之理也。吾国人之所长，宁在于实践之方面，而于理论之方面则以具体的知识为满足，至分类之事，则除迫于实际之需要外，殆不欲穷究之也。夫战国议论之盛，不下于印度六哲学派及希腊诡辩学派之时代。然在印度，则足目出，而从数论、声论之辩论中抽象之而作因明学，陈那继之，其学诡定。希腊则有雅里大德勒（今译亚里土多德）自哀利亚派诡辩学派之辩论中抽象之而作名学。而在中国则惠施、公孙龙等所谓名家者流，徒骋诡辩耳，其于辩论思想之法则，固彼等之所不论，而亦其所不欲论者也。故我中国有辩论而无名学,有文学而无文法,足以见抽象与分类二者,皆我国人之所不长,而我国学术尚未达自觉(Selfconsciousness)之地位也。况于我国夙无之学,言语之不足用,岂待论哉。夫抽象之过,往往泥于名而远于实,此欧洲中世学术之一大弊,而今世之学者犹或不免焉。乏抽象之力者,概则用其实而不知其名,其实亦遂漠然无所依,而不能为吾人研究之对象。何则?在自然之世界中,名生于实,而在吾人概念之世界中,实反依名而存故也。事物之无名者,实不便于吾人之思索,故我国学术而欲进步乎,则虽在闭关独立之时代犹不得不造新名,况西洋之学术骎骎而入中国,则言语之不足用,固自然之势也。

如上文所说,言语者,思想之代表也,故新思想之输入,即新言语输入之意味也。十年以前,西洋学术之输入,限于形而下学之方面,故虽有新字新语,于文学上尚未有显著之影响也。数年以来,形上之学渐入于中国,而又有一日本焉,为之中间之驿骑,于是日本所造译西语之汉文,以混混之势,而侵入我国之文学界。好奇者滥用之,泥古者唾弃之,二者皆非也。夫普通之文字中,固无事于新奇之语也,至于讲一学,治一艺,则非增新语不可。而日本之学者既先我而定之矣,则沿而用之何不可之有,故非甚不妥者,吾人固无以创造为也。侯官严氏,今日以创造学语名者也。严氏造语之工者固多,而其不当者亦复不少。兹笔其最著者如"Evolution"之为"天演"也,"Sympathy"之为"善相感"也。而"天演"之于"进化","善相感"之于"同情",其对"Evolution"与"Sympathy"之本义,孰得孰失,孰明孰昧,凡稍有外国语之知识者,宁俟终朝而决哉。又西洋之新名,往往喜以不适当之古语表之。如译"Space"(空间)为"宇","Time"

（时间）为"宙"是已。夫谓"Infinite Space"（无限之空间）"Infinite time"（无限之时间）曰"宇"曰"宙"可矣，至于一孔之隙，一弹指之间，何莫非空间、时间乎？空间时间之概念，足以该宇宙，而宇宙之概念，不足以该空间时间。以"宇宙"表"Space time"，是举其部分而遗其全体（自概念上论）也。以外类此者，不可胜举。夫以严氏之博雅而犹若是，况在他人也哉！且日人之定名，亦非苟焉而已，经专门数十家之考究，数十年之改正，以有今日者也。窃谓节取日人之译语，有数便焉：因袭之易，不如创造之难，一也；两国学术有交通之便，无扞格之虞，二也。（叔本华讥德国学者，于一切学语不用拉丁语，而用本国语，谓"如英法学者，亦如德人之愚，则吾侪学一专门之学语，必学四五度而后可"。其言颇可味也。）有此二便，而无二难，又何嫌何疑而不用哉？

虽然，余非谓日人之译语必皆精确者也。试以吾心之现象言之，如"Idea"为"观念"，"Intuition"之为"直观"，其一例也。夫"Intuition"者，谓吾心直觉五官之感觉，故听嗅尝触，苟于五官之作用外，加以心之作用，皆谓之"Intuition"，不独目之所观而已。"观念"亦然。观念者，谓直观之事物。其物既去，而其象留于心者，则但谓之观，亦有未妥，然在原语亦有此病，不独译语而已。"Intuition"之语，源出于拉丁之"In"及"tuitus"二语。"tuitus"者，观之意味也，盖观之作用，于五官中为最要，故悉取由他官之知觉，而以其最要之名名之也。"Idea"之语，源出于希腊语之"Idea"及"Idein"，亦观之意也。以其源来自五官，故谓之观；以其所观之物既去而象尚存，故谓之念。或有谓之"想念"者，然考张湛《列子注序》所谓"想念以著物自丧"

者，则"想念"二字，乃伦理学上之语，而非心理学上之语，其劣于观念也审矣。至"Conception"之为"概念"，苟用中国古语，则谓之"共名"亦可（《荀子》《正名篇》）。然一为名学上之语，一为文法上之语，苟混此二者，此灭名学与文法之区别也。由上文所引之例观之，则日人所定之语，虽有未精确者，而创造之新语，卒无以加于彼，则其不用之也谓何？要之，处今日而讲学，已有不能不增新语之势，而人既造之，我沿用之，其势无便于此者矣。

然近人之唾弃新名词，抑有由焉，则译者能力之不完全是也。今之译者（指译日本书籍者言），其有解日文之能力者，十无一二焉，其有国文之素养者，十无三四焉，其能兼通西文，深知一学之真意者，以余见闻之狭，殆未见其人也。彼等之著译，但以罔一时之利耳，传知识之思想，彼等先天中所未有也，故其所作，皆粗漏庞杂，佶屈而不可读。然因此而遂欲废日本已定之学语，此又大不然者也。若谓用日本已定之语，不如中国古语之易解，然如侯官严氏所译之《名学》，古则古矣，其如意义之不能了然，何以吾辈稍知外国语者观之，毋宁手穆勒《原书》之为快也。余虽不敢谓用日本已定之语必贤于创造，然其精密则固创造者之所不能逮（日本人多用双字，其不能通者，则更用四字以表之。中国则习用单字，精密不精密之分，全在于此）。而创造主语之难解，其与日本已定之语，相去又几何哉！若夫粗漏佶屈之书，则固吾人之所唾弃，而不俟踌躇者也。

最近二三十年中中国新发见之学问

古来新学问起,大都由于新发见。有孔子壁中书出,而后有汉以来古文家之学;有赵宋古器出,而后有宋以来古器物、古文字之学。惟晋时汲冢竹简出土后,即继以永嘉之乱,故其结果不甚著。然同时杜元凯注《左传》,稍后郭璞注《山海经》,已用其说;而《纪年》所记禹、益、伊尹事,至今成为历史上之问题。然则中国纸上之学问赖于地下之学问者,固不自今日始矣。自汉以来,中国学问上之最大发现有三:一为孔子壁中书;二为汲冢书;三则今之殷虚甲骨文字,敦煌塞上及西域各处之汉、晋木简,敦煌千佛洞之六朝及唐人写本书卷,内阁大库之元、明以来书籍档册。此四者之一,已足当孔壁、汲冢所出,而各地零星发见之金石、书籍,于学术有大关系者,尚不与焉。故今日之时代,可谓之"发见时代",自来未有能比者也。今将此二三十年发见之材料,并学者研究之结果,分五项说之。

(一)殷虚甲骨文字

此殷代卜时命龟之辞,刊于龟甲及牛骨上。光绪戊戌、己亥间,始出于河南彰德府西北五里之小屯。其地在洹水之南,水三面环之。《史记·项羽本纪》所谓"洹水南,殷虚上"者也。初出土后,潍县估人得其数片,以售之福山王文敏(懿荣)。文敏命秘其事,一时所出,先后皆归之。庚子,文敏殉难,其所藏皆归丹徒刘铁云(鹗)。铁云复命估人搜之河南,所藏至三四千片。光绪壬寅,刘氏选千余片影印传世,所谓《铁云藏龟》是也。丙午,上虞罗叔言参事始官京师,复令估人大搜之,于是丙丁以后所出,多归罗氏。自丙午至辛亥,所得约二三万片。而彰德长老会牧师明义士(T.M.Menzies)所得亦五六千片。其余散在各家者尚近万片。近十年中乃不复出。其著录此类文字之书,则《铁云藏龟》外,有罗氏之《殷虚书契前编》《殷虚书契后编》《殷虚书契菁华》《铁云藏龟之余》,日本林泰辅博士之《龟甲兽骨文字》,明义士之《殷虚卜辞》(The Oracle Records of the Waste of Yin),哈同氏之《戬寿堂所藏殷虚文字》,凡八种。而研究其文字者,则瑞安孙仲容比部,始于光绪甲辰撰《契文举例》。罗氏于宣统庚戌撰《殷商贞卜文字考》,嗣撰《殷虚书契考释》《殷虚书契待问编》等。商承祚氏之《殷虚文字类编》,复取材于罗氏改定之稿。而《戬寿堂所藏殷虚文字》,余亦有考释。此外,孙氏之《名原》亦颇审释骨甲文字,然与其《契文举例》皆仅据《铁云藏龟》为之,故其说不无武断。审释文字自以罗氏为第一,其考定小屯之为故殷虚,及审释殷帝王名号,皆由罗氏发之。余复据此种材料作《殷卜辞中所见先公先王考》,以证《世本》《史记》之为实录;作《殷周制度论》以比较二代之文化。然此学中所可研究发明之处尚多,不能不有待于后此之努力也。

（二）敦煌塞上及西域各地之简牍

汉人木简，宋徽宗时已于陕右发见之，靖康之祸，为金人索之而去。当光绪中叶，英印度政府所派遣之匈牙利人斯坦因博士（M. Aurel Stein），访古于我和阗（Khotan），于尼雅河下流废址，得魏、晋间人所书木简数十枚。嗣于光绪季年，先后于罗布淖尔东北故城，得晋初人书木简百余枚，于敦煌汉长城故址，得两汉人所书木简数百枚，皆经法人沙畹教授（Ed. Chavannes）考释。其第一次所得，印于斯氏《和阗故迹》（Sand-buried Ruins of Khotan）中。第二次所得，别为专书，于癸丑、甲寅间出版。此项木简中有古书、历日、方书，而其大半皆屯戍簿录，于史、地二学关系极大。癸丑冬日，沙畹教授寄其校订未印成之本于罗叔言参事，罗氏与余重加考订，并斯氏在和阗所得者，景印行世，所谓《流沙坠简》是也。

（三）敦煌千佛洞之六朝唐人所书卷轴

汉、晋牍简，斯氏均由人工发掘得之，然同时又有无尽之宝藏，于无意中出世，而为斯氏及法国之伯希和教授携去大半者，则千佛洞之六朝及唐、五代、宋初人所书之卷子本是也。千佛洞本为佛寺，今为道士所居。当光绪中叶，道观壁坏，始发见古代藏书之窟室。其中书籍居大半，而画幅及佛家所用幡幢等，亦杂其中。余见溵阳端氏所藏敦煌出开宝八年灵修寺尼画观音像，乃光绪己亥所得。又，乌程蒋氏所藏沙州曹氏二画像，乃光绪甲辰以前叶鞠裳学使（昌炽）视学甘肃时所收。然中州人皆不知。至光绪丁未，斯坦因氏与伯希和氏（Paul Pelliot）先后至敦煌，各得六朝人及唐人所写卷子本书数千卷，及古梵文、古波斯文及突厥、回鹘诸国文字无算。我国人始稍稍知之，乃取其余约万卷，置诸学部所立之京师图书馆。前后复经盗窃，散归私家者亦当不下数千卷。其中佛典居百分之九五。其四部书为我国宋以后所久佚者：经部有未改字《古文尚书》孔氏《传》、未改字《尚书》释文、糜信《春秋穀梁传》解释、《论语》郑氏《注》、陆法言《切韵》等；史部则有孔衍《春秋后语》、唐西州沙州诸图经、慧超《往五天竺国传》等（以上并在法国）；子部则有《老子化胡经》、摩尼教《经》、景教《经》；集部有唐人词曲及通俗诗、小说各若干种。

己酉冬日，上虞罗氏就伯氏所寄景本写为《敦煌石室遗书》，排印行世。越一年，复印其景本为《石室秘宝》十五种。又五年癸丑，复刊行《鸣沙石室逸书》十八种。又五年戊午，刊行《鸣沙石室古籍丛残》三十种，皆巴黎国民图书馆之物。而英伦所藏，则武进董授经（康）、日本狩野博士（直喜）、羽田博士（亨）、内藤博士（虎次郎），虽各抄录景照若干种，然未有出版之日也。

（四）内阁大库之书籍档案

内阁大库在旧内阁衙门之东，临东华门内通路，素为典籍厅所掌。其所藏，书籍居十之三，档案居十之七。其书籍多明文渊阁之遗，其档案则有历朝政府所奉之硃谕、臣工缴进之敕谕、批折、黄本、题本、奏本、外藩属国之表章、历科殿试之大卷。宣统元年，大库屋坏，有司缮完，乃暂移于文华殿之两庑，然露积库垣内尚半。时南皮张文襄（之洞）管学部事，乃奏请以阁中所藏四朝书籍，设京师图书馆，其档案则置诸国子监之南学，试卷等置诸学部大堂之后楼。辛、壬以后，学部及南学之藏复移于午门楼上之历史博物馆。越十年，馆中复以档案四之三售诸故纸商，其数凡九千麻袋，将以造还魂纸。为罗叔言所闻，三倍其价购之商人，移贮于彰义门之善果寺。而历史博物馆之剩余，亦为北京大学取去，渐行整理，其目在大学日刊中。罗氏所得，以分量太多，仅整理其十分之一，取其要者，汇刊为《史料丛刊》十册，其余，今归德化李氏。

（五）中国境内之古外族遗文

中国境内古今所居外族甚多。古代匈奴、鲜卑、突厥、回纥、契丹、西夏诸国，均立国于中国北陲，其遗物颇有存者，然世罕知之。惟元时耶律铸，见突厥阙特勤碑及辽太祖碑。当光绪己丑，俄人拉特禄夫访古于蒙古，于元和林故城北，访得突厥阙特勤碑、苾伽可汗碑、回鹘九姓可汗三碑。突厥二碑皆有中国、突厥二种文字，回鹘碑并有粟特文字。及光绪之季，英、法、德、俄四国探险队入新疆，所得外族文字写本尤夥。其中除梵文、佉卢文、回鹘文外，更有三种不可识之文字，旋发见其一种为粟特语，而他二种，则西人假名之曰"第一言语""第二言语"，后亦渐知为吐火罗语及东伊兰语。此正与玄奘《西域记》所记三种语言相合：粟特语即玄奘之所谓"窣利"，吐火罗即玄槃之"睹货逻",其东伊兰语,则其所谓葱岭以东诸国语也。当时粟特、吐火罗人多出入于我新疆,故今日犹有其遗物。惜我国人尚未有研究此种古代语者,而欲研究之,势不可不求之英法德诸国。惟宣统庚戌,俄人柯智禄夫大佐于甘州古塔,得西夏文字书。而元时所刻河西文《大藏经》,后亦出于京师。上虞罗福苌乃始通西夏文之读。今苏俄使馆参赞伊凤阁博士（Ivanoff）,更为西夏语音之研究,其结果尚未发表也。

此外,近三十年中,中国古金石、古器物之发见,殆无岁无之。其于学术上之关系,亦未必让于上五项,然以零星分散故,不能一一缕举。惟此五者分量最多,又为近三十年中特有之发见,故比而述之。然此等发见物,合世界学者之全力研究之,其所阐发尚未及其半,况后此之发见亦正自无穷,此不能不有待少年之努力也。

人间嗜好之研究

活动之不能以须臾息者,其唯人心乎。夫人心本以活动为生活者也。心得其活动之地,则感一种之快乐,反是,则感一种之苦痛。此种苦痛,非积极的苦痛,而消极的苦痛也。易言以明之,即空虚的苦痛也。空虚的苦痛,比积极的苦痛尤为人所难堪。何则?积极的苦痛,犹为心之活动之一种,故亦含快乐之原质,而空虚的苦痛,则并此原质而无之故也。人与其无生也,不如恶生;与其不活动也,不如恶活动。此生理学及心理学上之二大原理,不可诬也。人欲医此苦痛,于是用种种之方法,在西人名之曰"To kill time",而在我中国,则名之曰"消遣"。其用语之确当,均无以易,一切嗜好由此起也。

然人心之活动亦夥矣。食色之欲,所以保存个人及其种姓之生活者,实存于人心之根柢,而时时要求其满足。然满足此欲,固非易易也,于是或劳心,或劳力,戚戚晛晛,以求其生活之道。如此者,吾人谓之曰"工作"。工作之为一种积极的苦痛,吾人之所经验也。且人固不能终日从事于工作,岁有闲月,月有闲日,日有闲时,殊如生活之道不苦者。其工作愈简,其闲暇愈多,此时虽乏积极的苦痛,然以空虚之消极的苦痛代之,故苟足以供其心之活动者,虽无益于生活之事业,亦鹜而趋之。如此者,吾人谓之曰"嗜好"。虽嗜好之高尚卑劣,万有不齐,然其所以慰空虚之苦痛，而与人心以活动者，其揆一也。

嗜好之为物，本所以医空虚的苦痛者，故皆与生活无直接之关系，然若谓其与生活之欲无关系，则甚不然者也。人类之于生活，既竞争而得胜矣，于是此根本之欲复变而为势力之欲，而务使其物质上与精神上之生活，超于他人之生活之上。此势力之欲，即谓之生活之欲之苗裔，无不可也。人之一生，唯由此二欲以策其智力及体力，而使之活动。其直接为生活故而活动时，谓之曰"工作"，或其势力有余，而唯为活动故而活动时，谓之曰"嗜好"。故嗜好之为物，虽非表直接之势力，亦必为势力之小影，或足以遂其势力之欲者，始足以动人心，而医其空虚的苦痛。不然，欲其嗜之也难矣。今吾人当进而研究种种之嗜好，且示其与生活及势力之欲之关系焉。

嗜好中之烟酒二者，其令人心休息之方面多，而活动之方面少。易言以明之，此二者之效，宁在医积极的苦痛，而不在医消极的苦痛。又此二者，于心理上之结果外，兼有生理上之结果，而吾人对此二者之经验亦甚少，故不具论。今先论博弈。夫人生者，竞争之生活也。苟吾人竞争之势力无所施于实际，或实际上既竞争而胜矣，则其剩余之势力仍不能不求发泄之地。博弈之事，正于抽象上表出竞争之世界，而使吾人于此满足其势力之欲者也。且博弈以但表普遍的抽象的竞争，而不表所竞争者之为某物（故为金钱而赌博者不在此例）。故吾人竞争之本能，遂于此以无嫌疑、无忌惮之态度发表之，于是得窥人类极端之利己主义。至实际之人生中，人类之竞争虽无异于博弈，然能如是之磊磊落落者鲜矣。且博与弈之性质，亦自有辨。此二者虽皆世界竞争之小影，而博又为运命之小影。人以执著于生活故，故其智力常明于无望之福，而暗于无望之祸。而于赌博之中，此无望之福时时有可能性，在以博之胜负，人力与运命二者决之，而弈之胜负，则全由人力决之故也。又但就人力言，则博者，悟性上之竞争，而弈者，理性上之竞争也。长于悟性者，其嗜博也甚于弈，长于理性者，其嗜弈也愈于博。嗜博者之性格，机警也，脆弱也，依赖也。嗜弈者之性格，谨慎也，坚忍也，独立也。譬之治生，前者如朱公居陶，居与时逐；后者如任氏之折节为俭，尽力田畜，亦致千金。人亦各随其性之所近，而欲于竞争之中，发见其势力之优胜之快乐耳。吾人对博弈之嗜好，殆非此，无以解释之也。

若夫宫室、车马、衣服之嗜好，其适用之部分属于生活之欲，而其妆饰之部分则属于势力之欲。驰骋、田猎、跳舞之嗜好，亦此势力之欲之所发表也。常人之对书画、古物也亦然。彼之爱书籍，非必爱其所含之真理也；爱书画古玩，非必爱其形式之优美古雅也。以多相炫，以精相炫，以物之稀而难得也相炫。读书者亦然，以博相炫。一言以蔽之，炫其势力之胜于他人而已矣。常人对戏剧之嗜好，亦由势力之欲出。先以喜剧（即滑稽剧）言之。夫能笑人者，必其势力强于被笑者也，故笑者实吾人一种势力之发表。然人于实际之生活中，虽遇可笑之事，然非其人为我所素狎者，或其位置远在吾人之下者，则不敢笑。独于滑稽剧中，以其非事实故，不独使人能笑，而且使人敢笑，此即对喜剧之快乐之所存也。悲剧亦然。霍雷士曰："人生者，自观之者言之，则为一喜剧；自感之者言之，则又为一悲剧也。"自吾人思之，则人生之运命固无以异于悲剧，然人当演此悲剧时，亦俯首杜口，或故示整暇，汶汶而过耳。欲如悲剧中之主人公，且演且歌以诉其胸中之苦痛者，又谁听之，而谁怜之乎！夫悲剧中之人物之无势力之可言，固不待论。然敢鸣其苦痛者与不敢鸣其痛苦者之间，其势力之大小必有辨矣。夫人生中固无独语之事，而戏曲则以许独语故，故人生中久压抑之势力，独于其中篚倾而箧倒之，故虽不解美术（按，指艺术）上之趣味者，亦于此中得一种势力之快乐。普通之人之对戏曲之嗜好，亦非此不足以解释之矣。

若夫最高尚之嗜好，如文学、美术，亦不外势力之欲之发表。希尔列尔（今译席勒）既谓儿童之游戏，存于用剩余之势力矣，文学美术亦不过成人之精神的游戏。故其渊源之存于剩余之势力，无可疑也。且吾人内界之思想感情，平时不能语诸人，或不能以庄语表之者，于文学中以无人与我一定之关系故，故得倾倒而出之。易言以明之，吾人之势力所不能于实际表出者，得以游戏表出之是也。若夫真正之大诗人，则又以人类之感情为其一己之感情。彼其势力充实，不可以已，遂不以发表自己之感情为满足，更进而欲发表人类全体之感情。彼之著作，实为人类全体之喉舌，而读者于此得闻其悲欢啼笑之声，遂觉自己之势力亦为之发扬而不能自已。故自文学言之，创作与赏鉴之二方面，亦皆以此势力之欲为之根柢也。文学既然，他美术何独不然？岂独美术而已，哲学与科学亦然。柏庚（今译培根）有言曰："知识即势力也。"（今译"知识就是力量"）则一切知识之欲，虽谓之即势力之欲，亦无不可。彼等以其势力卓越于常人故，故不满足于现在之势力，而欲得永远之势力。虽其所用以得势力之手段不同，然其目的固无以异。夫然，始足以活动人心而医其空虚的苦痛。以人心之根柢实为一生活之欲，若势力之欲，故苟不足以遂其生活或势力者，决不能使之活动。以是观之，则一切嗜好，虽有高卑优劣之差，固无非势力之欲之所为也。

然余之为此论，固非使文学美术之价值下齐于博弈也。不过自心理学言之，则此数者之根柢，皆存于势力之欲，而其作用，皆在使人心活动，以疗其空虚之苦痛。以此所论者，乃事实之问题，而非价值之问题故也。若欲抑制卑劣之嗜好，不可不易之以高尚之嗜好，不然，则必有溃决之一日。此又从人心活动之原理出，有教育之责，及欲教育自己者，不可不知所注意焉。

孔子之美育主义

诗云:"世短意常多,斯人乐久生。"(按,陶渊明《九日闲居》)岂不悲哉!人之所以朝夕营营者,安归乎?归于一己之利害而已。人有生矣,则不能无欲;有欲矣,则不能无求;有求矣,不能无生得失;得则淫,失则戚:此人人之所同也。世之所谓道德者,有不为此嗜欲之羽翼者乎?所谓聪明者,有不为嗜欲之耳目者乎?避苦而就乐,喜得而恶丧,怯让而勇争:此又人人之所同也。于是,内之发于人心也,则为苦痛;外之见于社会也,则为罪恶。然世终无可以除此利害之念,而泯人己之别者欤?将社会之罪恶固不可以稍减,而人心之苦痛遂长此终古欤?曰:有,所谓"美"者是已。

美之为物,不关于吾人之利害者也。吾人观美时,亦不知有一己之利害。德意志之大哲人汗德(今译康德),以美之快乐为不关利害之快乐(Disinterested Pleasure)。至叔本华而分析观美之状态为二原质:(一)被观之对象,非特别之物,而此物之种类之形式;(二)观者之意识,非特别之我,而纯粹无欲之我也(《意志及观念之世界》第一册,二百五十三页。按,指英译本)。何则?由叔氏之说,人之根本在生活之欲,而欲常起于空乏。既偿此欲,则此欲以终;然欲之被偿者一,而不偿者十百;一欲既终,他欲随之:故究竟之慰藉终不可得。苟吾人之意识充以嗜欲乎？吾人而为嗜欲之我乎？则亦长此辗转于空乏、希望与恐怖之中而已，欲求福祉与宁静，岂可得哉！然吾人一旦因他故，而脱此嗜欲之网，则吾人之知识已不为嗜欲之奴隶，于是得所谓无欲之我。无欲故无空乏，无希望，无恐怖；其视外物也，不以为与我有利害之关系，而但视为纯粹之外物。此境界唯观美时有之。苏子瞻所谓"寓意于物"（《宝绘堂记》）；邵子曰："圣人所以能一万物之情者，谓其能反观也。所以谓之反观者，不以我观物也。不以我观物者，以物观物之谓也。既能以物观物，又安有有（按，此字衍）我于其间哉？"（《皇极经世·观物内篇》七）此之谓也。其咏之于诗者，则如陶渊明云："采菊东篱下，悠然见南山。山气日夕佳，飞鸟相与还。此中有真意，欲辨已忘言。"谢灵运云："昏旦变气候，山水含清晖。清晖能娱人，游子澹忘归。"或如白伊龙（今译拜伦，1788—1824，英国诗人）云：

I live not in myself, but I become Portion of that around me ; and to me High mountains are a feeling.

（按："我不是生活于我自身，而我成为围绕着我的一切中的一份，对于我高高的山峰乃是一种感情。"）

皆善咏此者也。

夫岂独天然之美而已，人工之美亦有之。宫观之瑰杰，雕刻之优美雄丽，图画之简淡冲远，诗歌音乐之直诉人之肺腑，皆使人达于无欲之境界。故泰西自雅里大德勒（今译亚里士多德）以后，皆以美育为德育之助。至近世，谑夫志培利（今译夏夫兹伯里，Shaftesbury，1671—1713，英国美学家）、赫启孙（今译哈奇生，1694—1747，英国美学家）等皆从之。乃德意志之大诗人希尔列尔（今译席勒）出，而大成其说，谓人曰与美相接，则其感情日益高，而暴慢鄙倍之心自益远。故美术（按指艺术）者，科学与道德之生产地也。又谓审美之境界乃不关利害之境界，故气质之欲灭，而道德之欲得由之以生。故审美之境界乃物质之境界与道德之境界之津梁也。于物质之境界中，人受制于天然之势力；于审美之境界则远离之；于道德之境界则统御之（希氏《论人类美育之书简》）。由上所说，则审美之位置犹居于道德之次。然希氏后日更进而说美之无上之价值，曰："如人必以道德之欲克制气质之欲，则人性之两部犹未能调和也。于物质之境界及道德之境界中，人性之一部，必克制之以扩充其他部；然人之所以为人，在息此内界之争斗，而使卑劣之感跻于高尚之感觉。如汗德之严肃论中气质与义务对立，犹非道德上最高之理想也。最高之理想存于美丽之心（Beautiful Soul），其为性质也，高尚纯洁，不知有内界之争斗，而唯乐于守道德之法则，此性质唯可由美育得之。"（芬特尔朋《哲学史》第六百页）此希氏最后之说也（实指席勒《审美教育书简》的最后一封书简）。顾无论美之与善，其位置孰为高下，而美育与德育之不可离，昭昭然矣。

今转而观我孔子之学说。其审美学上之理论虽不可得而知，然其教人也，则始于美育，终于美育。《论语》曰："小子何莫学夫诗。诗可以兴，可以观，可以群，可以怨。迩之事父，远之事君。多识于鸟兽草木之名。"（按，《阳货》）又曰："兴于诗，立于礼，成于乐。"（按，《泰伯》）其在古昔，则胄子之教，典于后夔（按，《书·舜典》）；大学之事，董于乐正（《周礼·大司乐》《礼记·王制》）。然则以音乐为教育之一科，不自孔子始矣。荀子说其效曰："乐者，圣人之所乐也，而可以善民心。其感人深，其移风易俗。……故乐行而志清，礼修而行成，耳目聪明，血气和平，移风易俗，天下皆宁。"(《乐论》) 此之谓也。故"子在齐闻《韶》"，则"三月不知肉味"(按，《述而》)。而《韶》乐之作，虽絜壶之童子，其视精，其行端。音乐之感人，其效有如此者。

且孔子之教人，于诗乐外，尤使人玩天然之美。故习礼于树下，言志于农山，游于舞雩，叹于川上，使门弟子言志，独与曾点。点之言曰："莫春者，春服既成，冠者五六人，童子六七人，浴乎沂，风乎舞雩，咏而归。"(按，《论语·先进》) 由此观之，则平日所以涵养其审美之情者可知矣。之人也，之境也，固将磅礴万物以为一，我即宇宙，宇宙即我也。光风霁月不足以喻其明，泰山华岳不足以语其高，南溟渤澥不足以比其大。邵子所谓"反观"者非欤？叔本华所谓"无欲之我"、希尔列尔所谓"美丽之心"者非欤？此时之境界：无希望，无恐怖，无内界之争斗，无利无害，无人无我，不随绳墨而自合于道德之法则。一人如此，则优入圣域；社会如此，则成华胥之国。孔子所谓"安而行之"(按，《中庸》)，与希尔列尔所谓"乐于守道德之法则"者，舍美育无由矣。

呜呼！我中国非美术（艺术）之国也！一切学业，以利用之大宗旨贯注之。治一学，必质其有用与否；为一事，必问其有益与否。美之为物，为世人所不顾久矣！故我国建筑、雕刻之术，无可言者。至图画一技，宋、元以后，生面特开，其淡远幽雅实有非西人所能梦见者。诗词亦代有作者。而世之贱儒辄援"玩物丧志"之说相诋。故一切美术皆不能达完全之域。美之为物，为世人所不顾久矣！庸讵知无用之用，有胜于有用之用者乎？以我国人审美之趣味之缺乏如此，则其朝夕营营，逐一己之利害而不知返者，安足怪哉！安足怪哉！庸讵知吾国所尊为"大圣"者，其教育固异于彼贱儒之所为乎？故备举孔子美育之说，且诠其所以然之理。世之言教育者，可以观焉。

论教育之宗旨

　　教育之宗旨何在？在使人为完全之人物而已。何谓完全之人物？谓人之能力无不发达且调和是也。人之能力分为内外二者：一曰身体之能力，一曰精神之能力。发达其身体而萎缩其精神，或发达其精神而罢敝其身体，皆非所谓完全者也。完全之人物，精神与身体必不可不为调和之发达。而精神之中又分为三部：知力、感情及意志是也。对此三者而有真美善之理想："真"者知力之理想，"美"者感情之理想，"善"者意志之理想也。完全之人物不可不备真美善之三德，欲达此理想，于是教育之事起。教育之事亦分为三部：智育、德育（即意育）、美育（即情育）是也。如佛教之一派，及希腊罗马之斯多噶派，抑压人之感情而使其能力专发达于意志之方面；又如近世斯宾塞尔之专重智育，虽非不切中一时之利弊，皆非完全之教育也。完全之教育，不可不备此三者，今试言其大略。

一、智育

　　人苟欲为完全之人物，不可无内界及外界之知识，而知识之程度之广狭，应时地不同。古代之知识至近代而觉其不足，闭关自守时之知识，至万国交通时而觉其不足。故居今之世者，不可无今世之知识。知识又分为理论与实际二种；溯其发达之次序，则实际之知识常先于理论之知识，然理论之知识发达后，又为实际之知识之根本也。一科学如数学、物理学、化学、博物学等，皆所谓理论之知识。至应用物理、化学于农工学，应用生理学于医学，应用数学于测绘等，谓之实际之知识。理论之知识乃人人天性上所要求者，实际之知识则所以供社会之要求，而维持一生之生活。故知识之教育，实必不可缺者也。

二、德育

然有知识而无道德，则无以得一生之福祉，而保社会之安宁，未得为完全之人物也。夫人之生也，为动作也，非为知识也。古今中外之哲人无不以道德为重于知识者，故古今中外之教育无不以道德为中心点。盖人人至高之要求，在于福祉，而道德与福祉实有不可离之关系。爱人者人恒爱之；敬人者人恒敬之。不爱敬人者反是。如影之随形，响之随声，其效不可得而诬也。《书》云："惠迪，吉；从逆。凶。"（按，《大禹谟》）希腊古贤所唱福德合一论，固无古今中外之公理也。而道德之本原又由内界出而非外铄我者。张皇而发挥之，此又教育之任也。

三、美育

德育与智育之必要，人人知之，至于美育有不得不一言者。盖人心之动，无不束缚于一己之利害；独美之为物，使人忘一己之利害而入高尚纯洁之域，此最纯粹之快乐也。孔子言志，独与曾点（按，《论语·先进》）；又谓"兴于诗""成于乐"（按，《论语·泰伯》）。希腊古代之以音乐为普通学之一科，及近世希痕林（今译谢林，1775—1854，德国哲学家）、希尔列尔（今译席勒）等之重美育学，实非偶然也。要之，美育者一面使人之感情发达，以达完美之域；一面又为德育与智育之手段，此又教育者所不可不留意也。

然人心之知情意三者，非各自独立，而互相交错者。如人为一事时，知其当为者"知"也，欲为之者"意"也，而当其为之前（后）又有苦乐之"情"伴之：此三者不可分离而论之也。故教育之时，亦不能加以区别。有一科而兼德育智育者，有一科而兼美育德育者，又有一科而兼此三者。三者并行而得渐达真善美之理想，又加以身体之训练，斯得为完全之人物，而教育之能事毕矣。

文学与教育

生百政治家，不如生一大文学家。何则？政治家与国民以物质上之利益，而文学家与以精神上之利益。夫精神之于物质，二者孰重？且物质上之利益，一时的也；精神上之利益，永久的也。前人政治上所经营者，后人得一旦而坏之，至古今之大著述，苟其著述一日存，则其遗泽且及于千百世而未沫。故希腊之有鄂谟尔（今译荷马）也，意大利之有唐旦（今译但丁）也，英吉利之有狭斯丕尔（今译莎士比亚）也，德意志之有格代（今译歌德）也，皆其国人人之所尸而祝之社而稷之者，而政治家无与焉。何则？彼等诚与国民以精神上之慰藉，而国民之所恃以为生命者，若政治家之遗泽，决不能如此广且远也。

今之混混然输入于我中国者，非泰西物质的文明乎？政治家与教育家，坎然自知其不彼若，毅然法之。法之诚是也，然回顾我国民之精神界则奚若？试问我国之大文学家，有足以代表全国民之精神，如希腊之鄂谟尔、英之狭斯丕尔、德之格代者乎？吾人所不能答也。其所以不能答者，殆无其人欤？抑有之而吾人不能举其人以实之欤？二者必居一焉。由前之说，则我国之文学不如泰西；由后之说，则我国之重文学不如泰西。前说我所不知，至后说，则事实较然，无可讳也。我国人对文学之趣味如此，则于何处得其精神之慰藉乎？求之于宗教欤？则我国无固有之宗教，印度之佛教亦久失其生气。求之于美术欤？美术之匮乏，亦未有如我中国者也。则夫蚩蚩之氓，除饮食男女外，非［雅］（鸦）片赌博之归而奚归乎！故我国人之嗜雅片也，有心理的必然性，与西人之细腰、中人之缠足，有美学的必然性无以异。不改服制而禁缠足，与不培养国民之趣味而禁雅片，必不可得之数也。夫吾国人对文学之趣味既如此，况西洋物质的文明，又有滔滔而入中国，则其压倒文学，亦自然之势也。夫物质的文明，取诸他国，不数十年而具矣，独至精神上之趣味，非千百年之培养，与一二天才之出，不及此。而言教育者，不为之谋，此又愚所大惑不解者也。

（《教育杂感》四则之四）

教育小言十三则

（一）

今有一厂主，集群职工而谕之曰：汝等各勤汝职，数年后，余将使汝治会计，事少而偿多，足以剂汝今日之劳矣。汝等虽不娴，余不汝责也。群职工大喜，日夜以希主人之所以许之者，事益不治。呜呼！如斯厂者，为职工计，诚得矣；其如一厂之资本何？余以为，今之以官爵奖励人才者，实无以异于此也。

（二）

今之世界，分业之世界也。一切学问、一切职事，无往而不需特别之技能、特别之教育，一习其事，终身以之。治一学者之不能使治他学，任一职者之不能使任他职，犹金工之不能使为木工，矢人之不能使为函人也。

（三）

今之用人行政者，则殊异乎是。夫天下之事至繁赜也，所需之人才至纷沓也，而上所以驭之者至简；始则以"洋服"二字括之，继则以"新学"或"新政"二字括之。其所以奔走之者尤简，则以"官"之一字括之。

（四）

夫治官之事而以官奔走之，犹可言也，然必须所与之官与其所治之事相合，然后在上者能收其用，而在下者能尽其职。今则不然，师范生服务期满，则与以官矣；高等教育之卒业者，亦与以官矣。

（五）

夫官之名，至广莫也；种类，至复杂也。以能任一事之才，而与以至广漠之名，使之他日治不可知之事，比之厂主之使职工治会计者，其智之相越，盖不远矣。

（六）

且官之为物，兼劳动与报酬二义。其所受之报酬，即所以偿其同时之劳动，非可以为奖励之具也。如以是为奖励，则人之得之者，必但注意于报酬之一面，而忘其劳动之一面，不然，则奖励之谓何矣。且师范生服务期限止于五年，以五年之劳动而于相当之报酬外，又得终身之报酬，为劳动者计则得矣。上之所以报之者，独不虑有所不给乎？

（七）

吾国下等社会之嗜好，集中于"利"之一字上；中社会之嗜好，亦集中于此；而以"官"为利之代表故，又集中于"官"之一字。夫欲以一二人之力拂社会全体之嗜好，以成一事，吾知其难也。知拂之之不可，而忘夫奖励之之尤不可，此谓能见秋毫之末，而不能见泰山者矣。

（八）

教育者，神圣之事业也。日本之不以教员待教员，而以官待教员，吾人之素所不喜也。然以今日我国上下之趋势观之，则知彼国之以教员为一官职，而即于其中迁转者，真可谓斟酌于教育之独立与社会人心之趋向之间，而得其平者矣。

（九）

夫教员、医生、政治家、法律家、工学家之学，固职业的学问也。对此等学问家，而以其职业上相当之官与之，则上得以收其用，而下得以尽其长，固非徒奖励之为而已。但美其名曰奖励，曰报酬，而浑其报酬之之物曰官，则于用人之目的已失，而其手段又误，如上文之所批评，其理固人人之所易解也。以职业的学问而犹若是，况于非职业的学问乎？

（十）

非职业的学问何？科学、哲学、文学、美术（按，指艺术）四者，是已。治职业者，苟心乎职业外之某物（官），则已不能平心于其职，况乎对非职业的学问家，而与以某种之职业（官）乎？故以官奖励职业，是旷废职业也；以官奖励学问，是剿灭学问也。今以官与服务期满之师范生，非所谓以官奖励职业者乎？以官之媒介之举人进士，予卒业生，非所谓以官奖励学问者乎？上之所以奖励之者如此，无怪举天下不知有职业学问？而惟官之是知也。

（十一）

日本当明治七年间，日人谓其大学校曰：官吏制造所。试问我国之制造官吏者，独一大学而已乎？以大学为未足，而又制造之于优级、初级师范学校矣；以国内为未足，而又制造之于国外矣。

（十二）

今之人士之大半，殆舍官以外无他好焉。其表面之嗜好，集中于官之一途，而其里面之意义，则今日道德、学问、实业等皆无价值之证据也。夫至道德、学问、实业等皆无价值，而惟官有价值，则国势之危险何如矣！社会之趋势既已如此，就令政府以全力补救之，犹恐不及，况复益其薪而推其波乎？

（十三）

故为今日计，政府不可不执消极及积极之二方法。消极之法，则不以官为奖励之具是已；积极之法，则必使道德、学问、实业等有独立之价值，然后足以旋转社会之趋势。然用第二方法而一不慎，则世且有以道德、学问、实业为手段而求官者，失之毫厘，差以千里。此又不可不注意也。

教育小言十则

（一）

　　学术之绝，久矣。昔孔子以老者不教、少者不学，为国之不祥；闵子马以原伯鲁之不悦学，而卜原氏之亡。今举天下之人而不悦学几何？不胥人人为不祥之人，而胥天下而亡也。

（二）

　　或曰："今日上之人，日言奖励学术；下之人，日言研究学术；子曷言其不悦学也？"曰："上之奖励之者，以其名也，否则以其可致用也；其为学术自己故，而尊之者几何？下之研究之者，亦以其名也，否则以其可得利禄也，否则以其可致用也；其为学术自己故，而研究之者，吾知其不及千分之一也。"

（三）

　　夫然，故今之学者，其治艺者多，而治学者少。即号称治学者，其能知学与艺之区别，而不视学为艺者，又几人矣。故其学苟可以得利禄，苟略可以致用，则遂嚣然自足，或以筌蹄视之。彼等于学问，固无固有之兴味，则其中道而止，固不足怪也。

（四）

治新学者既若是矣，治旧学者又何如？十年以前，士大夫尚有闭户著书者，今虽不敢谓其绝无，然亦如凤毛麟角矣。夫今日欲求真悦学者，宁于旧学中求之。以研究新学者之真为学问欤？抑以学问为羔雁欤？吾人所不易知，不如深研见弃之旧学者，吾人能断其出于好学之真意故也。然今则何如？

（五）

德清俞氏之殁，几半年矣。俞氏之于学问，固非有所心得，然其为学之敏与著书之勤，至耄而不衰，固今日学者之好模范也。然于其死也，社会上无铺张之者，亦无致哀悼之词者，计其价值乃不如以脑病蹈海之留学生。吾国人对学问之兴味如何，亦可于此观之矣！

（六）

然吾人亦非谓今之学者绝不悦学也，即有悦之者，亦无坚忍之志、永久之注意。若是者，其为口耳之学，则可矣；若夫绵密之科学，深邃之哲学，伟大之文学，则固非此等学者所能有事也。

（七）

日之暮也，人之心力已耗，行将就床；此时不适于为学，非与人闲话，则但可读杂记、小说耳。人之老也，精力已耗，行将就木；此时亦不适于为学，非枯坐终日，亦但可读杂记、小说耳。今奈何一国之学者而无朝气，无注意力也，其将就睡欤？抑将就木欤？吾不得而知之。吾但祈孔子与闵子马之言之不验而已矣。

（八）

要之，我国人废学之病，实原于意志之薄弱。而意志薄弱之结果，于废学外，又生三种之疾病：曰运动狂，曰嗜欲狂，曰自杀狂。

（九）

前二者之为意志薄弱之结果，人皆知之。至自杀之事，吾人姑不论其善恶如何，但自心理学上观之，则非力不足以副其志而入于绝望之域，必其意志之力不能制其一时之感情，而后出此也。而意志薄弱之社会反以美名加之，吾人虽不欲科以杀人之罪，其可得乎？

（十）

然则，今日之言教育者，宜如何讲求陶冶意志之道乎？然教育家中，其有强毅之意志者有几？《诗》曰："螟蛉有子，[果蠃]（蜾蠃）负之。教诲尔子，式穀似之。"此大可为社会前途虑者也。